Matthias Wittber

WANDERUNGEN FÜR LANGSCHLÄFER

Pfalz

33 erlebnisreiche Halbtagestouren

J. BERG

Liebe Leserinnen und Leser,

Die 33 Tourenvorschläge dieses Buches spiegeln die Vielfalt der Pfalz: Sie führen durch das dichte Grün des Pfälzerwalds, die Rebenlandschaft der Rheinebene und weniger bekannte Landstriche wie das Pfälzer Bergland und den Westrich.

Ausschlafen und genießen

Die Besonderheit der Wanderungen: Sie erlauben es, auszuschlafen. Ihre Gehzeit beträgt meist zwei bis dreieinhalb Stunden, ihr Endpunkt ist auch im Frühjahr oder Herbst noch vor Einbruch der Dunkelheit erreicht. Ich als Autor – übrigens bekennender Frühaufsteher – machte bei diesem Buch die Probe aufs Exempel und stellte fest: Nette Leute trifft man zu jeder Tageszeit und »Langschläfer-Touren« lohnen durchaus, wie beispielhaftes Tour-Protokoll verdeutlicht:

Um 11 Uhr auf der rechten Rheinseite losgefahren, Ankunft oberhalb von Frankweiler kurz vor Mittag. Die Angst, keinen Parkplatz zu finden, ist unbegründet. Die ersten Wanderer machen sich bereits auf den Heimweg. Keine halbe Stunde später an der Hütte die nächste positive Überraschung: Die Tische sind gut besetzt, aber es ist nicht voll. Ich lasse mir meine »Fläschknepp mit Meerrettichsoße« schmecken.

Langschläfer willkommen!

Dass nachmittags die Pfälzer Spezialitäten nicht ausgehen, bestätigte mir auch das Vorstandsmitglied eines Pfälzerwald-Vereins: Würste, Kaffee, Kuchen oder Wein – wenn der zweite Schwung an Wanderern gegen 13.30 Uhr eintreffe, sei davon stets genug vorhanden. Und: Man achte darauf, dass die Preise zivil blieben, damit auch Menschen mit kleinem Geldbeutel den Weg auf die Hütte fänden. Für mich alles gute Gründe, die nächsten Langschläfer-Touren in der Pfalz bereits zu planen.

Viel Freude beim entspannten Wandern wünscht Ihnen

Matthias Wittber

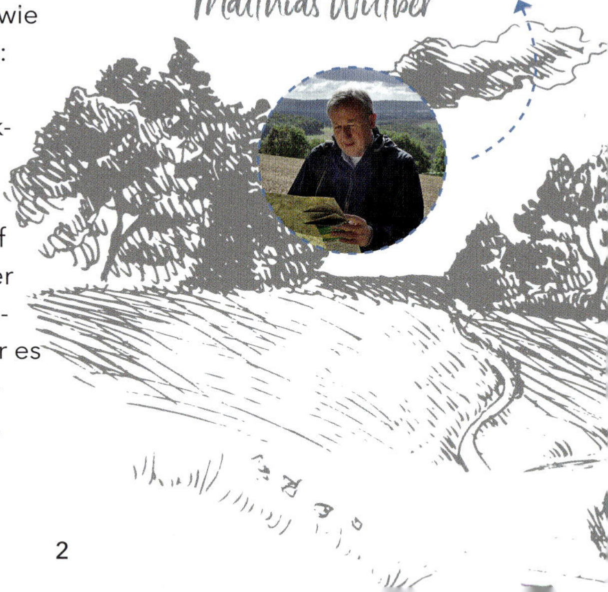

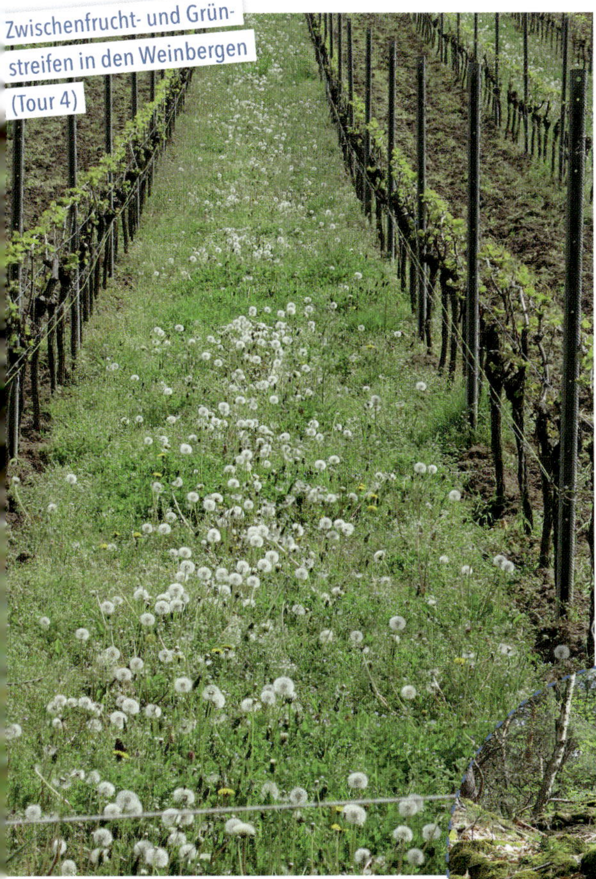

Zwischenfrucht- und Grünstreifen in den Weinbergen (Tour 4)

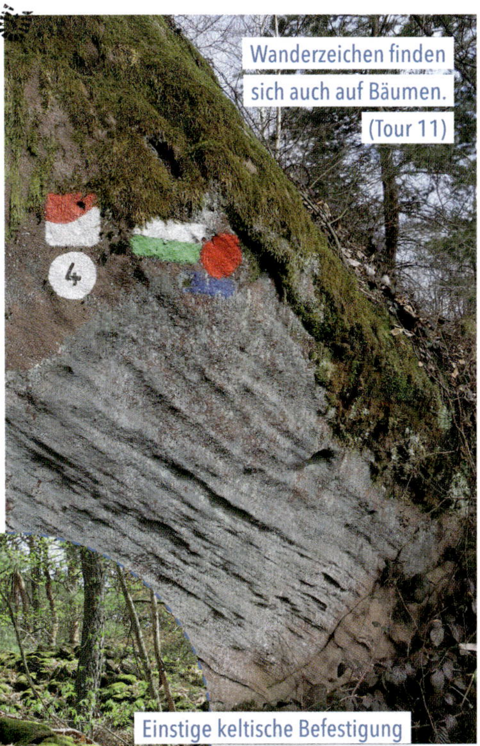

Wanderzeichen finden sich auch auf Bäumen. (Tour 11)

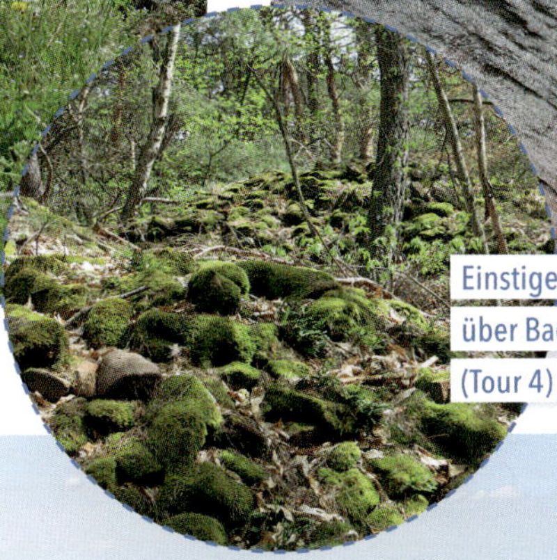

Einstige keltische Befestigung über Bad Dürkheim (Tour 4)

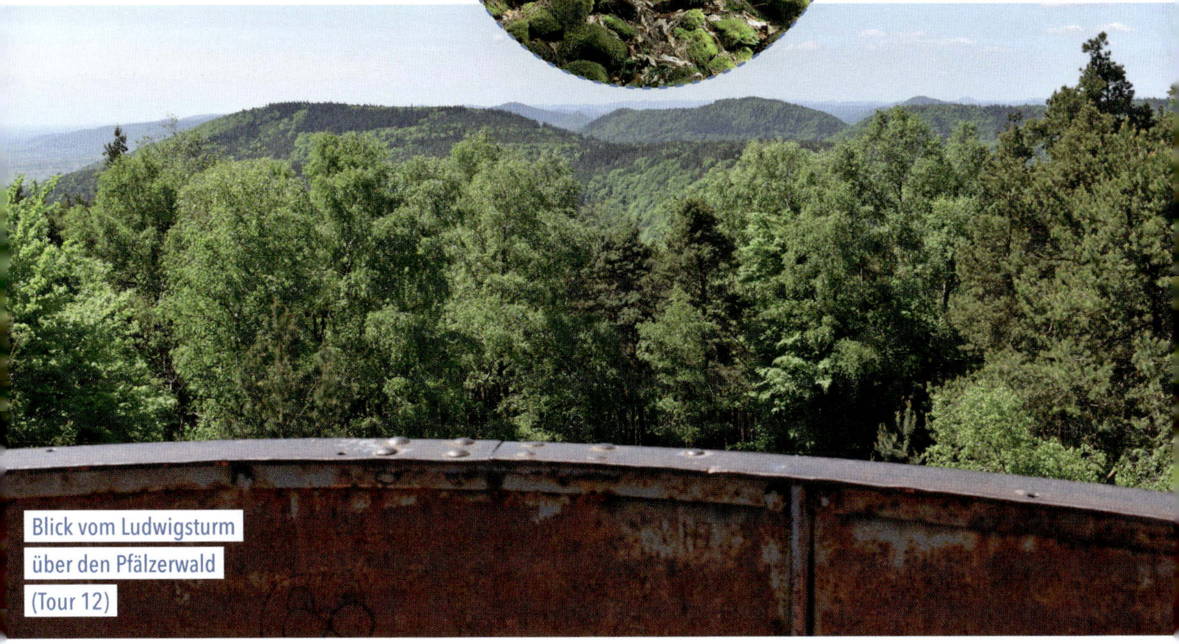

Blick vom Ludwigsturm über den Pfälzerwald (Tour 12)

INHALTSVERZEICHNIS

Ihre Touren

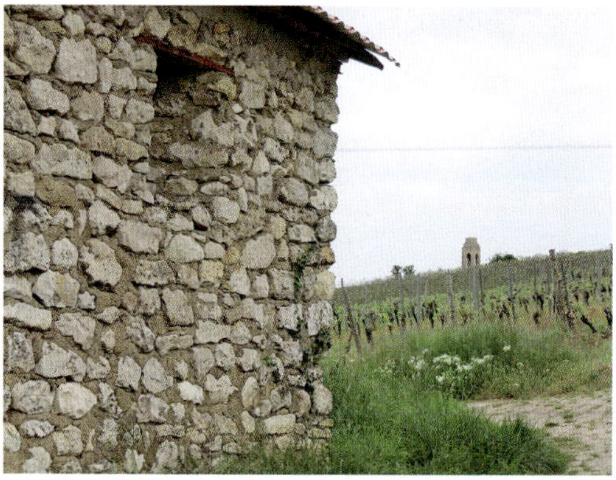

Pfälzerwald und Rheintal

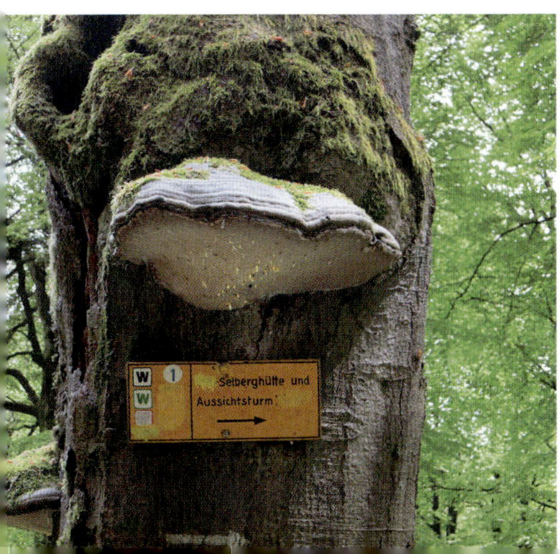

Hier die schönsten Touren

TOUR 13 / SEITE 54
Unterwegs auf dem historischen Marktweg gelangen wir zur Landauer Hütte und zwei Burgen.

TOUR 31 / SEITE 116
Durch die Rebenlandschaft des Zellertals wandernd, haben wir den Donnersberg im Blick.

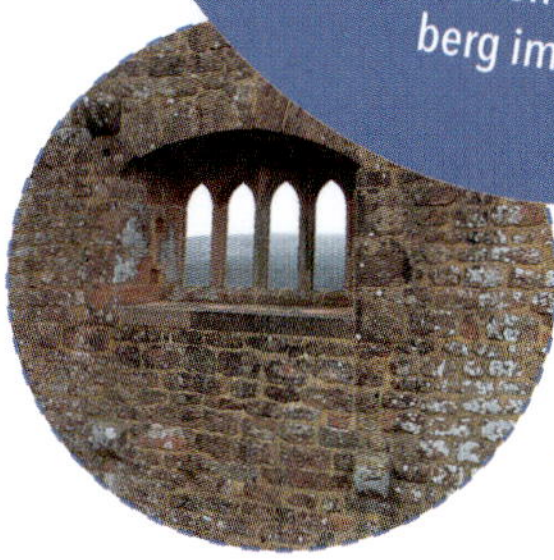

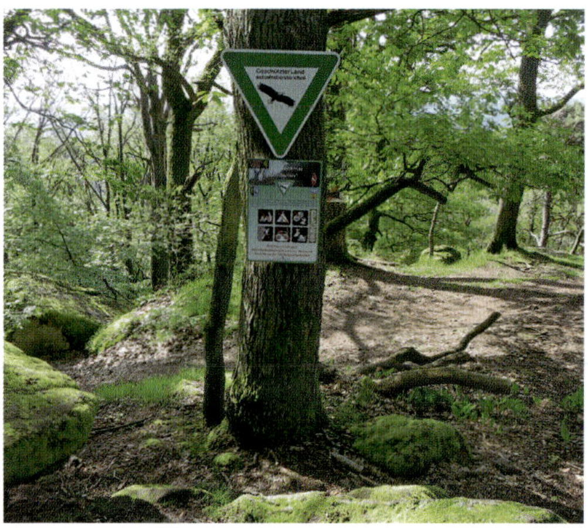

Pfälzer Bergland und Donnersberg

Pfalz West

Tourenfinder

Tournummer und -name												
1	Rundwanderung bei Eiswoog	mittel	15,2	440	4.00	✓		✓		✓		✓
2	Zum Ungeheuersee	leicht	9,7	442	2.45	✓	✓	✓		✓	✓	✓
3	Lindemannsruhe und Bismarckturm	leicht	4,9	252	1.30	✓	✓	✓		✓		✓
4	Keltischer Ringwall und germanischer Kultplatz	leicht	8,6	395	2.30	✓	✓	✓		✓		✓
5	Vom Betzenberg zum Humbergturm	leicht	9,5	374	2.30	✓	✓	✓		✓		✓
6	Michaelskapelle und Wachtenburg	mittel	8,8	518	2.30	✓		✓		✓		✓
7	Über Gimmeldingen zum Weinbiethaus	mittel	12,7	791	3.45	✓		✓		✓		✓
8	Lambertskreuz und Neidenfels	mittel	10,1	757	3.15	✓		✓		✓		✓
9	Zum Hambacher Schloss	mittel	9,5	640	3.00	✓		✓		✓		
10	Rund um die Totenkopfhütte	mittel	7,7	506	2.15	✓				✓	✓	
11	Über die Kropsburg zur Kalmit	mittel	10,5	986	3.30	✓		✓		✓		✓
12	Von der Rietburg zur Edenkobener Hütte	mittel	9,1	495	2.45	✓		✓		✓		✓
13	Zur Burgruine Neuscharfeneck	mittel	9,4	726	3.00	✓		✓		✓		✓
14	St.-Anna-Hütte und Trifelsblickhütte	mittel	7,2	545	2.15	✓		✓		✓		✓
15	Auf dem Felsenwanderweg	leicht	6,9	222	2.00	✓	✓	✓		✓	✓	✓
16	Rheindamm-Tour bei Germersheim	leicht	9,9	6	2.30	✓	✓	✓	✓		✓	✓
17	Ringelsberghütte und Orensfelsen	leicht	8,6	614	2.45	✓		✓		✓		✓
18	Hinauf zum Trifels	mittel	9,3	614	3.00	✓		✓		✓		✓
19	Zur Ruine Falkenburg	mittel	11,0	569	3.30	✓		✓		✓		✓
20	Auf dem Schuhfabrikarbeiterweg	leicht	6,6	337	2.00	✓		✓		✓		✓
21	Rundtour am Teufelstisch	leicht	9,8	486	3.00	✓		✓		✓		✓
22	Rund um die Ruine Lemberg	mittel	9,2	520	2.45	✓		✓		✓		✓
23	Zu den Alt-Dahner Burgen	leicht	7,5	363	2.15	✓		✓		✓		✓
24	Vom Cramerhaus zum Wildpark Silz	mittel	9,8	405	2.45	✓		✓		✓	✓	
25	Im Grenzgebiet zum Elsass	mittel	13,3	206	3.15	✓		✓	✓		✓	✓
26	Fernblick über die Nahe	mittel	3,4	220	1.15	✓		✓		✓		
27	Rundtour an Glan und Lauter	schwer	17,7	825	5.00	✓		✓	✓			✓
28	Unterwegs zum keltischen Ringwall	mittel	9,1	573	2.45	✓		✓		✓		✓
29	Alsenztal und Donnersberg	leicht	9,2	452	2.30	✓	✓	✓	✓		✓	✓
30	Zum Selbergturm bei Eßweiler	leicht	6,7	490	2.00	✓	✓	✓	✓	✓		
31	Kleine Zellertalwanderung	leicht	10,9	280	2.45	✓	✓	✓	✓		✓	✓
32	Von der Kneispermühle zum Häselbergerhof	leicht	5,4	350	1.45	✓	✓	✓		✓	✓	
33	Von Niedersimten ins Rodalbtal	mittel	11,4	570	3.15	✓	✓	✓		✓		✓

DER WEG IST DAS ZIEL …

Alles, was Sie wissen müssen für Ihre Tour!

Die Pfalz und speziell der Pfälzerwald gehören zu den beliebtesten deutschen Wanderregionen. Der Pfälzerwald ist das größte zusammenhängende Waldgebiet in Deutschland. Er besticht durch einen abwechslungsreichen Baumbestand, naturbelassene Wanderwege und ein umfangreiches Hüttennetz. Wie immer, wenn man sich in die Natur aufmacht, sollten vor allem Wanderanfänger einige Dinge beachten. Feste Wanderschuhe sind genauso ein Muss wie eine Regenjacke, auch wenn der Wetterbericht für den ganzen Tag Sonnenschein vorausgesagt hat. In einem kleinen Tagesrucksack lassen sich die persönlichen Gegenstände, eine Landkarte und andere nützliche Dinge unterbringen.

Anfahrt

Bei mehr als der Hälfte der in diesem Buch beschriebenen Wandertouren lassen sich An- und Abreise mit den Zügen der Pfälzer Regionalbahnen bewerkstelligen. An Ausgangspunkten, die sich mit öffentlichen Verkehrsmitteln nicht oder nur schwer erreichen lassen, gibt es meist großzügig angelegte Wanderparkplätze. Dort findet man zumindest unter der Woche immer einen Parkplatz – an den Wochenenden kann es aber tatsächlich auch mal eng werden. Hier sind die Langschläfer im Vorteil – wenn sie ankommen, haben die Frühaufsteher den Ort schon wieder verlassen.

Wegmarkierungen

Für die Wanderwege in der Pfalz werden überwiegend ein- bzw. zweifarbige Balken (Striche) oder Punkte verwendet. Nicht so häufig trifft man auf Dreiecke oder Kreuze. Die Markierungen werden entweder mit Farbe auf die Bäume aufgetragen oder auf Metall- bzw. Holzschildern dargestellt. Bei den Pfälzer Qualitätswegen kommen dagegen auch Holzpfosten zum Einsatz. Zum einen tragen sie das Markierungssymbol und zum anderen einen Richtungspfeil. Die Markierung für den Pfälzer Waldpfad ist das stilisierte Blatt mit grünem Hintergrund. Die Weintraube mit rotem Hintergrund kennzeichnet den Pfälzer Weinsteig, die Wolke

Autor Matthias Wittber, geboren in Karlsruhe, verfasst seit nunmehr fast 30 Jahren Bücher mit dem Schwerpunkt Pfalz und Pfälzerwald.

Die besten Hütten-Touren für Genießer

Regionale Spezialitäten in einer Hütte des Pfälzerwald-Vereins kosten – besonders gut möglich ist dies im Rahmen der **Touren 7, 10, 17 und 20.**

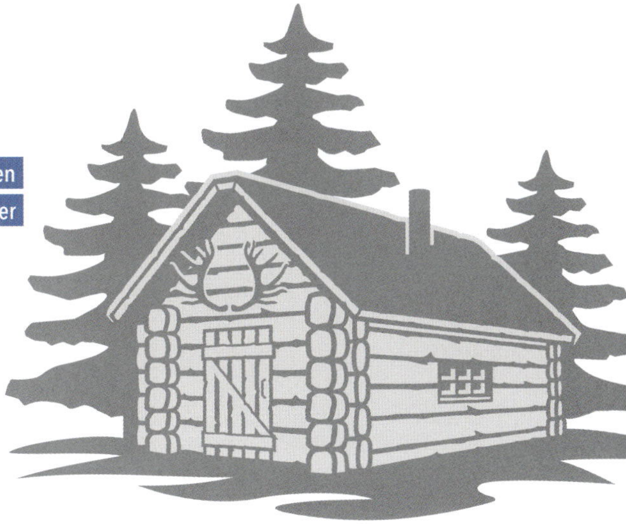

mit blauem Hintergrund hingegen den Pfälzer Höhenweg. Daneben finden sich noch andere Markierungen etwa für den Pfälzer Jakobsweg, den Keschdeweg (Kastanienweg), den Europäischen Fernwanderweg von der Nordsee zu den Karpaten oder den grenzüberschreitenden Zabernweg.

Wanderkarten

Gebräuchliche Wanderkarten sind im Maßstab 1:25 000 erhältlich. Auf diesen Karten sind die Wanderwege zusammen mit der jeweiligen Markierung eingezeichnet. In den Karten werden Schutzhütten, bewirtschaftete Pfälzerwaldhütten, Naturfreundehäuser, Aussichtspunkte oder Naturdenkmäler neben anderen Informationen dargestellt. Recht praktisch, falls man sich doch einmal verlaufen haben sollte, sind die auf den Karten dargestellten Rettungspunkte. Dies sind Wegmarkierungen mit einem weißen Kreuz auf grünem Grund und einer siebenstelligen Zahl (z. B. 6514-622). Im Falle eines Unfalls dient die Zahl als eindeutiges Zuordnungsmerkmal für Rettungsfahrzeuge. Der Wanderer kann

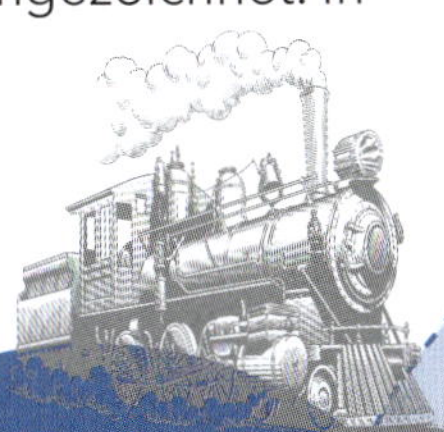

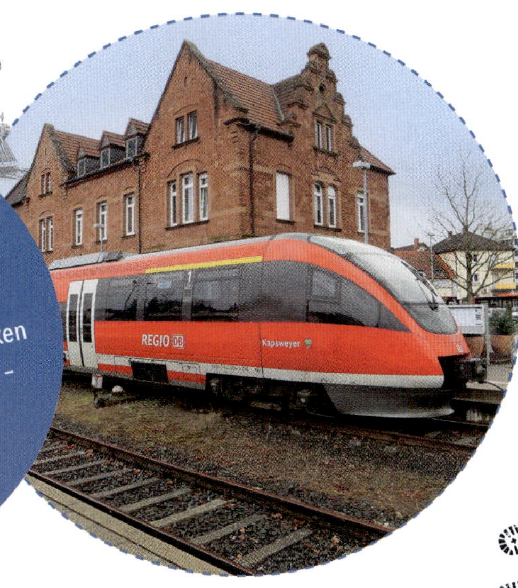

Transportmittel Nahverkehr

Viele der vorgestellten Wanderstrecken sind mit Bus und Bahn erreichbar – besonders gut etwa die **Touren 5, 8, 19 und 29.**

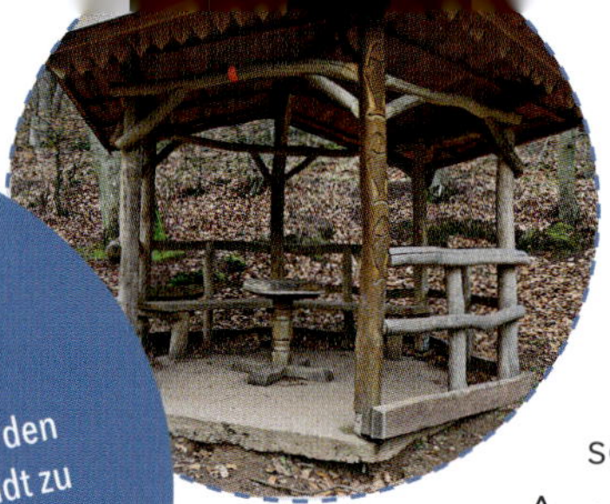

Hütte mit Aussicht

Diese offene Schutzhütte an den Fischteichen im Finstertal lädt zu einer Rast mit Blick in alle Himmelsrichtungen ein.

Tour 10, Seite 48

anhand dieser Rettungspunkte seinen Standort eindeutig bestimmen.

Der Verein und seine Aufgaben

Der Pfälzerwald-Verein besteht seit dem Jahr 1903 und ist unter den deutschen Wandervereinen der viertgrößte Verband. Aufgaben des Vereins sind die Anlage und Bezeichnung von Wanderwegen sowie der Bau von Schutzhütten, Aussichtstürmen, Wanderheimen und die Herausgabe von Wanderkarten. Darüber hinaus ist der Pfälzerwald-Verein Mitglied im Naturpark Pfälzerwald e. V. Dieser Verein organisiert die einheitliche Entwicklung des Pfälzerwalds und ist Träger des deutschen Teils des Biosphärenreservats Pfälzerwald-Nordvogesen. Der Pfälzerwald-Verein ist also kein reiner Wanderverein mehr, sondern im selben Maße ein Natur-

Entdecken Sie den Burgenkomplex Alt-Dahn

Drei Burgen befinden sich hier auf engstem Raum. Wir entdecken in den Sandstein geschlagene Stufen, Verliese, dunkle Kammern und ein hölzernes Wasserrad, das die Burg mit Trinkwasser versorgt. Die Sicht über den Pfälzerwald ist schier grenzenlos.

Tour 23, Seite 86

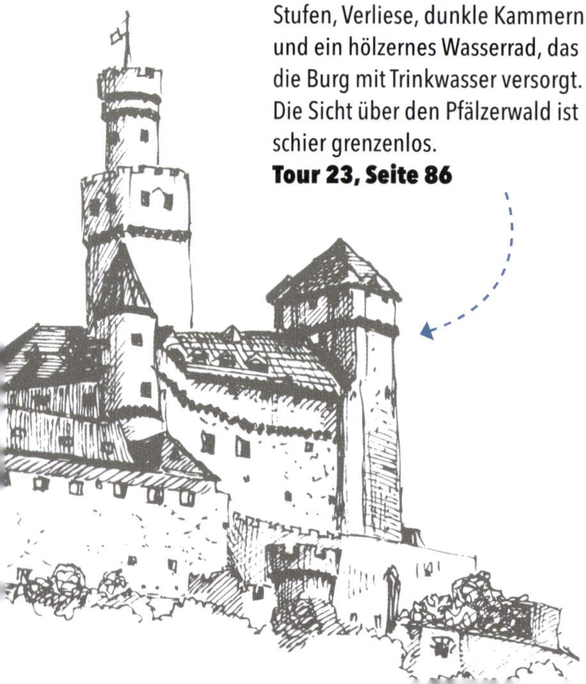

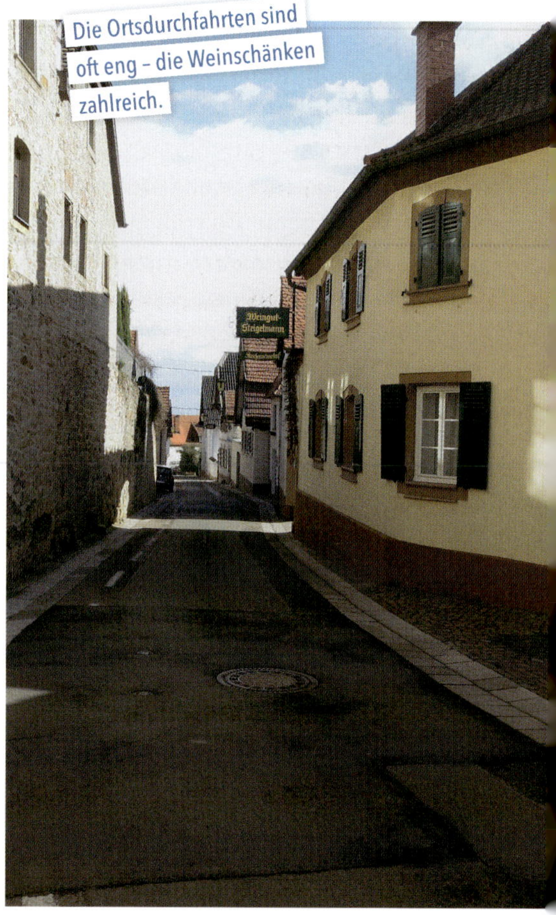

Die Ortsdurchfahrten sind oft eng – die Weinschänken zahlreich.

schutz-, Geschichts- und Kulturverein. Der Verein hat seinen Sitz in Neustadt an der Weinstraße.

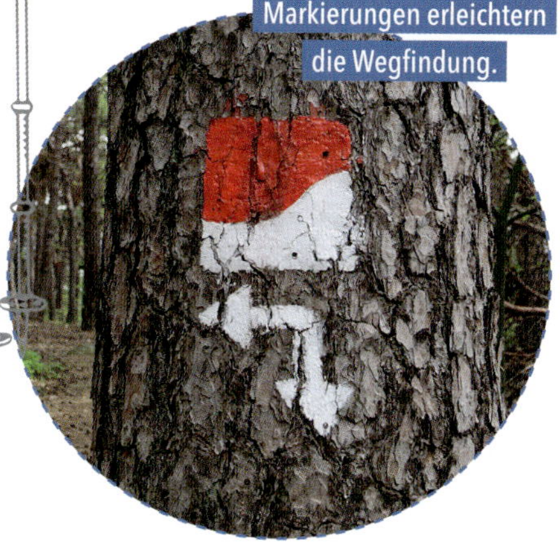

Markierungen erleichtern die Wegfindung.

Pfälzerwaldhütten

Der Pfälzerwald-Verein verzeichnet mehr als 100 Hütten. Knapp die Hälfte der in diesem Buch beschriebenen Wanderungen führt zu einer oder zwei Pfälzerwaldhütten. Die Öffnungszeiten der Hütten richten sich nach deren Lage. Die abgelegenen Hütten sind meist nur am Wochenende und an Feiertagen geöffnet; zusätzliche Öffnungszeiten gibt es meist während der Sommer- und Herbstferien im Bundesland Rheinland-Pfalz. Andere Hütten, die stärker frequentiert werden, haben abgesehen von einem Ruhetag die ganze Woche geöffnet. Aus kulinarischer Sicht bieten die Hütten dem Wanderer hauptsächlich Pfälzer Spezialitäten wie Saumagen oder Leberknödel an. Allerdings hat sich in den letzten Jahren ein Kulturwandel vollzogen. Neben der rustikalen Pfälzer Hausmannskost machen einige Hütten mit abwechslungsreichen Mahlzeiten auf sich aufmerksam. Zum Kulturwandel gehört auch, dass immer mehr Hütten nicht nur dem müden Wanderer etwas bieten wollen – vermehrt werden Themenabende mit musikalischer Unterhaltung, Wald-, Wein-, Hütten- oder Hoffeste, Glühweinwanderungen und ähnliches angeboten. Die Preisgestaltung ist in allen Hütten aber durchgehend günstig. Darüber hinaus kann in einzelnen Hütten, zum Beispiel dem Hilschberghaus oder der Edenkobener Hütte, auch übernachtet werden. Ein Hüttenverzeichnis mit den Öffnungszeiten findet sich auf der Homepage des Pfälzerwald-Vereins unter www.pwv.de.

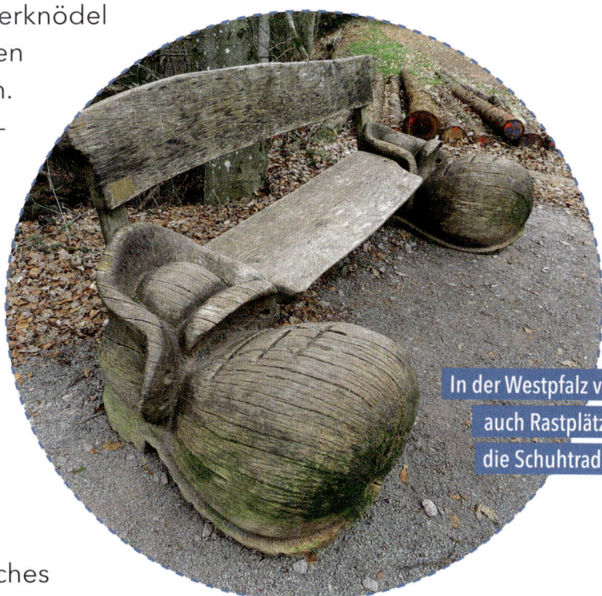

In der Westpfalz verweisen auch Rastplätze auf die Schuhtradition.

1

Mit der großen und der kleinen Bahn

Mit der Regionalbahn geht es zum Ausgangspunkt in Eiswoog. Den letzten Wanderabschnitt legen wir mit der Schmalspurbahn im offenen Waggon zurück. Ein etwas anderes Wandererlebnis!

Rundwanderung bei Eiswoog
Seite 16

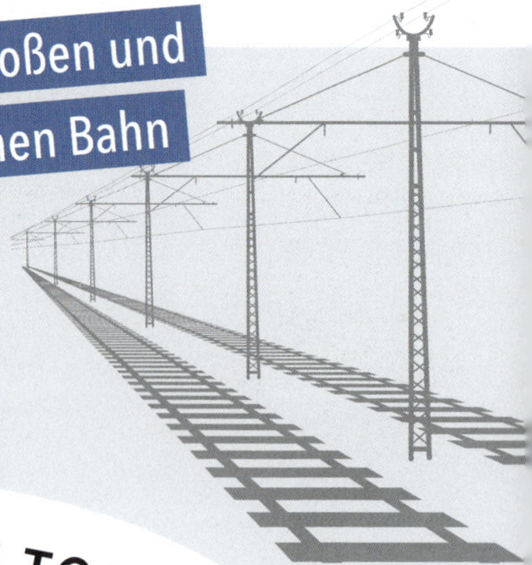

17

Kalt und gesund

Die historische Walddusche verhalf Kranken schon im 19. Jahrhundert zu besserer Gesundheit. Aber Vorsicht: Die Wassertemperatur beträgt nur 10 °C.

Ringelsberghütte und Orensfelsen
Seite 68

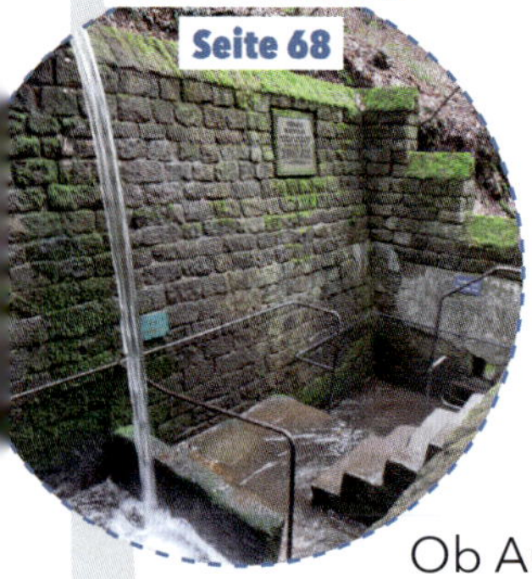

UNSERE BESTEN TOUREN

Highlights

Ob Ausflug in den Pfälzerwald, zu einmaligen Buntsandsteinfelsen, ehemals stolzen Burgen oder urigen Hütten – auf diesen Touren lässt sich die ganze Vielfalt der Pfalz entdecken.

15

Buntsandsteinromantik

Der Rodalber Felsenwanderweg führt zu den beeindruckenden Buntsandsteinformationen des südlichen Pfälzerwalds.

Auf dem Felsenwanderweg
Seite 64

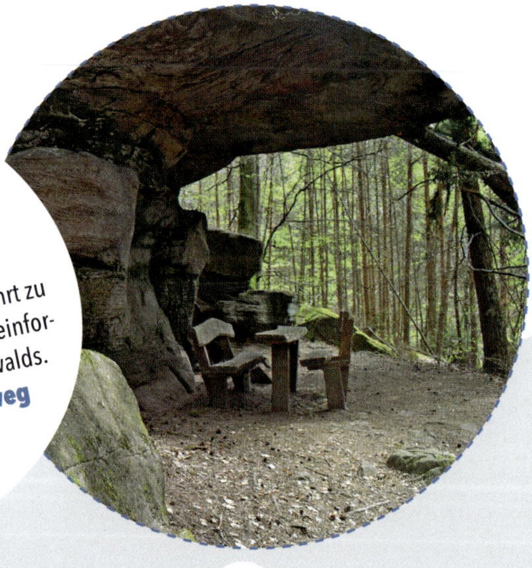

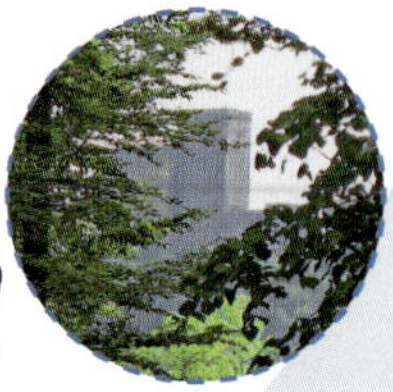

18

Reichsschatz auf dem Trifels

Diese historisierend wiederaufgebaute Burg war einst Verwahrort der Reichsinsignien sowie Gefängnis des englischen Königs Richard Löwenherz.

Hinauf zum Trifels
Seite 70

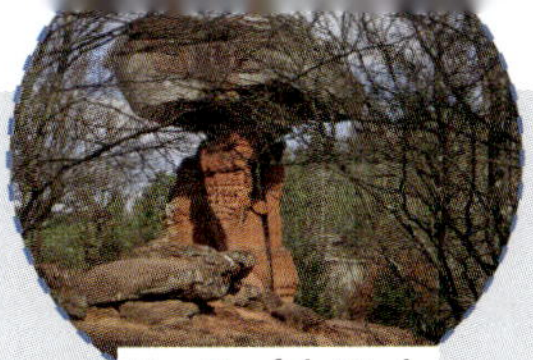

21

Des Teufels Tisch

Zu Besuch bei einem einzigartigen Naturdenkmal im südlichen Pfälzerwald: Auf der Tischplatte hat sich ein Baum angesiedelt. Geübte Kletterer schaffen es hier ganz nach oben.

Rundtour am Teufelstisch

Seite 82

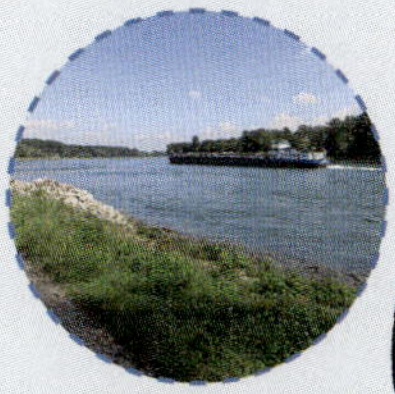

16

Wandern ohne Höhenunterschied

Ganz gemütlich am wichtigsten deutschen Fluss entlangschlendern – dies ist bei dieser Tour am Rheinufer bei Germersheim möglich. Entspanntes Schiffegucken inklusive.

Rheindamm-Tour bei Germersheim

Seite 66

25

Abstecher ins Elsass

Wir haben die Vogesen zur linken und den Pfälzerwald zur rechten Seite. In St. Ulrich in Altenstadt steht eine der ältesten Kirchen des Elsass. Weißenburg beeindruckt mit seiner malerischen Altstadt. Am Paulinerschloss vorbei geht es zum Deutschen Weintor.

Im Grenzgebiet zum Elsass

Seite 94

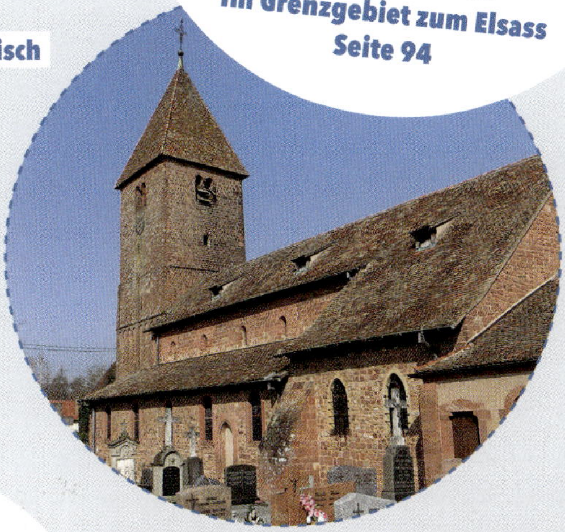

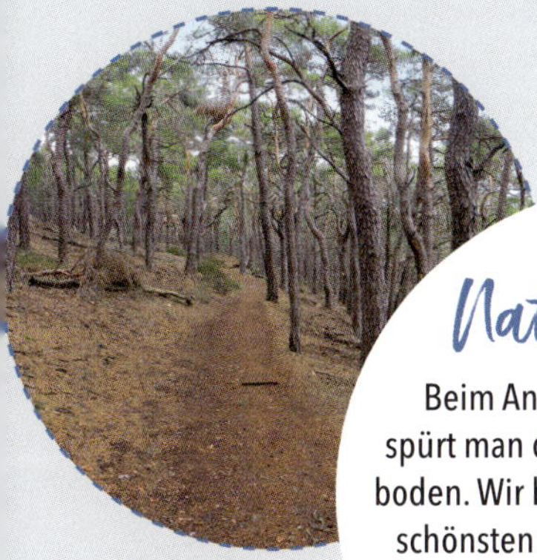

7

Naturbelassen

Beim Anstieg zum Weinbiethaus spürt man den weich federnden Waldboden. Wir bewegen uns auf einem der schönsten naturbelassenen Wanderpfade im Pfälzerwald.

Über Gimmeldingen zum Weinbiethaus

Seite 40

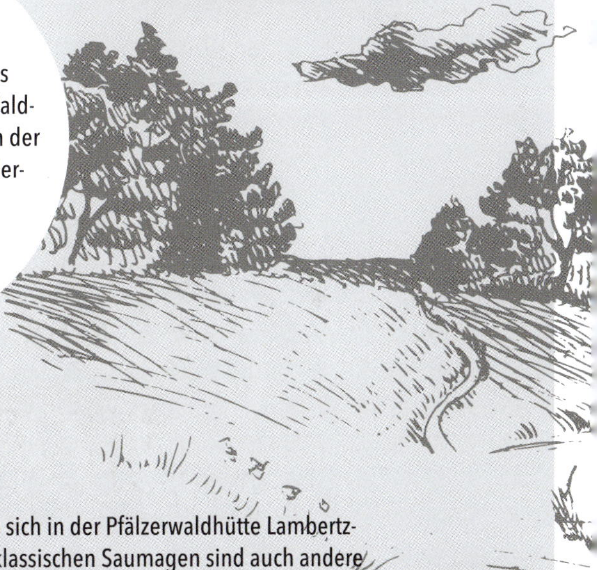

8

Wanderkulinarik

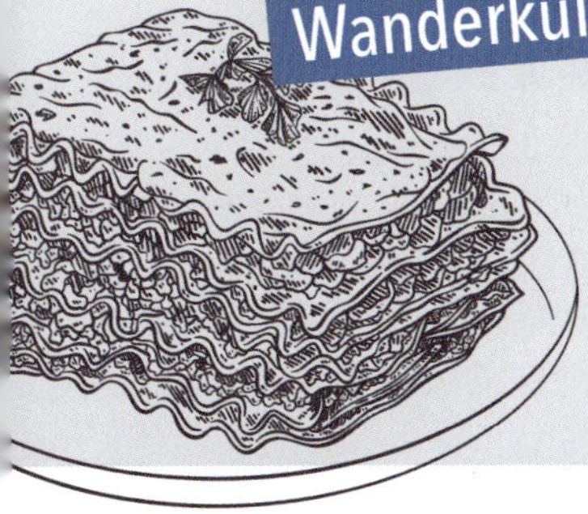

Viel Mühe gibt man sich in der Pfälzerwaldhütte Lambertzkreuz. Neben dem klassischen Saumagen sind auch andere fantasievoll angerichtete Speisen im Angebot.

Lambertskreuz und Neidenfels

Seite 42

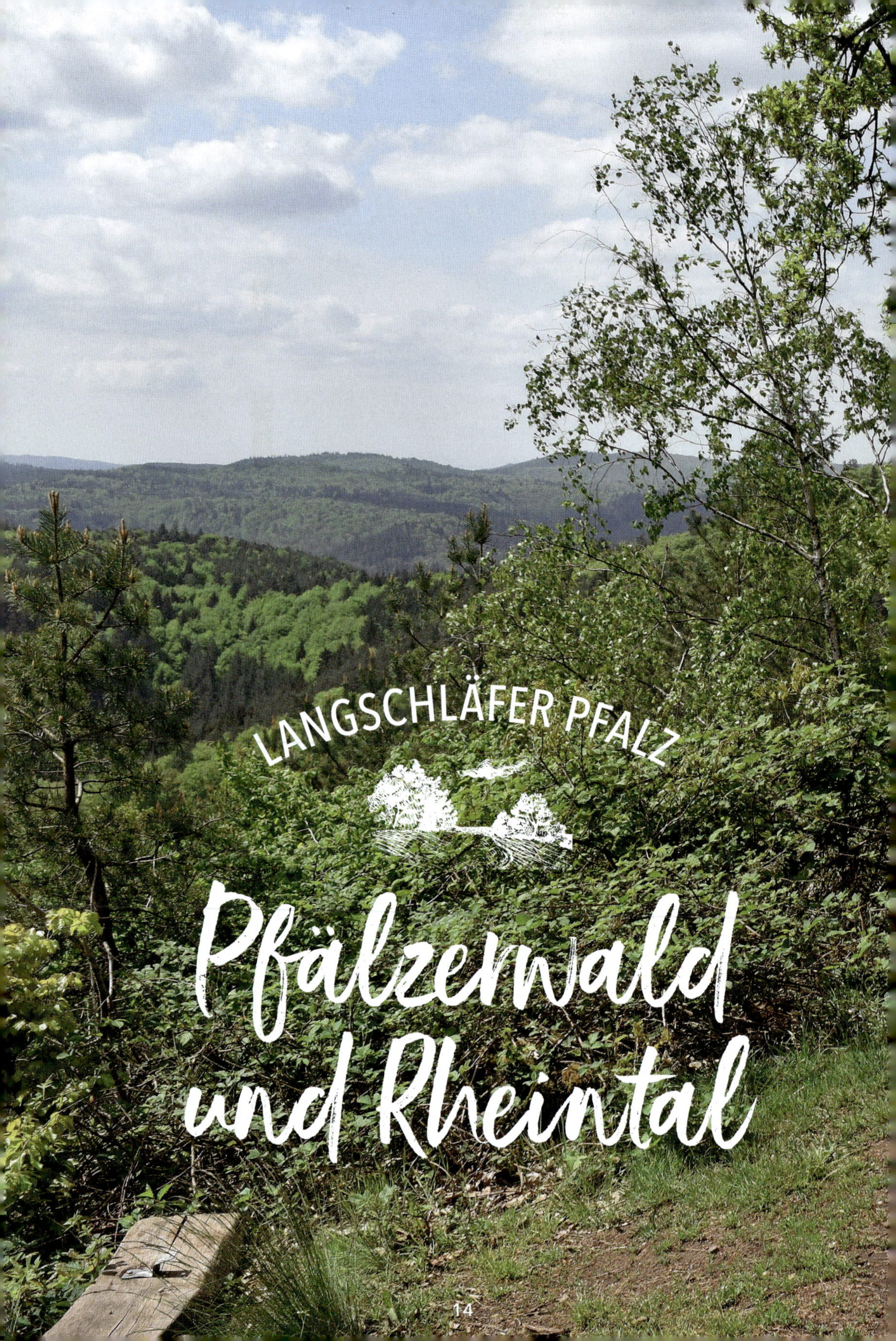

LANGSCHLÄFER PFALZ

Pfälzerwald und Rheintal

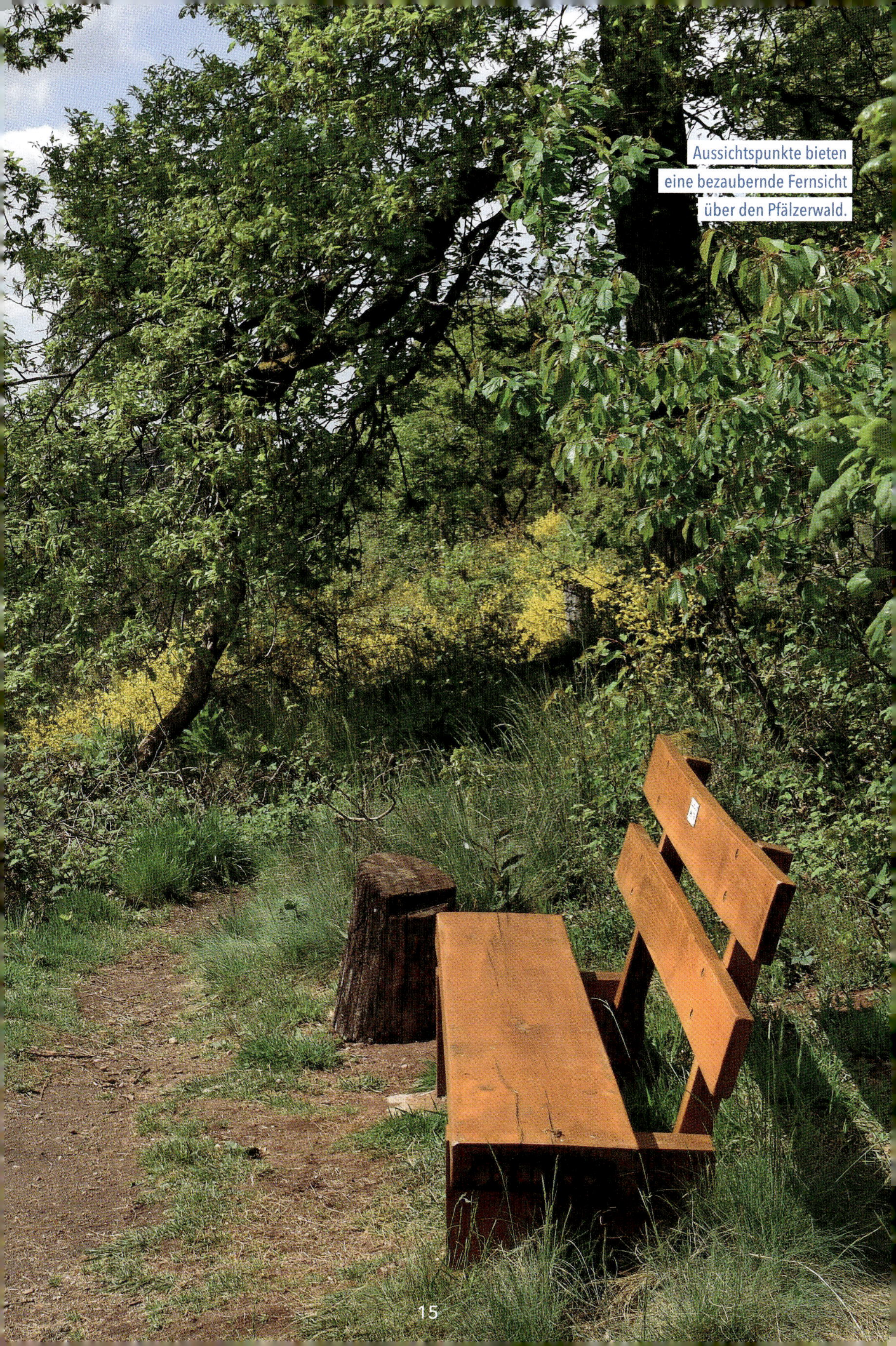

Aussichtspunkte bieten
eine bezaubernde Fernsicht
über den Pfälzerwald.

Rückfahrt mit der Diesellok

Rundwanderung bei Eiswoog

Am nördlichen Ende des Pfälzerwalds liegt rund um den Eiswoog ein interessantes Wandergebiet. Neben einem hohen Eisenbahnviadukt mit einer stillgelegten Normalspur treffen wir auf dieser Wanderung auf eine Schmalspurbahn, die noch in Betrieb ist.

Der Ⓐ Wanderparkplatz Eiswoog befindet sich unter einem 35 Meter hohen Eisenbahnviadukt; dieses überspannt das Eisbachtal. Die darüber führende Bahnstrecke, auf der man nach Alsenborn gelangt, wurde schon im Jahr 1988 stillgelegt. Eine Wiederaufnahme dieser Bahnstrecke nach Westen scheiterte bisher an den hohen Kosten für die Instandsetzung von zwei Talbrücken sowie von einem Tunnel. Der jetzige Haltepunkt der Regionalbahn befindet sich vor der Brücke und wird von Grünstadt über Freinsheim bedient. Vom Haltepunkt sind es nur wenige Meter hinunter zum Wanderparkplatz. Dort befindet sich auch die Endhaltestelle der Stumpfwaldbahn. Diese Museumsbahn mit 600 mm Spurweite fährt auf fast ebener Strecke bis nach Ramsen. An Tagen, an denen die Bahn in Betrieb ist, lässt sich der letzte Abschnitt dieser Wanderung von Ramsen nach Eiswoog in einem der von Dampf- oder Dieselloks gezogenen offenen Waggons zurücklegen. Dies ist gewöhnlich an allen Sonn- und Feiertagen möglich. Sonderfahrten werden zum Beispiel am Nikolaustag angeboten. Fahrplandaten finden sich unter www.stumpfwaldbahn.de.

Zur Blockhütte Wattenheim

Vom Wanderparkplatz überqueren wir die Gleise der Stumpfwaldbahn und gehen in südlicher Richtung am dortigen Hotel vorbei. Wir gelangen zum Eiswoog und laufen entlang dieses aufgestauten Sees auf dem noch ebenen Weg ins Eisbachtal. Von einer in den See hineinragenden Plattform genießen wir den Blick über den Woog und auf die 250 Meter lange Eisenbahnbrücke. Am Ende des Sees achten wir auf unser

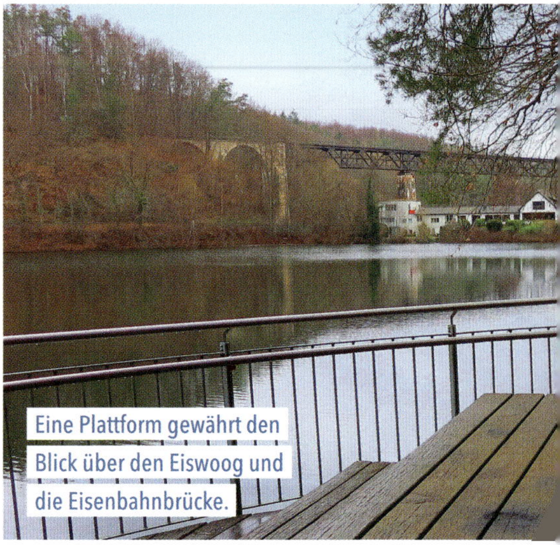

Eine Plattform gewährt den Blick über den Eiswoog und die Eisenbahnbrücke.

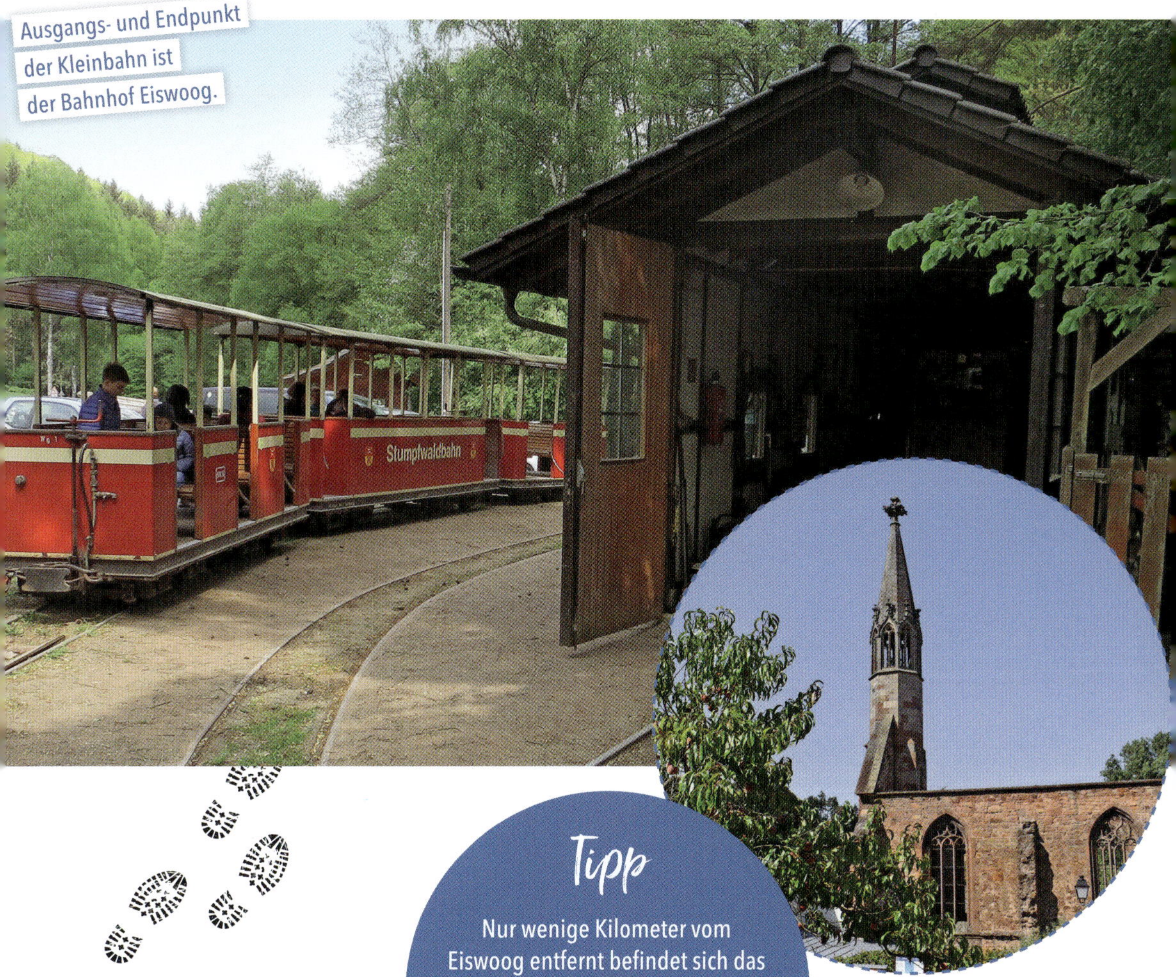

Ausgangs- und Endpunkt der Kleinbahn ist der Bahnhof Eiswoog.

Tipp

Nur wenige Kilometer vom Eiswoog entfernt befindet sich das ehemalige Zisterzienserkloster Rosenthal. Der heutige Stadtteil gehört zur Gemeinde Kerzenheim. Für Besucher gibt es im Ort einen großen ausgeschilderten Parkplatz.

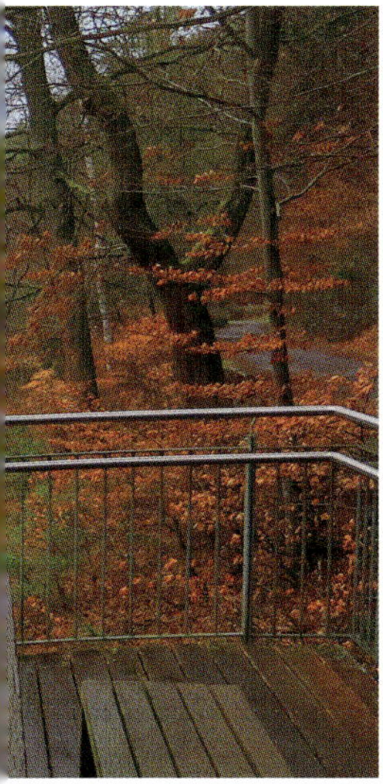

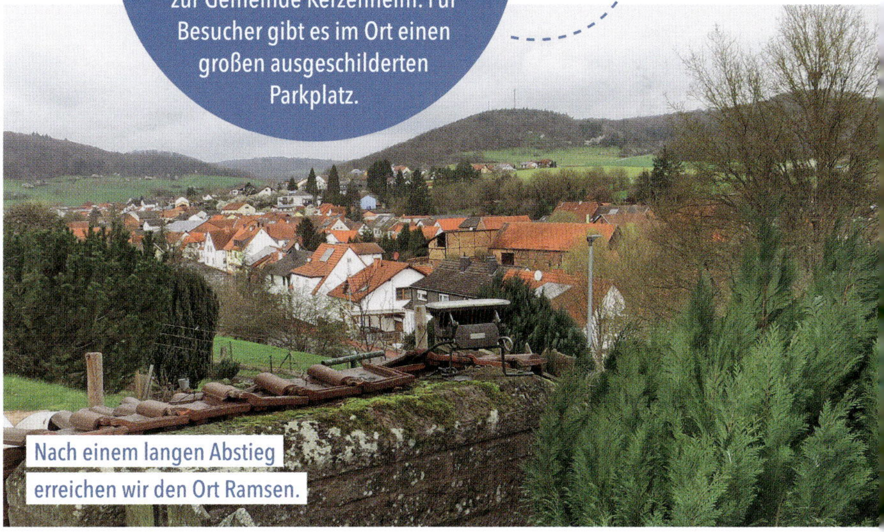
Nach einem langen Abstieg erreichen wir den Ort Ramsen.

mittel

15,2 km

440 Hm

4 Std.

Auf einen Blick

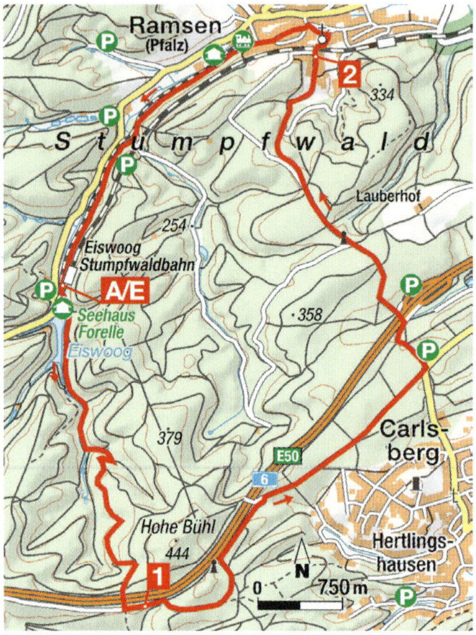

Tourencharakter
Ausschließlich im Wald verlaufende Rundwanderung mit einem Anstieg

Ausgangs-/Endpunkt
Eiswoog, Wanderparkplatz (245 m)
GPS-Daten: 49.515000, 7.981389

Anfahrt
Auto: Auf der Autobahn 6 bis zur Ausfahrt Enkenbach-Alsenborn, dort weiter nach Alsenborn und auf der L395 bis Eiswoog
Bus & Bahn: Mit der Regionalbahn von Bad Dürkheim über Freinsheim nach Eiswoog

Karte
NaturNavi Pfälzerwald 4, 1:25 000

Einkehr
Eiswoog, Ramsen

Weitere Informationen
Tourist-Information Enkenbach-Alsenborn, Hauptstraße 18, 67677 Enkenbach-Alsenborn
www.pfalz-info.com

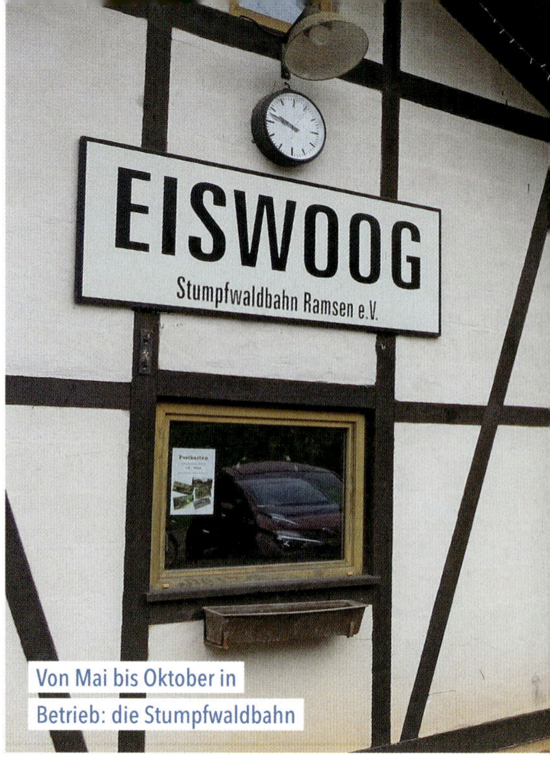

Von Mai bis Oktober in Betrieb: die Stumpfwaldbahn

Wanderzeichen, den blau-weißen Balken. Mit diesem Zeichen steigt der Weg jetzt kontinuierlich an – über mehrere Kehren erreichen wir die Autobahn 6. Eine Unterführung bringt uns gefahrlos auf die andere Seite. Dort treffen wir auf eine kleine **1** Blockhütte der Gemeinde Wattenheim. Diese ist verschlossen, der Außenbereich bietet aber Schutz bei Wetterunbilden.

Zum Schullandheim ob Ramsen

Unser Weg führt uns jetzt mit dem Zeichen grün-weißer Balken nach links, also in östliche Richtung, zuerst noch parallel zur Autobahn. Nach etwa 900 Metern teilt sich unser Weg. Wir gehen wieder nach links, jetzt aber mit der Markierung grüner Balken. Der Weg nähert sich zuerst wieder der Autobahn, führt von dieser aber auch gleich wieder weg in nordöstlicher Richtung. Nächster Etappenpunkt ist der Wanderparkplatz an der Landesstraße 520 (Ret-

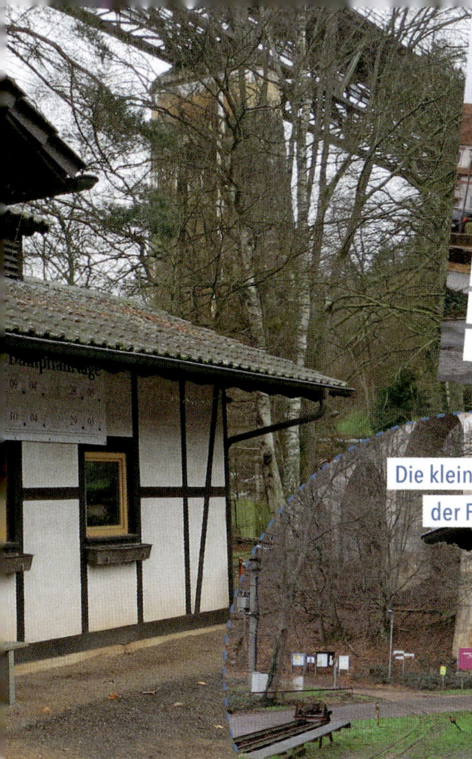

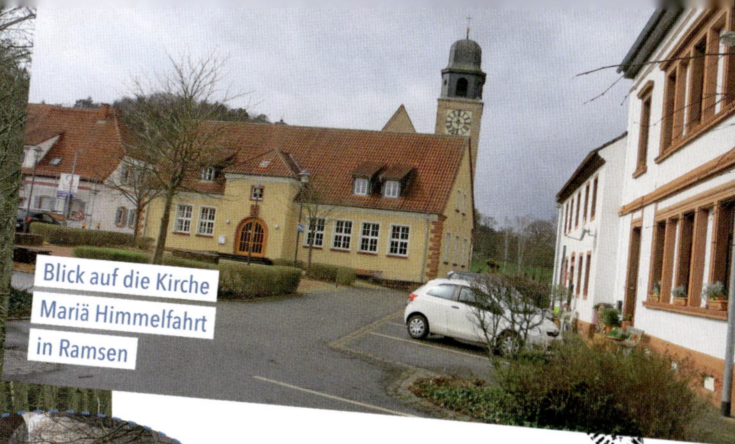

Blick auf die Kirche Mariä Himmelfahrt in Ramsen

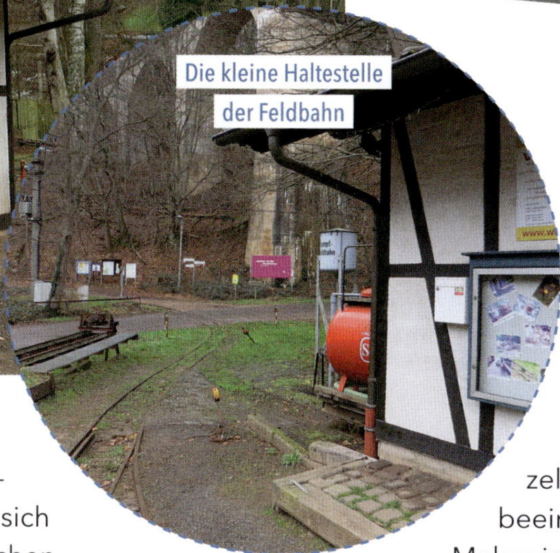

Die kleine Haltestelle der Feldbahn

tungspunkt 6414-327). Hier ändert sich unser Wanderzeichen zum blau-roten Balken. Nach links geht es zur nächsten Autobahnunterführung. Auf 2,5 Kilometern führt der Weg anschließend durch den Wald oberhalb von ❷ Ramsen – dorthin fällt der Weg dann kontinuierlich ab. Auf Höhe des Schullandheimes der Stadt Ludwigshafen erreichen wir den Ort. Ramsen ist eine Teilgemeinde der Verbandsgemeinde Eisenberg (Pfalz) und zählt knapp 2000 Einwohner. Auf der Klosterstraße geht es hinunter zur Ortsmitte. Von der Gemeindeverwaltung sind es nur noch wenige Meter bis zur protestantischen Kirche. Von dort bietet sich ein schöner Blick über den Ort. Schräg gegenüber steht die katholische Kirche Mariä Himmelfahrt mit dreischiffiger Basilika; sie wurde im Jahr 1911 erbaut. Im Inneren der Kirche erwarten uns neben einer steinernen Kanzel und einem vom Jugendstil beeinflussten Hochaltar zahlreiche Malereien, die verschiedene Kreuzwegstationen darstellen.

Zurück nach Eiswoog

Über die Mühlstraße gehen wir weiter zum Haltepunkt der Stumpfwaldbahn. Dort befindet sich auch die Fahrzeughalle – in dieser sind Loks und Waggons der Museumsbahn untergebracht. Von hier können wir entweder mit der Kleinbahn zurück nach Ⓔ Eiswoog fahren oder wir folgen dem Weg, der entlang der Bahngleise zu unserem Ausgangspunkt in Eiswoog führt. Diejenigen, die mit öffentlichen Verkehrsmitteln angereist sind, können bereits in Ramsen mit dem Nahverkehrszug über Freinsheim zurück nach Grünstadt fahren. Zum Bahnhof in Ramsen gelangt man über die Straße »Am Klosteracker», danach folgt man der Bahnhofstraße bis zum Haltepunkt.

VIEHTRÄNKE IM WALD

2

Zum Ungeheuersee

Auch nördlich der Weinmetropole Bad Dürkheim dominiert der Weinbau. Der Übergang zum Pfälzerwald ist aber ansatzlos. Auf dieser Wanderung wechseln wir also schnell vom heißen Rheintal in ein schattiges und angenehmes Waldgebiet. Das Naturdenkmal »Ungeheuersee« weckt unsere besondere Aufmerksamkeit.

Am Ⓐ Wanderparkplatz Felsenberg-Berntal überqueren wir die Landesstraße 517 und nehmen den unmarkierten Weg zum nahe gelegenen Friedhof. Dieser ist vom Parkplatz aus schon zu sehen. Der Weg steigt anschließend weiter durch die Weinberge an. Auf der Kuppe angekommen, blicken wir auf Leistadt; auf der anderen Seite nach Norden erkennen wir Weisenheim am Berg.

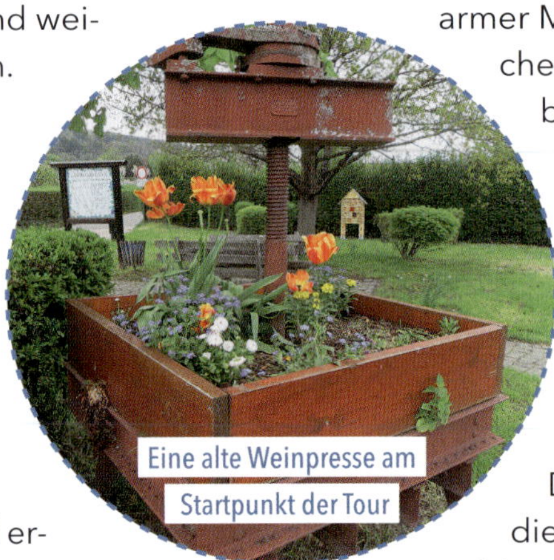

Eine alte Weinpresse am Startpunkt der Tour

Zur Weisenheimer Hütte

Wir gehen nach rechts und erreichen nach wenigen Metern den Hauptweg von Leistadt nach Weisenheim, dieser ist mit einem roten Balken markiert. Es geht jetzt bergab in die von drei Seiten von Weinbergen umgebene Gemeinde. Auf der Plauser Straße und dem Neuweg gehen wir bis zur Waldstraße. Dort biegen wir links ab; wir folgen der Straße bis zum Ende der Bebauung in den Wald hinein. Ab jetzt ist das grüne Kreuz unsere Wegmarkierung. Der Weg steigt stetig an. Erst auf dem letzten Abschnitt fällt der Weg zum Krumbach und zum ❶ Ungeheuersee wieder ab. Das Naturdenkmal Ungeheuersee ist ein selten vorkommender nährstoffarmer Moorsee. Er bietet zahlreichen vom Aussterben bedrohten Arten Lebensraum. Im Mittelalter wurde er als Viehtränke angelegt. Sein Wasserstand schwankt mit den jährlichen Niederschlägen. Zeitweilig fällt der See auch vollkommen trocken. Direkt am See befindet sich die Weisenheimer Hütte des Pfälzerwald-Vereins. Sie ist sonntags von 11 bis 17 Uhr und von Mai bis Oktober auch mittwochs geöffnet.

Die Freitreppe in Leistadt

Wir gehen jetzt ein Stück des Hinwegs zurück. Nach dem Anstieg erreichen wir wieder die Weggabelung. Diesmal biegen wir nach Süden ab. Schon nach 100 Metern gabelt sich der Weg erneut. Wir gehen nach

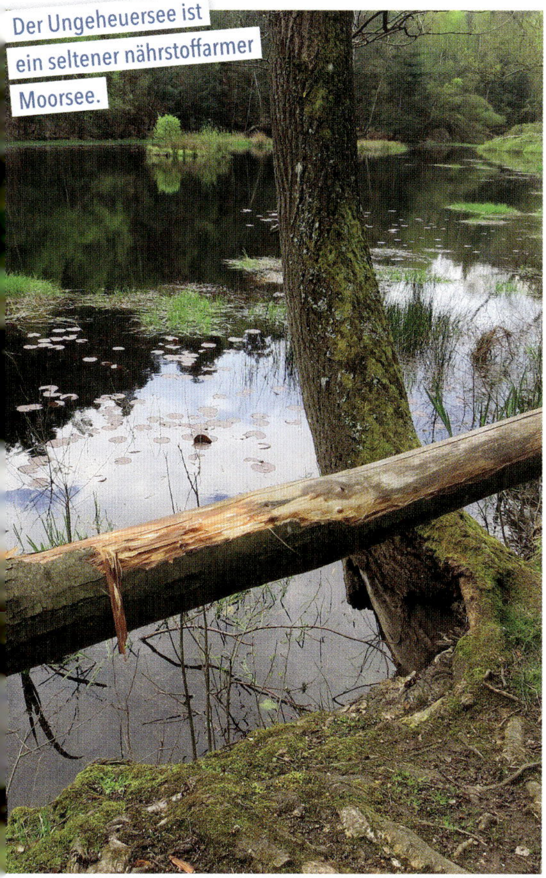

Der Ungeheuersee ist ein seltener nährstoffarmer Moorsee.

links mit der Wandermarkierung grüner Punkt und folgen den großen Kehren bergab. An den Weinbergen oberhalb von Leistadt treten wir dann aus dem Pfälzerwald heraus. An verschiedenen Weingütern vorbei erreichen wir die Hauptstraße. Wir machen noch einen kurzen Abstecher zum Alten Rathaus von Leistadt. Dazu biegen wir nach rechts ab. In der Mitte der Frontseite des ehemaligen Gemeindehauses weist eine Tafel 1750 als Jahr der Errichtung des Gebäudes aus. Rechts des Alten Rathauses befindet sich eine Freitreppe, die zu einer überdachten Plattform führt. Auf der sehr engen Hauptstraße gelangen wir schließlich zu unserem Ausgangspunkt zurück, dem **E** Wanderparkplatz von Leistadt.

leicht

9,7 km

442 Hm

2.45 Std.

Auf einen Blick

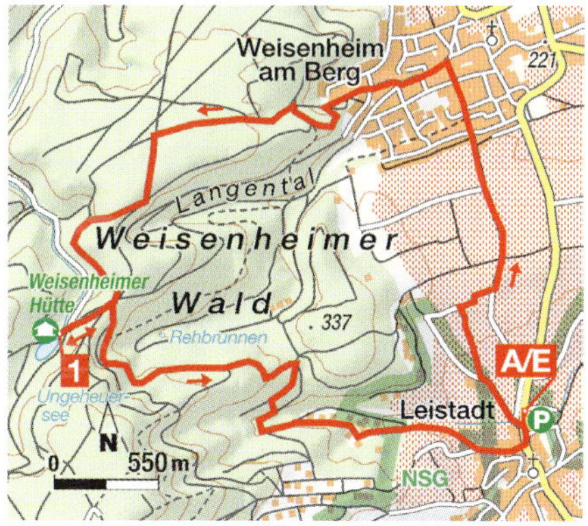

Tourencharakter
Einfache Rundwanderung durch die Weinberge und den Pfälzerwald

Ausgangs-/Endpunkt
Leistadt, Parkplatz Felsenberg-Berntal (212 m)
GPS-Daten: 49.496111, 8.156944

Anfahrt
Auto: Vom Wurstmarktplatz in Bad Dürkheim über die L517 nach Leistadt. Der Wanderparkplatz befindet sich am Ortsausgang Richtung Weisenheim.
Bus & Bahn: Mit dem Bus von Bad Dürkheim nach Leistadt

Karte
NaturNavi Pfälzerwald 4, Blatt 43-548, 1:25 000

Einkehr
Leistadt, Weisenheimer Hütte

Weitere Informationen
Tourist-Information, Kurbrunnenstraße 21c, 67098 Bad Dürkheim
www.bad-duerkheim.de

Lindemannsruhe und Bismarckturm

Die Lindemannsruhe ist ein Anziehungspunkt im nördlichen Pfälzerwald. Vom Bismarckturm ergeben sich Weitsichten, die bei gutem Wetter bis Frankfurt reichen. Edle Baumbestände machen jede Wanderung in dieser Gegend zu einem Erlebnis.

Das Forsthaus Lindemannsruhe ist heute eine öffentliche Gaststätte – sie hat jeweils von Mittwoch bis Sonntag von 11 bis 17.30 Uhr geöffnet. Unser Wanderweg führt von dort zuerst in westliche Richtung.

Heidenfels und Peterskopf

Am A Wanderparkplatz treffen wir auf den Waldweg, der parallel zur Kreisstraße 31 führt. Seine Markierung ist der rote Punkt. Wir achten auf die Abzweigung, die wir schon bald erreichen. Der Weg führt nach links zur schon erwähnten Kreisstraße, die wir überqueren. Unser Weg, der weiter mit dem roten Punkt markiert ist, führt jetzt ohne wesentliche Höhenunterschiede zu den Heidenfelsen. Das Bouldern, also das Klettern ohne Seil und Gurt, ist hier unter Auflagen erlaubt. Der Weg fällt jetzt ab; wir laufen durch wunderschönen Baumbestand. Kurz darauf erreichen wir den Orientierungspunkt 1 »Westlicher kleiner Petersberg« mit einer Höhe von 399 Metern. Dort ändert sich die Wegrichtung und auch die Wandermarkierung. Es geht nun nach Norden und die weiß-blauen Balken begleiten uns.

Zum Bismarckturm

Der Weg steigt jetzt steil an. Nächstes Etappenziel ist der Gayersbrunnen, mit abweichender Schreibweise auch als Geiersbrunnen bekannt. Der Sandsteininschrift entnehmen wir, dass der Brunnen von 1887 bis 1890 angelegt wurde. Es folgt ein letzter steiler Anstieg – dann ist schon der 2 Bismarckturm erreicht. Der Drachenfels-Club

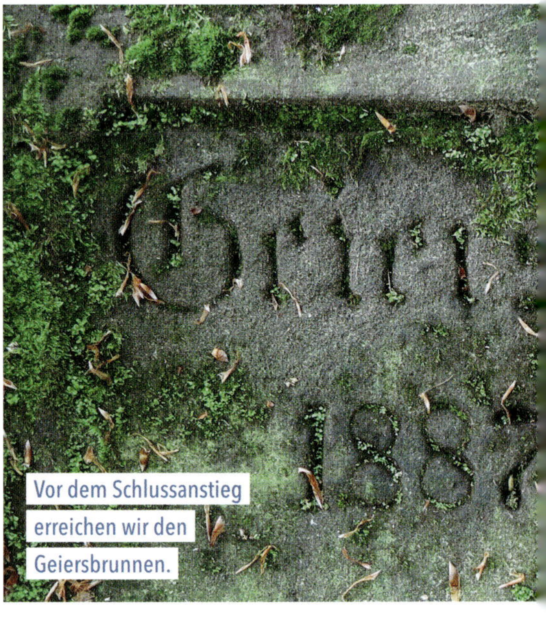
Vor dem Schlussanstieg erreichen wir den Geiersbrunnen.

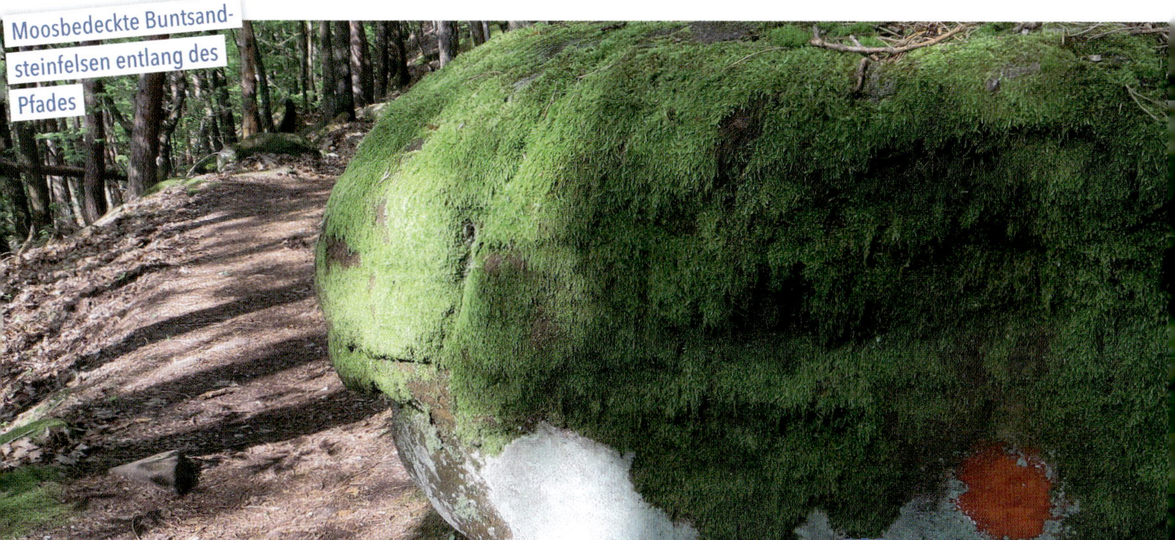

Moosbedeckte Buntsandsteinfelsen entlang des Pfades

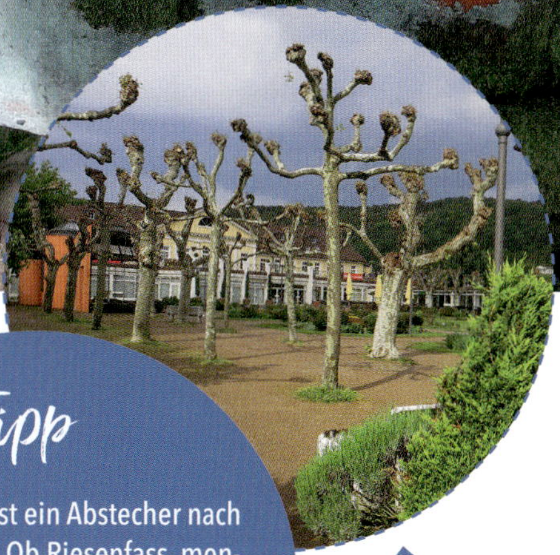

Tipp

Zu empfehlen ist ein Abstecher nach Bad Dürkheim. Ob Riesenfass, mondäne Kuranlagen oder der Wurstmarkt mit dem weltgrößten Weinfest – Bad Dürkheim verfügt über verschiedene einmalige Attraktionen. Ein Besuch des Städtchens lohnt sich immer.

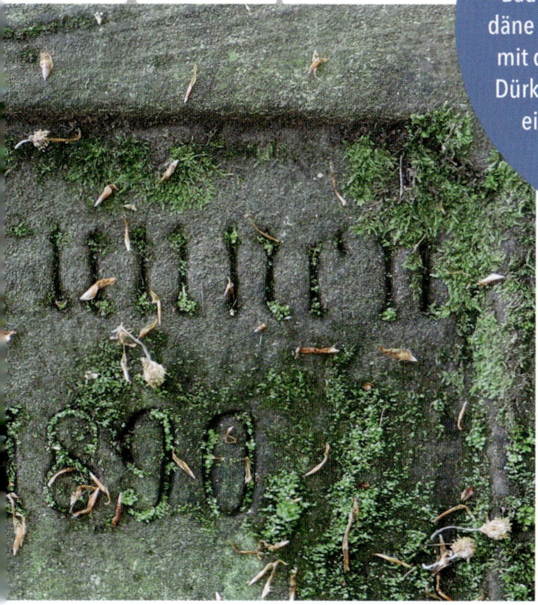

ließ das Bauwerk im Jahr 1903 als Denkmal für den ersten Kanzler des Deutschen Reiches und zugleich als Aussichtsturm errichten. Die Kosten lagen bei 30.000 Reichsmark. Bei der Einweihung waren laut einem damaligen Zeitungsbericht fast 10 000 »Bismarck-Verehrer« anwesend. Der Turm wurde im neuromanischen Stil des 19. Jahrhunderts mit Buckelquader-Mauerwerk und

leicht

4,9 km

252 Hm

1.30 Std.

Auf einen Blick

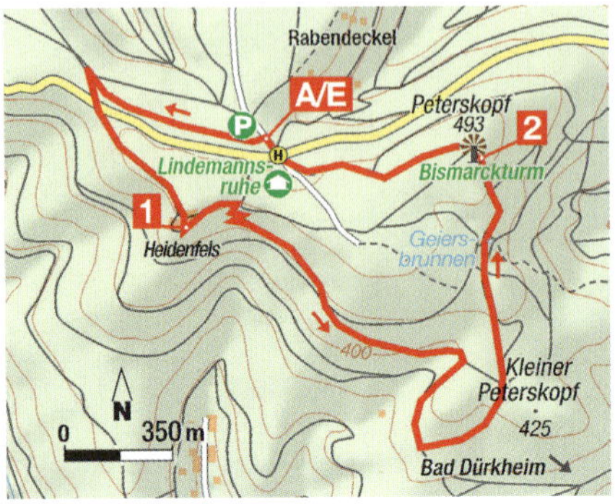

Tourencharakter
Kurzweilige Wanderung durch den nördlichen Pfälzerwald mit Weitblick vom Bismarckturm

Ausgangs-/Endpunkt
Lindemannsruhe, Wanderparkplatz (469 m)
GPS-Daten: 49.479444, 8.119722

Anfahrt
Auto: Über die Bundesstraße 271 bzw. 37 nach Bad Dürkheim. Am Wurstmarktkreisel über die L 517/518 nach Lindemannsruhe
Bus & Bahn: Mit der Regionalbahn von Neustadt an der Weinstraße bzw. mit der Straßenbahn von Ludwigshafen nach Bad Dürkheim. Von dort Weiterfahrt mit dem Bus

Karte
NaturNavi Pfälzerwald 4, Blatt 43-549, 1:25 000

Einkehr
Lindemannsruhe

Weitere Informationen
Tourist-Information, Kurbrunnenstraße 21c, 67098 Bad Dürkheim
www.bad-duerkheim.de

Rundbogenfenstern errichtet. Er ist untergliedert in einen Unterbau mit Schutzgewölbe, eine Terrasse im Osten sowie eine Hochterrasse, die über Freitreppen zugänglich ist; dazu kommt der eigentliche Turm mit Rundgang und Aussichtsplattform. Der Turm überragt seinen Standort auf dem 493 Meter hohen Peterskopf um 36 Meter. Seit 1986 steht er unter Denkmalschutz, in den Jahren 1992 bis 1998 wurde er stufenweise saniert. Der wuchtige Sandsteinbau ist mittwochs, samstags, sonntags sowie an Feiertagen von 10 bis 18 Uhr geöffnet. Ein Kiosk am Turm sorgt für das leibliche Wohl der Besucher. Vom Bismarckturm gehen wir die kurze Wegstrecke zu unserem Endpunkt, dem E Forsthaus Lindemannsruhe, zurück.

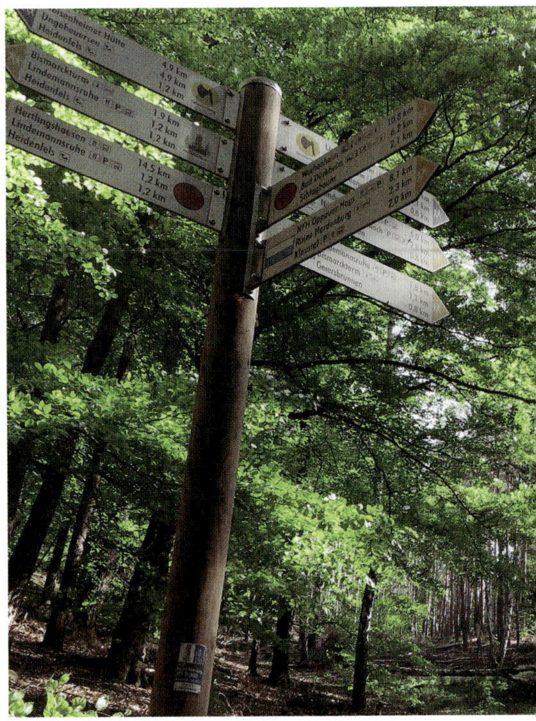

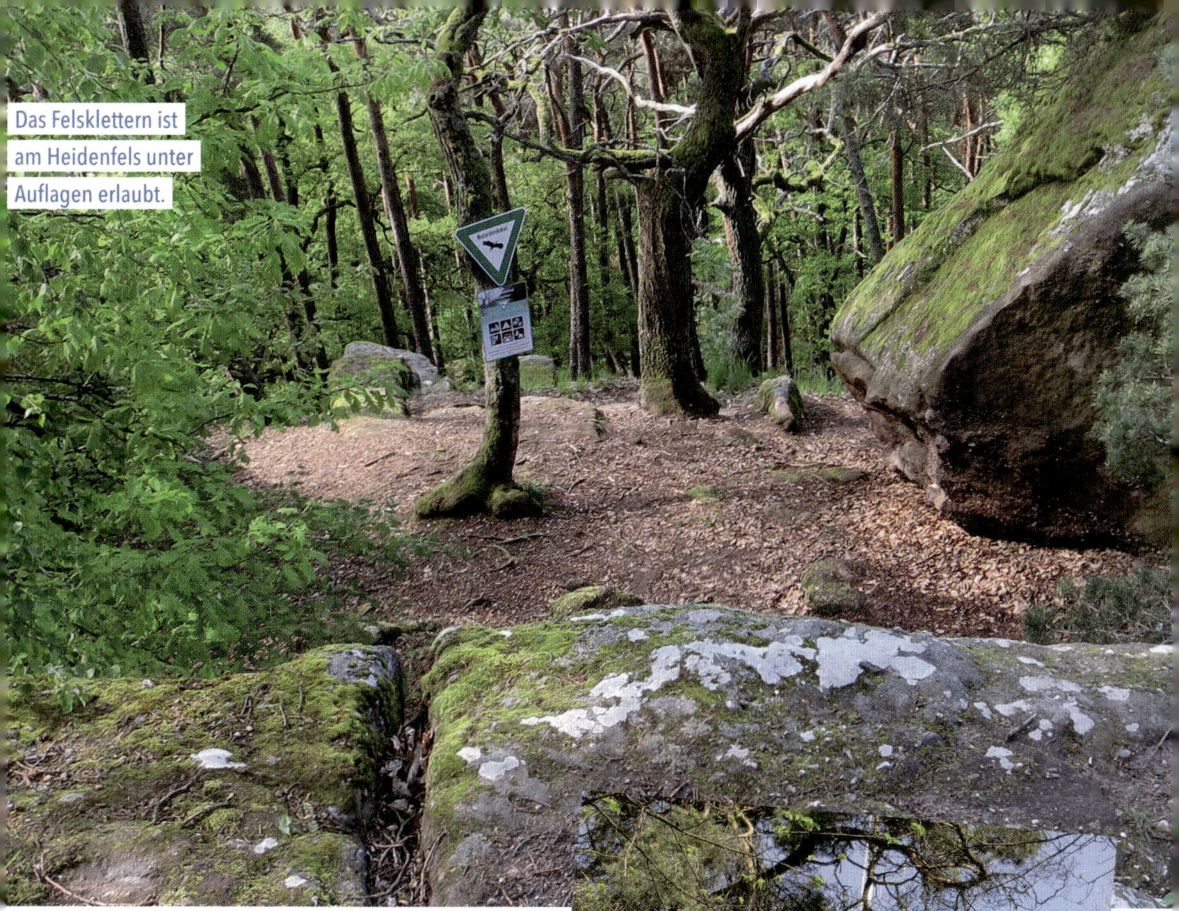

Das Felsklettern ist am Heidenfels unter Auflagen erlaubt.

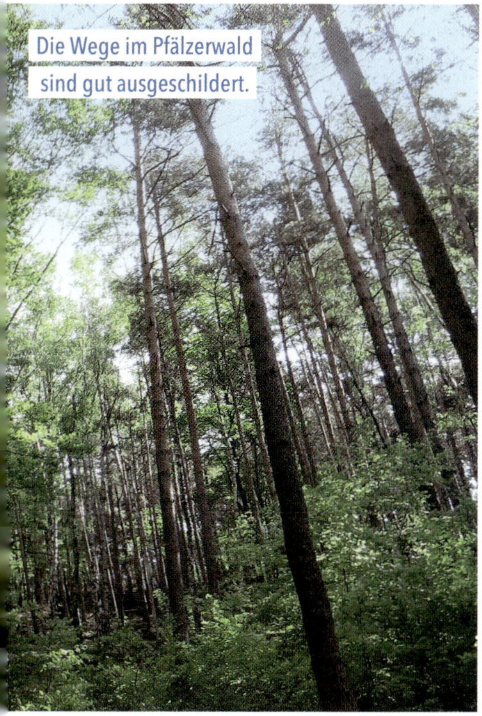

Die Wege im Pfälzerwald sind gut ausgeschildert.

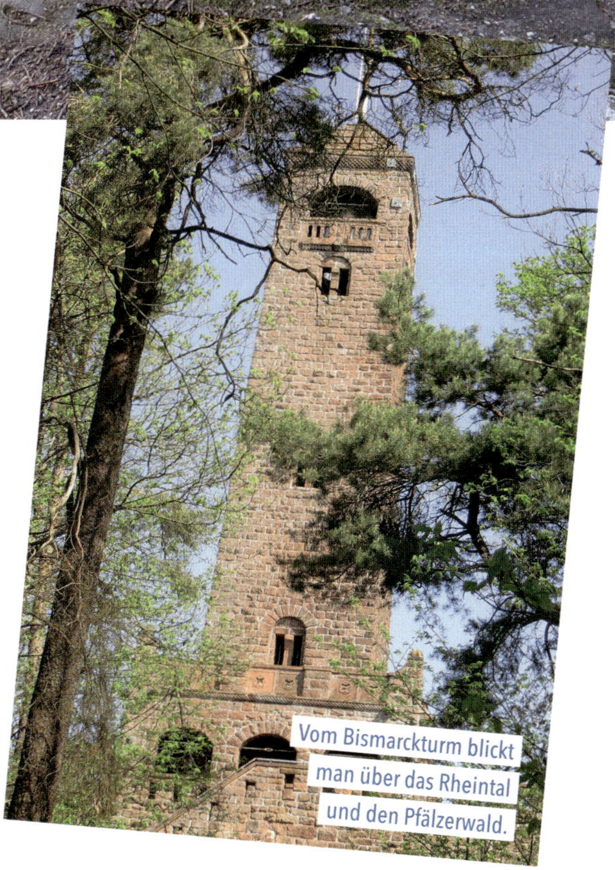

Vom Bismarckturm blickt man über das Rheintal und den Pfälzerwald.

RÖMISCHE STEINBRÜCHE IN DER HAARDT

4

Keltischer Ringwall und germanischer Kultplatz

Der größte Teil der Wanderung führt durch den Pfälzerwald. Neben einer Pfälzerwaldhütte erreichen wir bedeutende Stätten der Kelten, der Römer und der Germanen. Auf dem letzten Abschnitt der Tour bewundern wir beeindruckende Bäume.

Vom Ⓐ Bahnhof Bad Dürkheim gehen wir in nördlicher Richtung die wenigen Meter zur Spielbank Bad Dürkheim, sodann durch die Kuranlagen zur Kurbrunnenstraße. Auf dieser gelangen wir zur Touristeninformation. Dort befindet sich auch der Wurstmarktparkplatz sowie das Riesenfass.

Zum Forsthaus an der Weilach

Wir überqueren die Bundesstraße 37 und biegen in die Leistadter Straße ein. Wir kommen am imposanten Sekt- und Weingut Fitz vorbei, anschließend steigt der Weg an. Wir biegen nun halb links in den Heckenpfad ein, dann führt der Weg an der Berufsschule vorbei und geht in einen Treppenweg über. Mit jedem Meter Anstieg eröffnen sich bessere Aussichten auf Bad Dürkheim und das Rheintal. Am Ende des Treppenwegs folgen wir der Straße geradeaus weiter. Auf der linken Seite befindet sich der Pfälzerwald, auf der rechten Seite die Weinberge. Beim Blick nach Norden erkennen wir das Weingut St. Anna. Es geht noch einmal ein kurzes Stück durch bebautes Gebiet, von rechts führt eine Fahrstraße bergauf. Wir folgen dieser mit dem Wanderzeichen roter Balken. Bald darauf ist auch schon das Schützenhaus erreicht. Wir gehen an den Parkplätzen entlang und folgen weiter der Straße. An der ersten Kurve biegt unser Weg in den Wald ab. Weiter geht es mit der Markierung roter Balken bis zum Wanderparkplatz Weilach. Auch hier gehen wir an den Parkplätzen entlang und treffen auf die Wegverzweigung am Forsthaus Weilach. Von hier sind es noch etwa 400 Meter zur ❶ Pfälzerwaldhütte »In der Weilach«. Sie hat samstags, sonntags und feiertags von 10 bis 18 Uhr geöffnet. In der

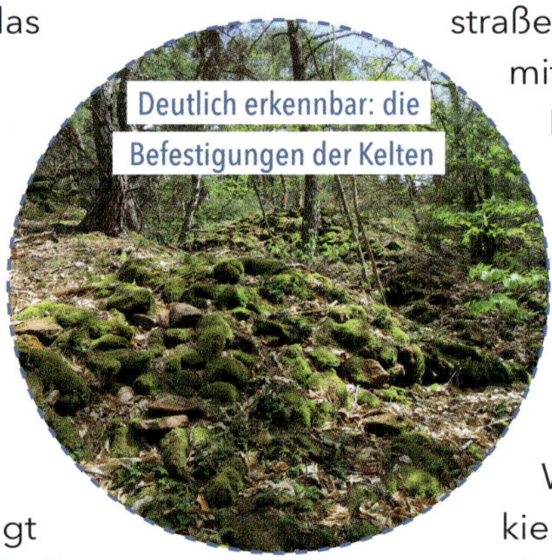

Deutlich erkennbar: die Befestigungen der Kelten

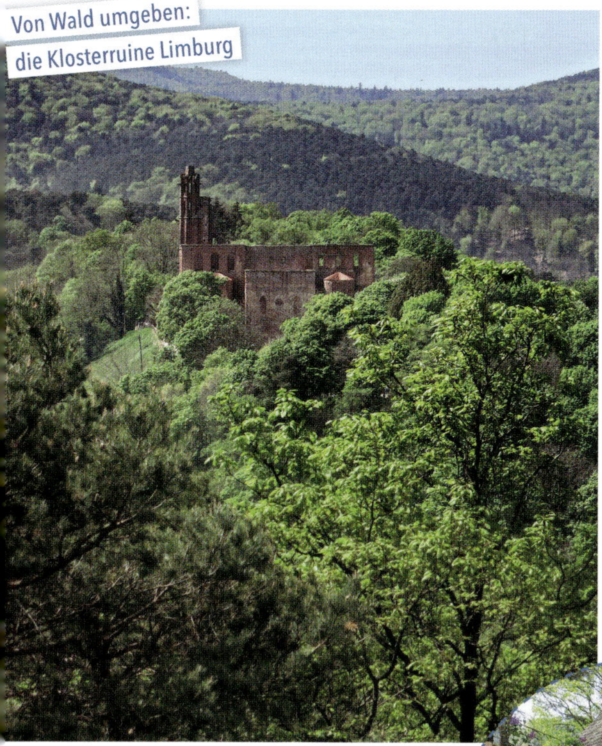

Von Wald umgeben: die Klosterruine Limburg

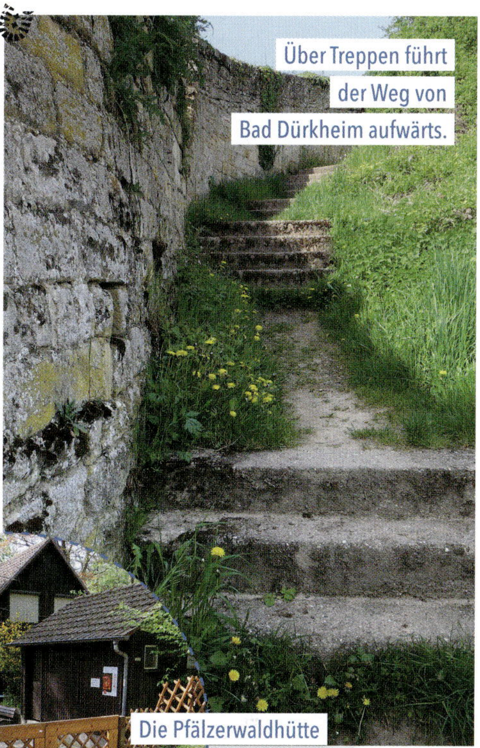

Über Treppen führt der Weg von Bad Dürkheim aufwärts.

Spuren von Kelten und Römern entdecken wir auf dieser Wanderung durch die Geschichte.

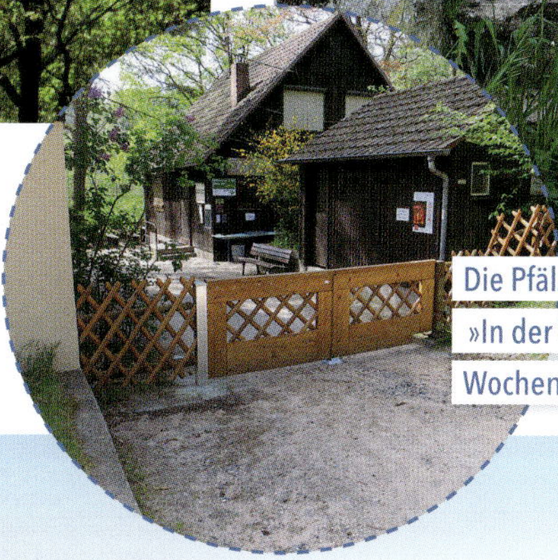

Die Pfälzerwaldhütte »In der Weilach« hat am Wochenende geöffnet.

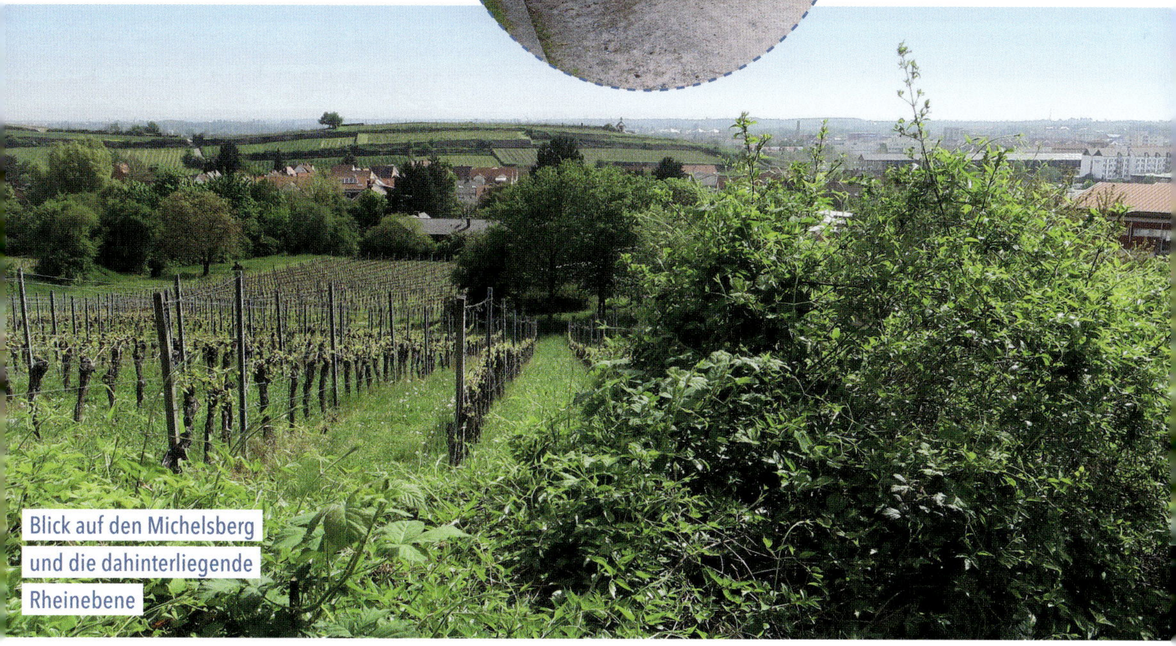

Blick auf den Michelsberg und die dahinterliegende Rheinebene

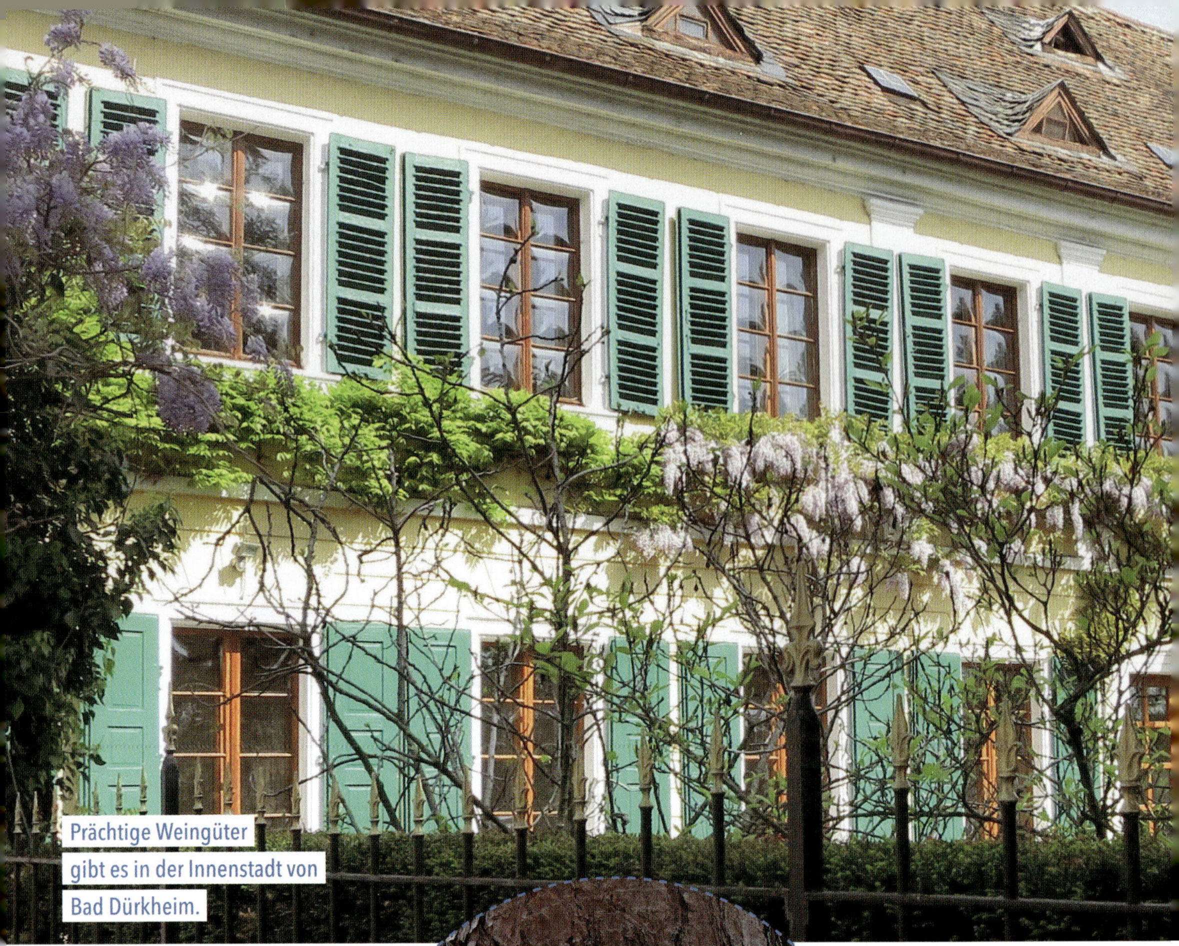

Prächtige Weingüter gibt es in der Innenstadt von Bad Dürkheim.

Nähe befindet sich die Hofruine Weilach, die auch als »Altes Haus« bezeichnet wird. Um einen Blick auf diese historische Sehenswürdigkeit zu werfen, folgen wir der Lichtung in westlicher Richtung. Von dem ehemaligen Hof ist außer Mauerresten allerdings wenig übrig geblieben. Erstmals in der zweiten Hälfte des 14. Jahrhunderts urkundlich erwähnt, wurde das Hofgut später verpachtet. Ende des 18. Jahrhunderts wurde die Anlage bei einem Überfall niedergebrannt.

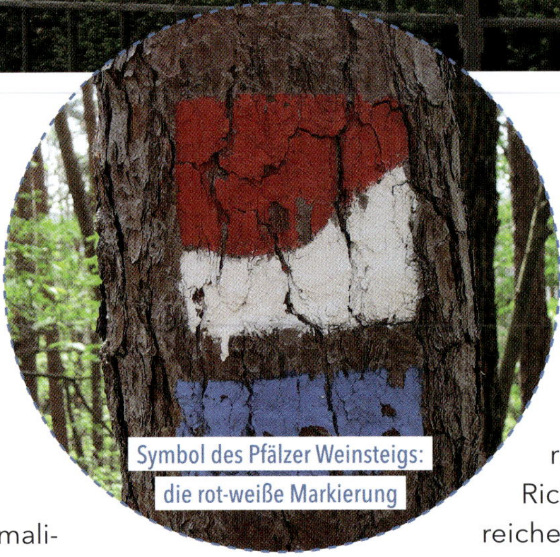

Symbol des Pfälzer Weinsteigs: die rot-weiße Markierung

Ringwall und Schäferwarte

Wir gehen jetzt zurück zum Forsthaus Weilach. Anschließend folgen wir der grün-weißen Markierung in südwestliche Richtung. Bald darauf erreichen wir die Wegspinne »Schlagbaum« – dies ist zugleich der Rettungspunkt 6514-626. An dieser Stelle treffen mehrere Wanderwege aufeinander. Wir folgen der Markierung des Pfälzer Weinsteigs – einem rot-weißen Logo mit Traubensymbol. Unser nächstes Etappenziel ist der »Germanische Kultplatz«.

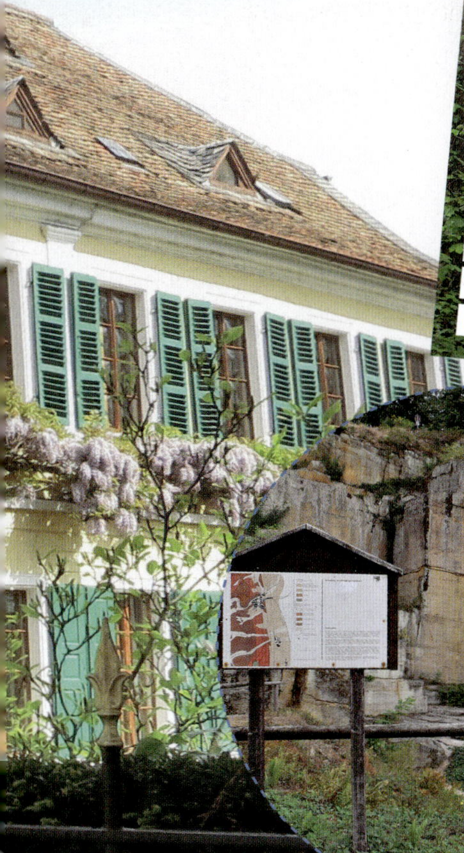

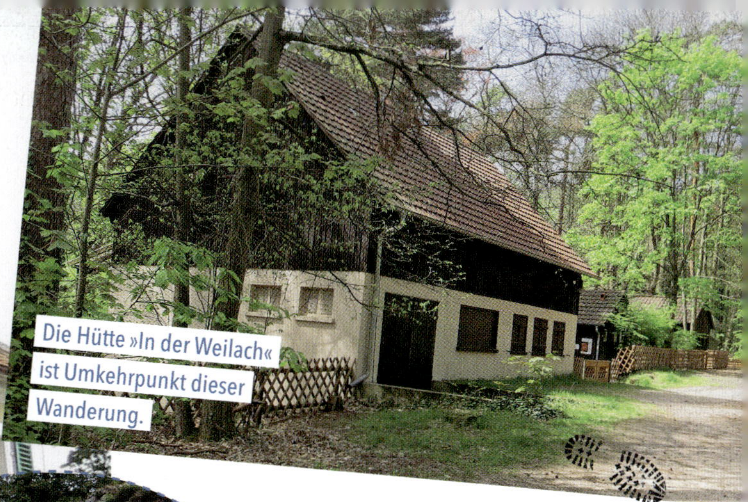

Die Hütte »In der Weilach« ist Umkehrpunkt dieser Wanderung.

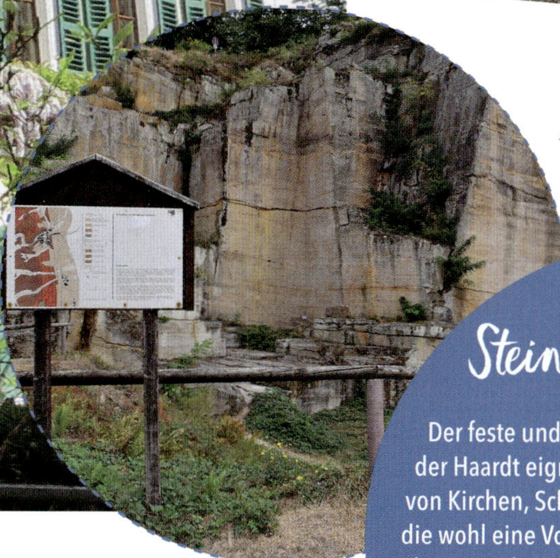

Steinbrüche der Hardt

Der feste und gleichmäßig gekörnte Buntsandstein der Haardt eignet sich für den Bau von Häusern sowie von Kirchen, Schlössern und Burgen. Bereits die Römer, die wohl eine Vorliebe für helles Material hatten, fanden das normalerweise rotbraune Gestein in heller Färbung am Haardtrand. Diese beruht auf Bleichungsvorgängen, die sich an den großen Bruchzonen des Oberrheingrabens abspielten. Im Raum Bad Dürkheim treten gebleichte Sandsteine besonders häufig auf – etwa im Steinbruch des Kriemhildenstuhls.

Dort befindet sich ein großer Felsfindling auf der Gemarkung am Teufelsstein. Auf einem wunderschönen Waldweg gehen wir jetzt in südliche Richtung. Auf der linken Seite können wir die Reste eines ❷ keltischen Ringwalls erkennen. Der Wall wird auch als Heidenmauer bezeichnet; er besitzt eine Länge von 2,5 Kilometern und umfasst ein Gebiet von 26 Hektar Fläche. Errichtet wurde er um das Jahr 500 v. Chr. in der späten Hallstattzeit. In der Literatur zu diesem Thema ist die Rede von der ersten nachvollziehbaren Stadtgründung in der Pfalz. Die Anlage war allerdings nur über einen Zeitraum von 30 bis 40 Jahren besiedelt. Spuren ihrer Zerstörung durch Fremdeinwirkung fehlen. Der Erdwall ist noch gut zu erkennen. Seine Höhe betrug einst zwischen sechs und acht Metern und er war fast zur Hälfte durch einen vorgelagerten Graben geschützt.

Vom Aussichtspunkt zum Steinbruch

Das nächste interessante Etappenziel ist die Kaiser-Wilhelm-Höhe. Diese Aussichtsplattform wurde vom Drachenfels-Club zu Ehren

leicht

8,6 km

395 Hm

2.30 Std.

Auf einen Blick

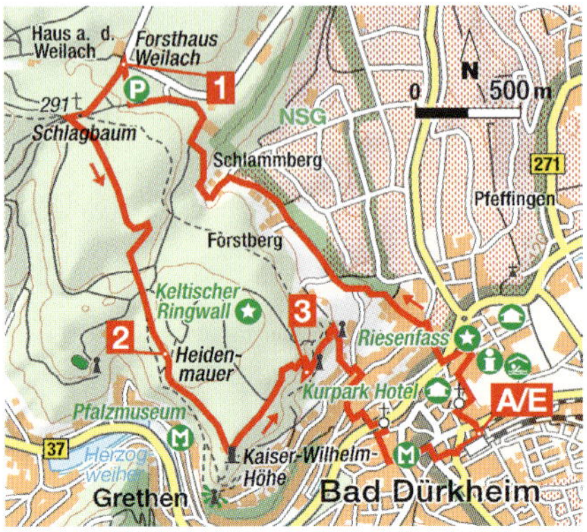

Tourencharakter
Abwechslungsreiche Rundtour zu historischen Stätten oberhalb von Bad Dürkheim

Ausgangs-/Endpunkt
Bad Dürkheim, Bahnhof (129 m)
GPS-Daten: 49.460556, 8.169722

Anfahrt
Auto: Über die Bundesstraße 271 bzw. 37 zum Bahnhof in Bad Dürkheim. Parkplätze direkt am Bahnhof oder im Parkhaus am Obstmarkt. Alternativ kann man auf dem Wurstmarktgelände parken.
Bus & Bahn: Mit der Regionalbahn von Neustadt an der Weinstraße bzw. mit der Straßenbahn von Ludwigshafen nach Bad Dürkheim

Karte
NaturNavi Pfälzerwald 4, Blatt 43-548, 1:25 000

Einkehr
Hütte »In der Weilach«, Bad Dürkheim

Weitere Informationen
Tourist-Information, Kurbrunnenstraße 21c, 67098 Bad Dürkheim
■ *www.bad-duerkheim.de*

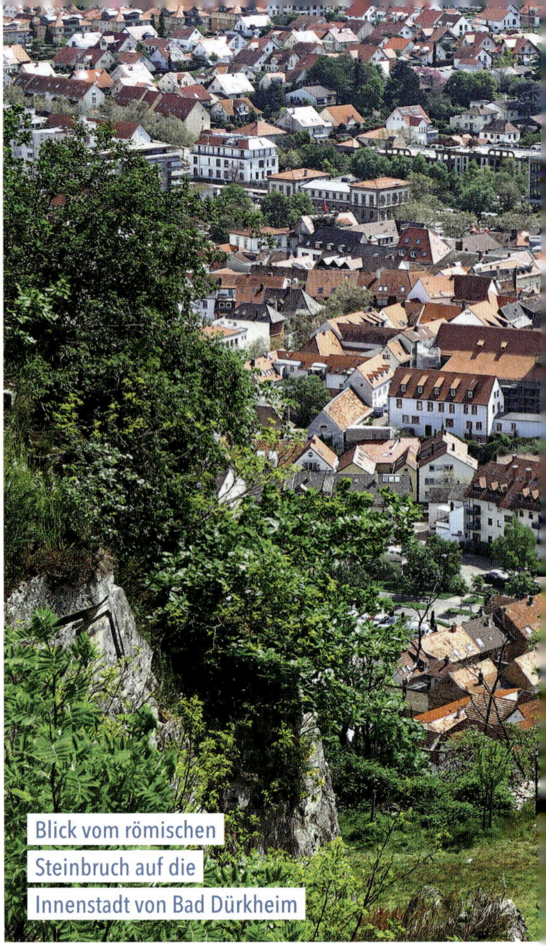

Blick vom römischen Steinbruch auf die Innenstadt von Bad Dürkheim

des deutschen Kaisers Wilhelm I. errichtet. Anlass war dessen 90. Geburtstag im Jahr 1887. Der turmartige Aufbau verfügt auf der Südseite über eine Schutzkammer. Von diesem Aussichtspunkt bietet sich ein imposanter Blick nach Süden, auf das Tal der Isenach, auf die Hardenburg und die Limburg. Weiter geht es zum 3 Römischen Steinbruch, auch unter dem Namen »Kriemhildenstuhl« bekannt. Die Herkunft dieses Namens ist nicht gesichert. Die Römer bauten hier im 2. und 3. Jahrhundert n. Chr. große Quader aus Buntsandstein ab. Diese wurden für zahlreiche Bauten in Worms und Mainz sowie für Sarkophage verwendet. Bei dieser Anlage handelt es sich um einen der größten römischen Steinbrüche nördlich

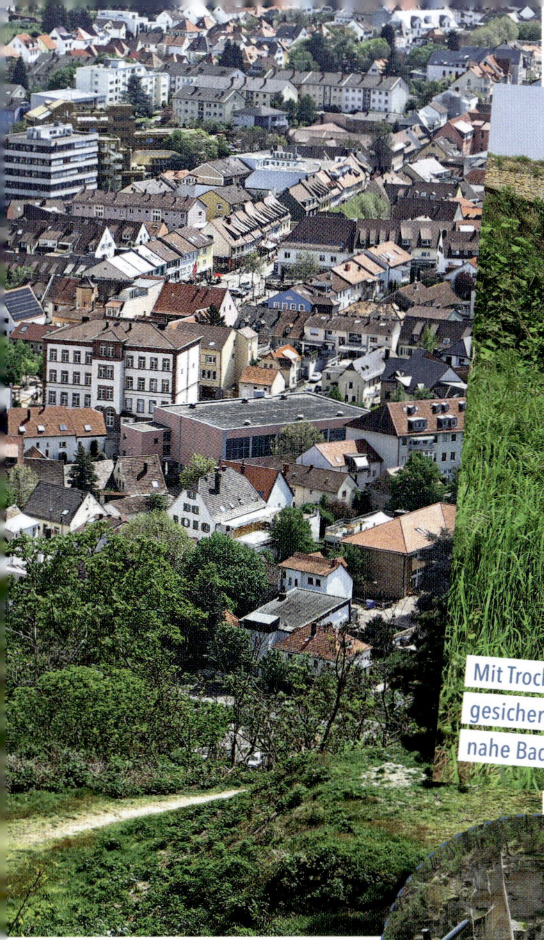

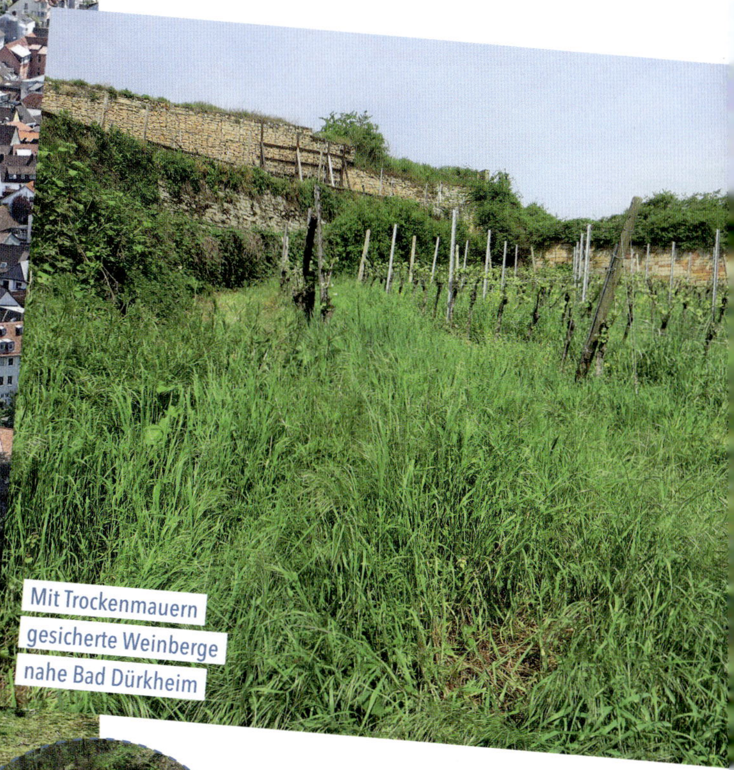

Mit Trockenmauern gesicherte Weinberge nahe Bad Dürkheim

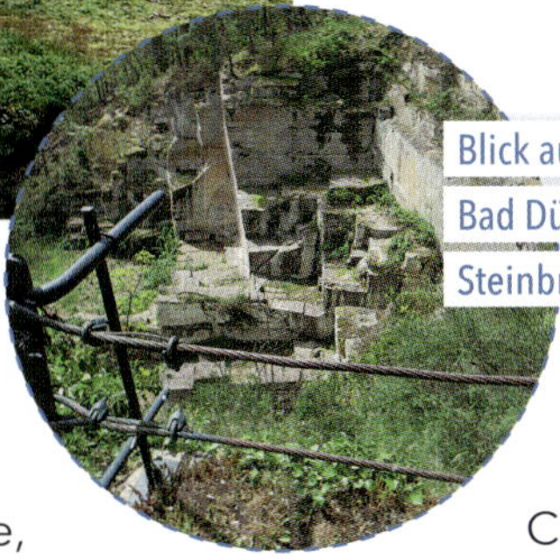

Blick auf den Bad Dürkheimer Steinbruch

der Alpen. Die Quader selbst wurden durch Schrotgräben, also durch tiefe Kanäle, zunächst von der Felswand freigelegt, dann durch Einsetzen von Eisenkeilen abgehoben. Anschließend wurden diese Quader entweder über Straßen oder auf dem Bach Isenach zum Rhein transportiert. Die römischen Inschriften, die früher häufig religiös gedeutet wurden, sind zum größten Teil weltlicher Natur: Sie sind entweder Steinmetzzeichen oder Kohortenzeichen der 22. Legion.

Mit der Schaeferwarte erreichen wir unseren nächsten Aussichtspunkt. Sie stammt aus dem Jahr 1930 und wurde zu Ehren des Weingutbesitzers Karl Schaefer errichtet. Schaefer war lange Jahre Vorsitzender des Drachenfels-Clubs. Dabei handelt es sich um einen Verein, der sich die Verschönerung von Bad Dürkheim und Umgebung zum Ziel gesetzt hat. Der Verein betreut zahlreiche Kulturdenkmäler, wie die Kaiser-Wilhelm-Höhe oder den Bismarckturm. Von der Schaeferwarte eröffnet sich ein schöner Blick auf Bad Dürkheim und die Rheinebene. Wir gehen die wenigen Meter hinunter nach Bad Dürkheim. Dann biegen wir nach links in die Sonnenwendstraße ein und erreichen bei der Berufsschule unseren Herweg. Wir legen eine kurze Strecke durch die Innenstadt zurück und gelangen wieder zum E Bahnhof von Bad Dürkheim.

REICHSWALDBRUNNEN UND JAPANISCHER GARTEN

5

Vom Betzenberg zum Humbergturm

Kaum eine Großstadt in Deutschland kann eine solch große Waldfläche zu ihrem Naherholungsgebiet zählen. Vom Humbergturm lässt sich nicht nur dieses »Baummeer« überblicken, sondern auch Kaiserslautern selbst. Nach dem letzten Abstieg der Tour erreichen wir mit dem Bremerhof ein beliebtes Ausflugslokal.

Aus dem A Hauptbahnhof heraustretend, orientieren wir uns nach rechts. Dass das Thema Fußball in Kaiserslautern eine große Rolle spielt, sehen wir an der Skulptureninstallation »Fußball ohne Grenzen« auf der linken Seite der Straße.

»Betze« und Humbergturm

Wir gehen nach rechts Richtung Unterführung, kommen am Kiosk »Betzebud« vorbei und erreichen nach der Unterführung den »Elf-Freunde-Kreisel«. Dieser erinnert, unweit des Fritz-Walter-Stadions auf dem Betzenberg, an die glorreichen Zeiten des Fußballklubs 1. FC Kaiserslautern in den 50er-Jahren des letzten Jahrhunderts. Wir überqueren die Straße auf der rechten Seite des Kreisels. Es geht jetzt die leicht ansteigende Bremerstraße entlang, dann folgen wir der nach links abgehenden Vorfahrtsstraße – das ist die Kantstraße.

Die asphaltierte Straße verlassen wir kurz nach der Abzweigung zum Schulzentrum. Der Weg geht jetzt geradeaus in den Wald, und zwar an der Stelle, an der die Straße ansteigt. Unsere Markierung ist das grün-weiße Wellensymbol des Pfälzer Waldpfads. Der Wanderweg verläuft parallel zum breiteren Forstweg und führt vorerst nur mäßig bergauf. Der Forstweg beschreibt dann einen Bogen nach rechts; wir gehen an dieser Stelle geradeaus weiter. Der Weg

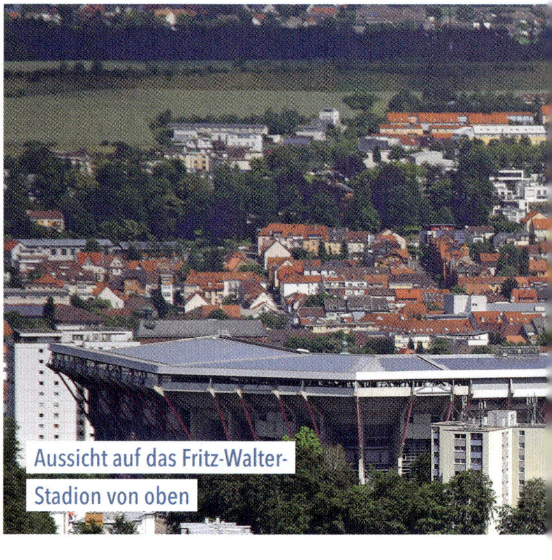

Aussicht auf das Fritz-Walter-Stadion von oben

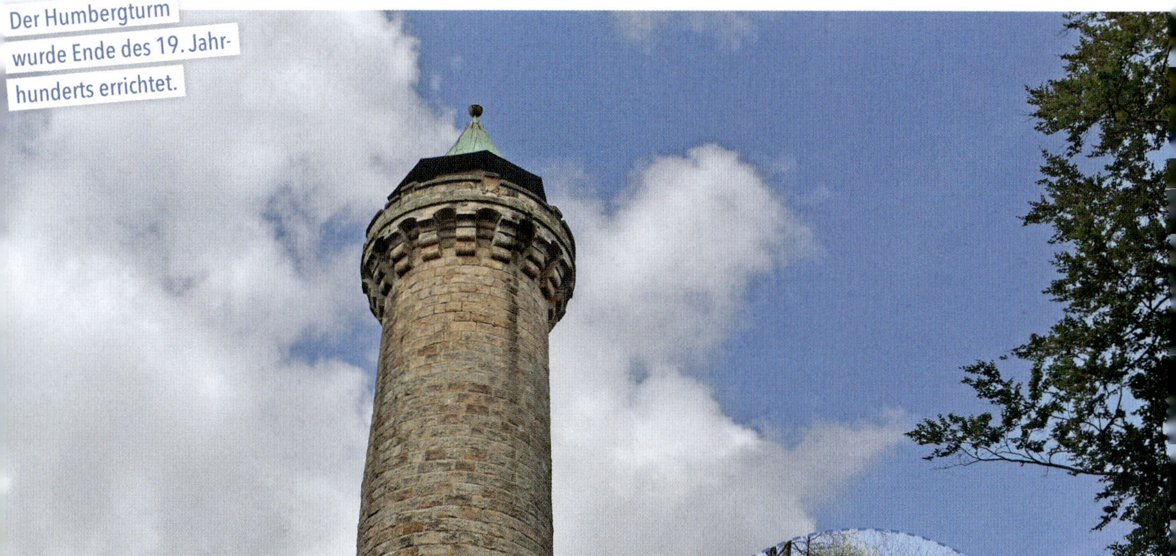

Der Humbergturm wurde Ende des 19. Jahrhunderts errichtet.

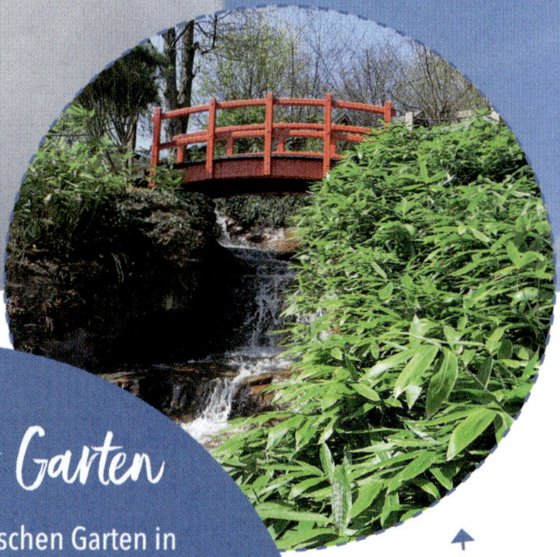

Japanischer Garten

Ein Abstecher zum Japanischen Garten in Kaiserslautern ist für diejenigen interessant, die sich mehr für Botanik als für Fußball interessieren. Der Garten gehört mit 13.500 Quadratmetern Fläche zu den größten Japanischen Gärten in Europa. Er wurde im Jahr 2000 eröffnet und entstand aus einem ehemaligen Villengarten, der zu einer idealisierten Naturlandschaft umgestaltet wurde. Den Japanischen Garten erreicht man zu Fuß vom Hauptbahnhof. Man geht durch die Innenstadt zum Rathaus, der Eingang befindet sich schräg gegenüber. Öffnungszeiten: Di–So, 10 bis 19 Uhr.

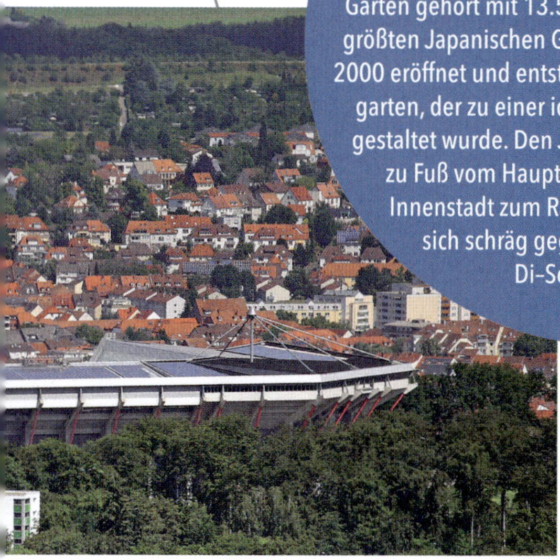

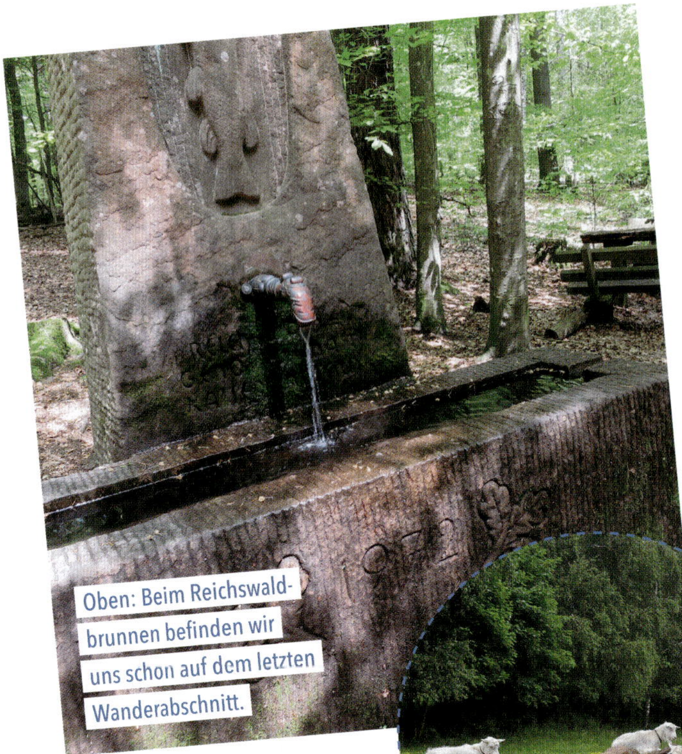

Oben: Beim Reichswaldbrunnen befinden wir uns schon auf dem letzten Wanderabschnitt.

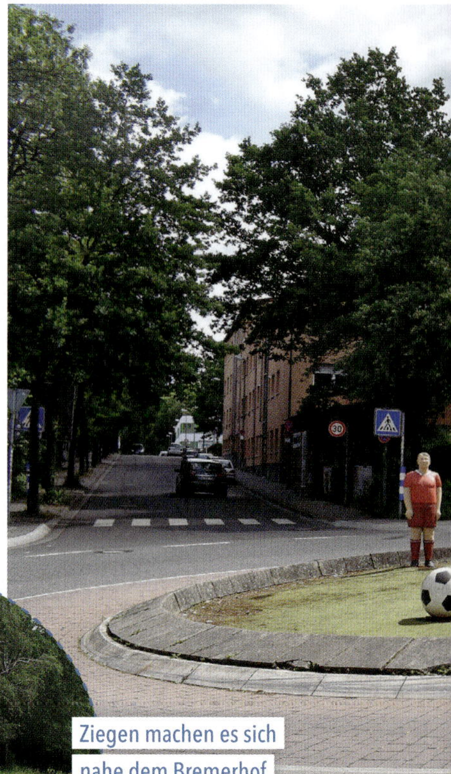

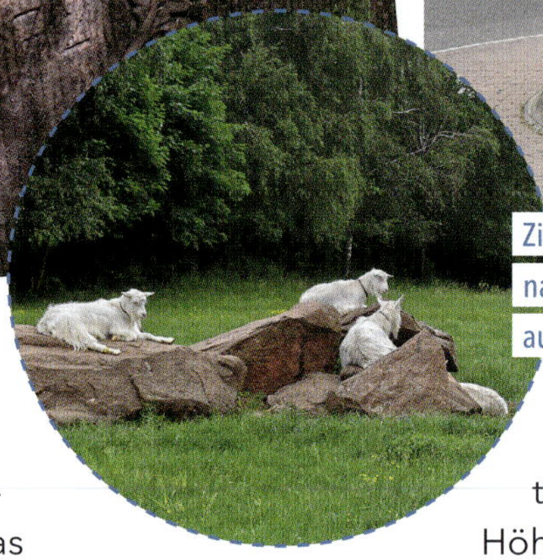

Ziegen machen es sich nahe dem Bremerhof auf Findlingen bequem.

steigt jetzt steiler an, bald ergeben sich die ersten Ausblicke auf Kaiserslautern und das Fritz-Walter-Stadion. Es folgt eine Kehre, danach nehmen wir den lang gezogenen Schlussanstieg in Angriff. Kurz darauf haben wir den ❶ Humbergturm erreicht. Die Grundsteinlegung des Turms erfolgt im Jahr 1899, im September des Folgejahres war er fertiggestellt. Seine Gesamthöhe beträgt 36 Meter. Von der Aussichtsplattform bietet sich ein schöner Blick über Kaiserslautern sowie über die Westpfälzische Moorniederung und weit in das Pfälzer Bergland hinein.

Ausflugslokal Bremerhof

Vom Humbergturm folgen wir einer langen Geraden in südwestlicher Richtung – wir beachten dabei die Beschilderung »Dreieckstein«. Zu diesem Orientierungspunkt in 386 Metern Höhe geht es leicht bergab. Dort angekommen, finden wir Holzbänke als Sitzgelegenheit vor. Wir folgen dem Weg, der in nördlicher Richtung leicht ansteigt – die Markierung der Strecke bleibt grün-weiß. Der Weg dreht nun in westliche Richtung, wir achten auf die bald folgende Abzweigung. An dieser folgt der Abstieg hinunter zum ❷ Bremerhof. Das beliebte Ausflugslokal mit großem Biergarten ist täglich geöffnet.

Zum Betzenberg

Wir gehen am Hauptgebäude des Bremerhofs vorbei und biegen am Biergarten nach links ab. Gleich darauf sind wir wieder im Wald. Der Weg führt an einem Waldspielplatz vorbei und biegt dann in nordöstli-

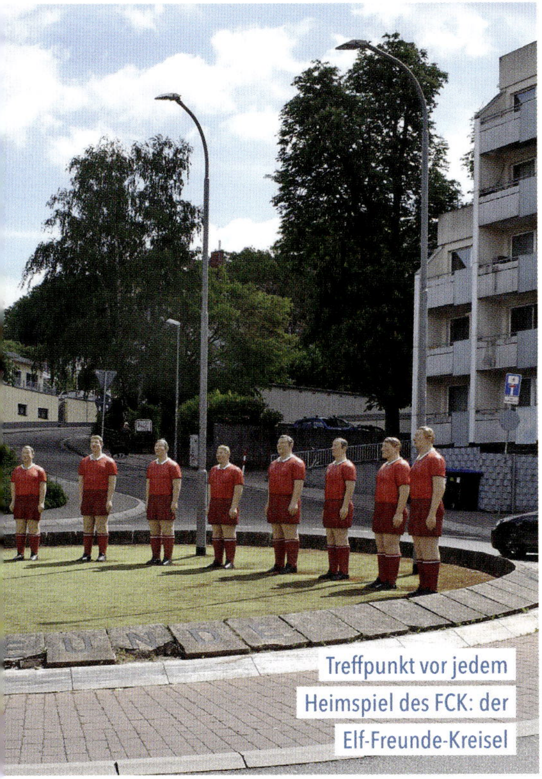

Treffpunkt vor jedem Heimspiel des FCK: der Elf-Freunde-Kreisel

cher Richtung ab. Wenige Meter weiter erreichen wir den Reichswaldbrunnen. Dieser stammt aus dem Jahr 1972, der Brunnentrog wurde aber 2018 komplett erneuert. Auf dem Sandstein ist das Kaiserlauterer Stadtwappen abgebildet, ferner sind das Einweihungsjahr sowie die Inschrift »Reichswaldgenossenschaft Kaiserslautern« zu lesen. Der Reichswald befindet sich heute im Besitz des Landes Rheinland-Pfalz. Der Rückweg verläuft im Wald parallel zur Bremerstraße. Die letzten 400 Meter bis zum Elf-Freund-Kreisel legen wir auf dieser Straße zurück. Tipp: Wer dem Fritz-Walter-Stadion einen Besuch abstatten will, folgt am Kreisel der Malzstraße. Stadionführungen werden außerhalb von Spieltagen angeboten. Wir aber gelangen durch die Unterführung zu unserem Ausgangspunkt zurück, dem E Hauptbahnhof von Kaiserslautern.

leicht

9,5 km

374 Hm

2.30 Std.

Auf einen Blick

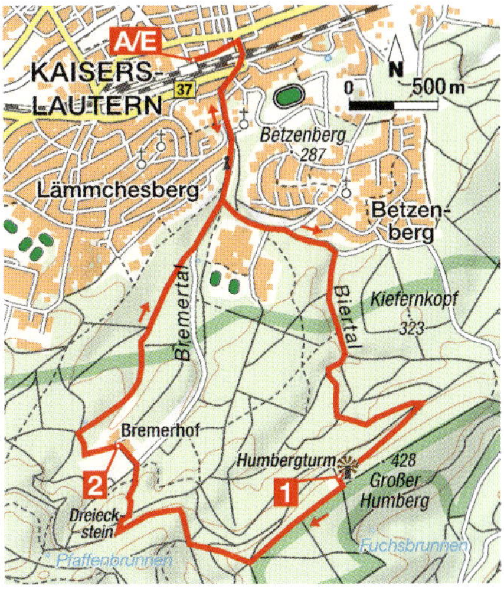

Tourencharakter
Einfache Waldwanderung in Großstadtnähe

Ausgangs-/Endpunkt
Kaiserslautern, Hauptbahnhof (249 m)
GPS-Daten: 49.436389, 7.769167

Anfahrt
Auto: Auf der Autobahn 6 bis Kaiserslautern West. Weiter bis zum Hauptbahnhof. Parkhaus an der Rückseite des Bahnhofs (Zollamtstraße). Alternativ zum Bremerhof fahren und die Wanderung von dort beginnen
Bus & Bahn: Mit der Bahn von Saarbrücken oder Neustadt an der Weinstraße nach Kaiserslautern

Karte
NaturNavi Pfälzerwald 3, Blatt 41-548, 1:25 000

Einkehr
Kaiserslautern, Bremerhof

Weitere Informationen
Tourist-Information, Fruchthallstraße 14, 67655 Kaiserslautern
■ *www.kaiserslautern.de*

FLIEHBURG ÜBER DEM RHEINTAL

6

Michaelskapelle und Wachtenburg

Die Normannen hatten im Jahr 882 Andernach und Trier geplündert. Weiter im Süden hatte man sich deshalb mit Fliehburgen auf mögliche Einfälle vorbereitet. Eine dieser Burgen erreichen wir auf dieser Tour durch Weinberge und den Pfälzerwald. Die Burgruine Wachtenburg setzt den Schlusspunkt dieser Streckenwanderung.

Vom Ⓐ Bahnhof in Deidesheim gehen wir durch die Prinz-Rupprecht-Straße und biegen dann in die Schlossstraße ein. Diese führt uns zum örtlichen Marktplatz mit dem historischen Rathaus.

Zur Michaelskapelle

Auf der Weinstraße gehen wir nach Norden, bis die Straße eine Kurve nach rechts beschreibt. Hier gehen wir nach links am Alten Zollhäuschen vorbei und biegen mit dem rot-weißen Wanderzeichen des Pfälzer Weinsteigs in den Kaisergarten ein. Am Bildstock vorbei gehen wir auf dem Weinsteig in westlicher Richtung weiter. Der Weg steigt langsam zum Pfälzerwald an, mit jedem Schritt ergeben sich neue Aussichten auf Deidesheim und das Rheintal. Dann biegen wir nach Norden ab und nach einer Rechts-Links-Kombination erreichen wir den Waldparkplatz im Sensental. Wir betreten den Wald, laufen ein Stück geradeaus, schließlich biegt der Weg zum Schlussanstieg zur ❶ Michaelskapelle nach rechts ab. Die Kapelle ist dem Erzengel Michael geweiht. Die ältesten Teile des Kirchenbaus stammen vermutlich aus dem Jahr 1470. Um 1662 wurde die Kapelle wiederaufgebaut, nachdem sie sich in baulich schlechtem Zustand befand. Der Unterhalt war danach durch verschiedene Stiftungen gewährleistet. Im Jahr 1794 wurde die Kapelle durch französische Revolutionstruppen zerstört. Der Wiederaufbau erfolgte erst 1952. Die Kapelle ist nur an Sonn- und Feiertagen geöffnet. Eine Wallfahrt zu ihr erfolgt immer am letzten Septembersonntag. Vor dem kleinen Gotteshaus befinden sich Holzbänke sowie ein Tisch mit einer massiven Steinplatte. Von dort bietet sich eine herrliche Aussicht über die Rebenlandschaft des Rheintals. In der Ferne sind die Städte Ludwigshafen, Mannheim und Heidelberg sowie der Odenwald zu erkennen.

Tipp

Das schöne Innere der Kapelle kann man zu ihren Öffnungszeiten an Sonn- oder Feiertagen besichtigen.

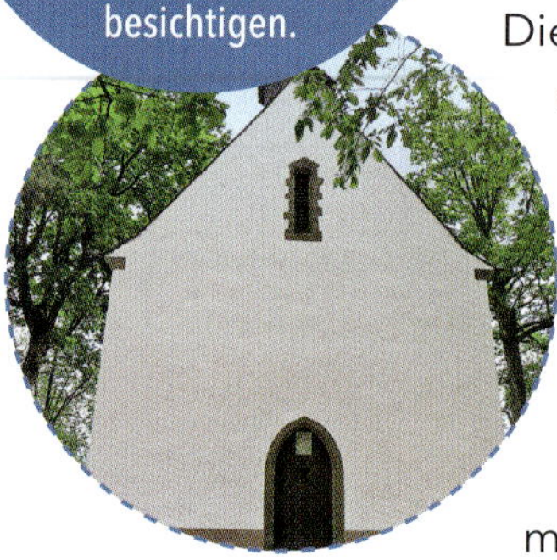

Die Wachtenburg steht über Wachenheim und dem Rheintal.

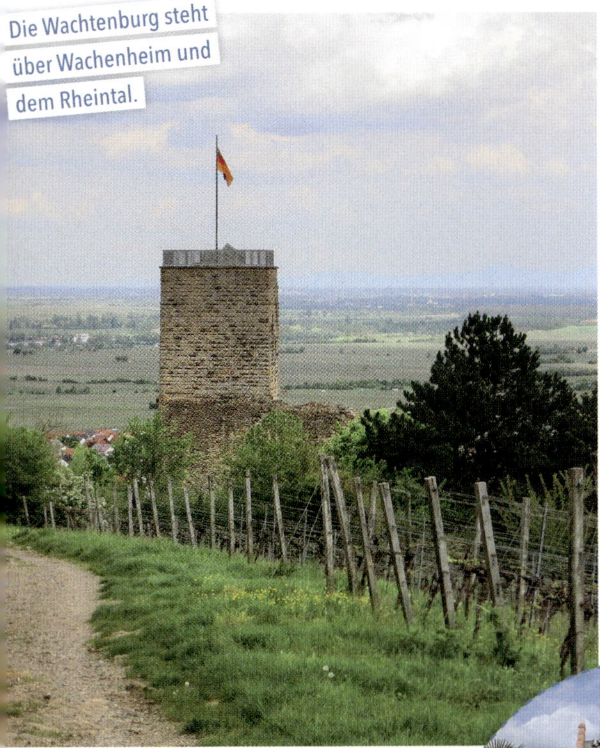

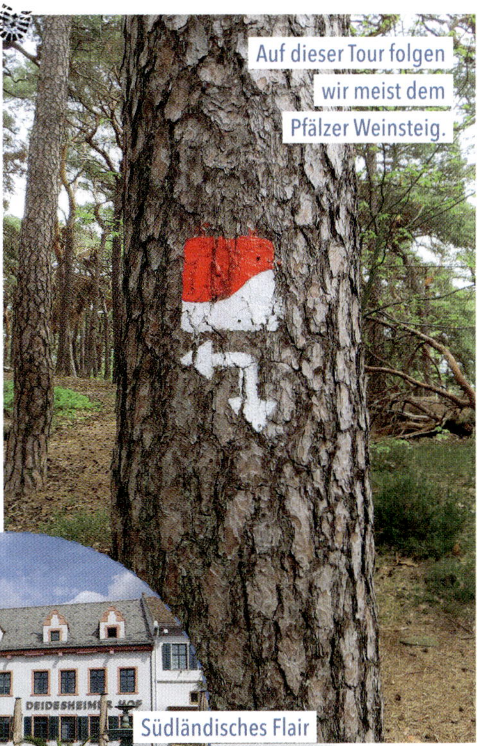

Auf dieser Tour folgen wir meist dem Pfälzer Weinsteig.

Abwechslungsreicher geht es kaum: Die Tour bietet Weinberge, Wald und viel Geschichte.

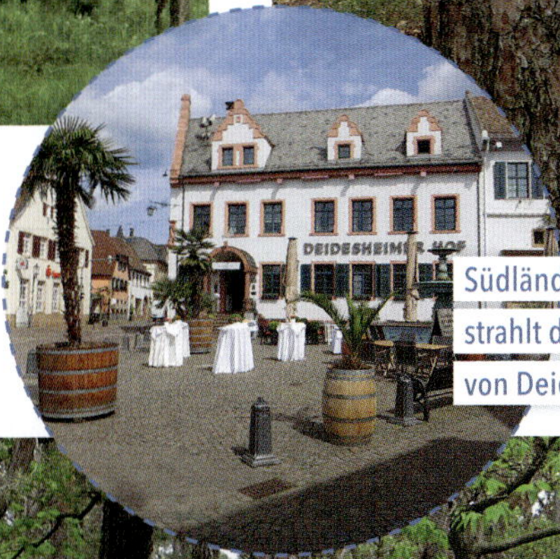

Südländisches Flair strahlt die Innenstadt von Deidesheim aus.

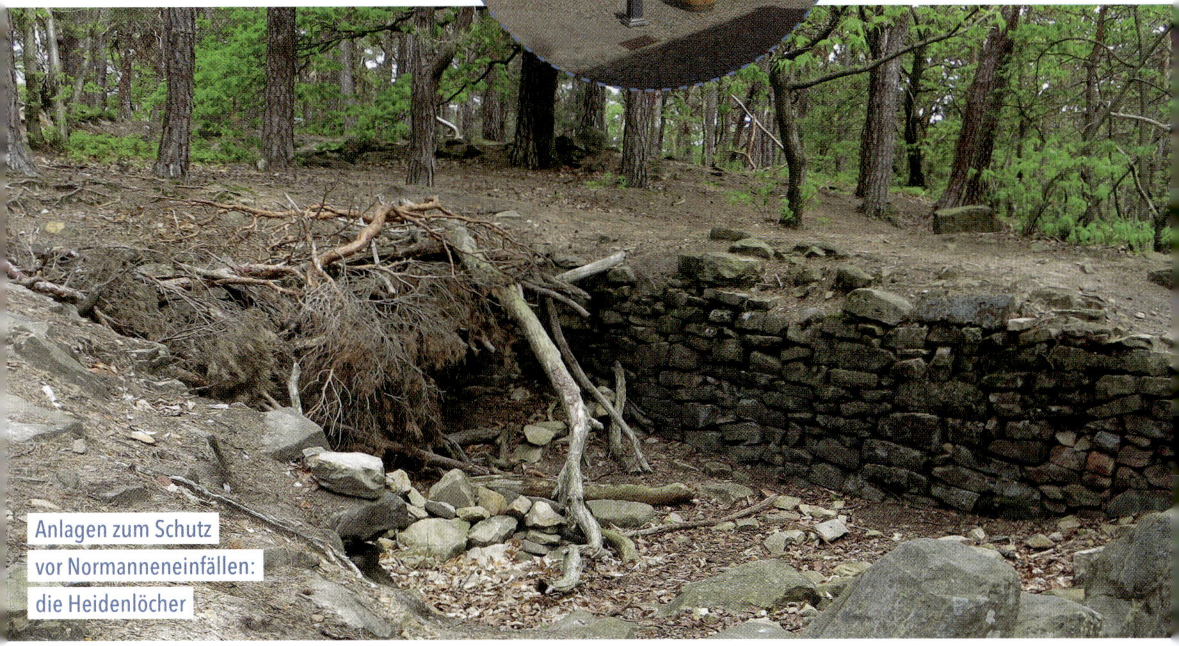

Anlagen zum Schutz vor Normanneneinfällen: die Heidenlöcher

mittel

8,8 km

518 Hm

2.30 Std.

Auf einen Blick

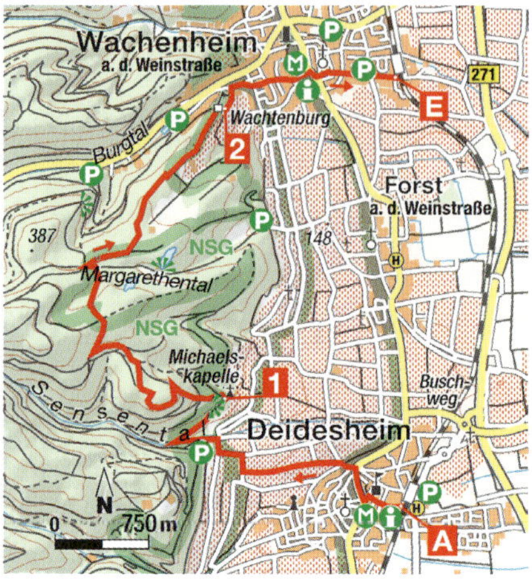

Tourencharakter
Ein langer Anstieg kennzeichnet die Tour, die in zwei wichtige Weinbaugemeinden führt. Fernblicke über das Rheintal von der Wachtenburg

Ausgangs-/Endpunkt
Deidesheim, Bahnhof (117 m)/Wachenheim (138 m)
GPS-Daten: 49.408056, 8.191944

Anfahrt
Auto: Über die A65 und die B271 nach Deidesheim. Parkplätze am Bahnhof
Bus & Bahn: Mit der Regionalbahn von Bad Kreuznach oder Neustadt an der Weinstraße nach Deidesheim

Karte
NaturNavi Pfälzerwald 4, Blatt 43-548, 1:25 000

Einkehr
Deidesheim, Wachtenburg, Wachenheim

Weitere Informationen
Tourist Service, Bahnhofstraße 5,
67146 Deidesheim
■ *www.deidesheim.de*

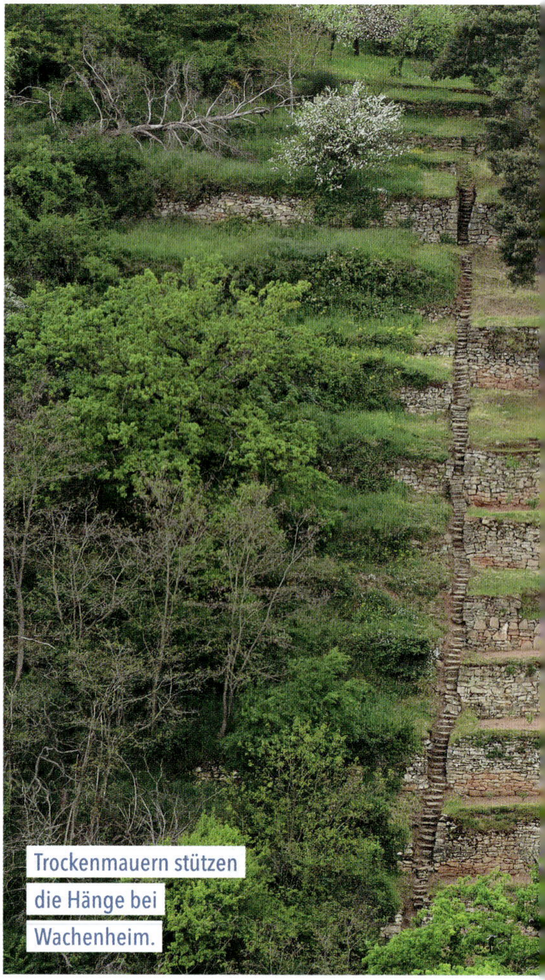

Trockenmauern stützen die Hänge bei Wachenheim.

Heidenlöcher und Wachtenburg

Hinter der Michaelskapelle nehmen wir den steilen Anstieg in Angriff. Der rote Punkt führt uns zu den sogenannten Heidenlöchern – dabei handelt es sich um eine ehemalige Fliehburg. Der Begriff wurde erst in der Neuzeit geprägt. Die Anlage wird bisweilen vorchristlichen Baumeistern, speziell den Kelten, zugeordnet. Tatsächlich ist sie aber wesentlich jünger, vermutlich wurde sie zwischen dem 9. und 10. Jahrhundert angelegt. Im Laufe der Zeit verfiel das Bauwerk, erst im 19. Jahrhundert begann man sich für dessen Geschichte zu interessieren. Ausgrabungen erfolgten aber erst zu Be-

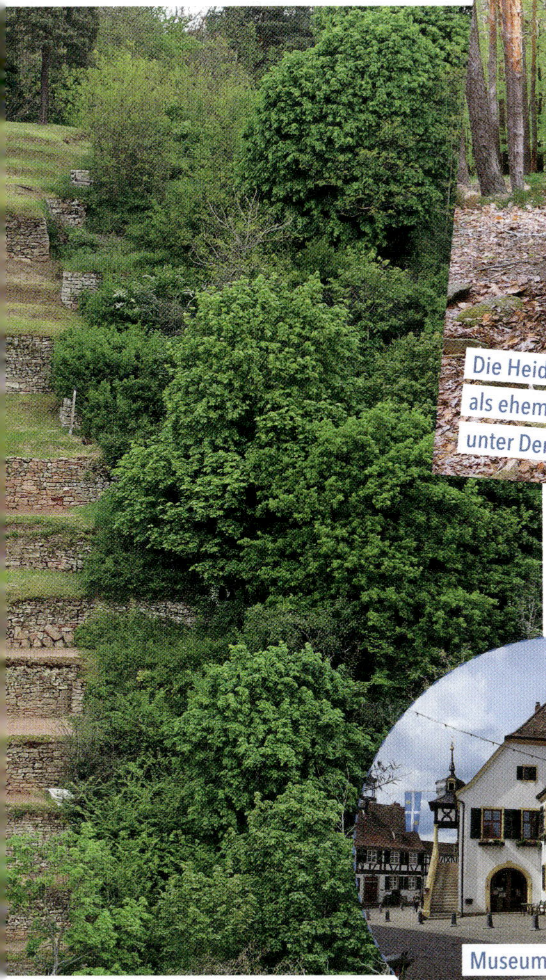

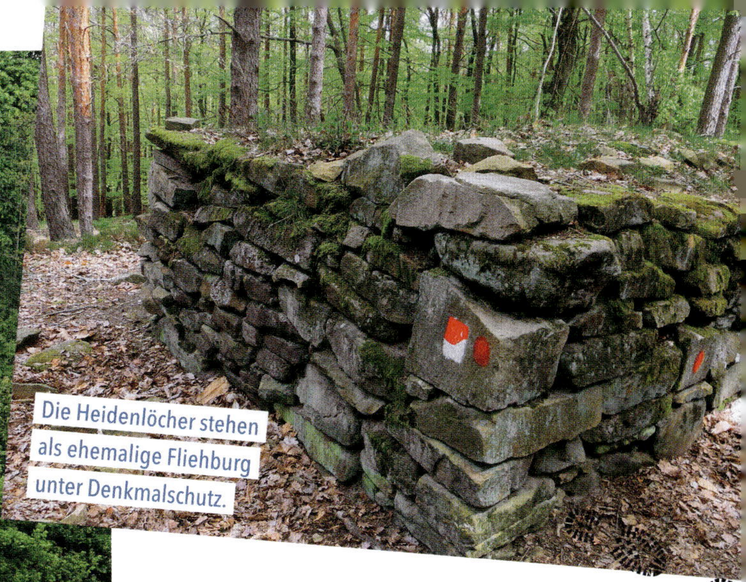

Die Heidenlöcher stehen als ehemalige Fliehburg unter Denkmalschutz.

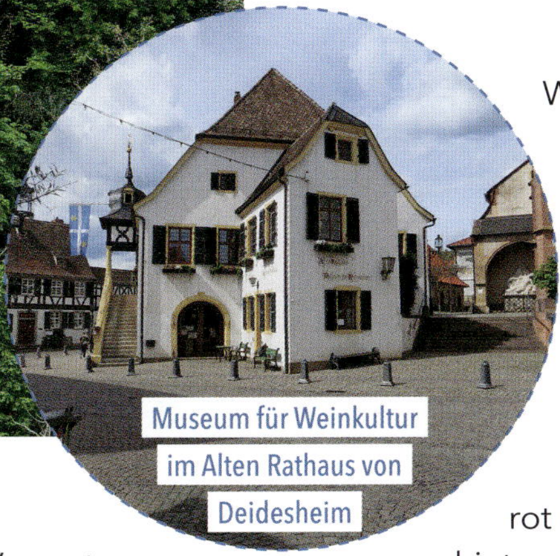

Museum für Weinkultur im Alten Rathaus von Deidesheim

ginn des 20. Jahrhunderts. Vermutlich war das Gebiet der Heidenlöcher nie dauerhaft bewohnt, denn es fehlen Nachweise von Feuerstellen oder Siedlungsresten. Experten nehmen deshalb an, dass nur bei Gefahr Mensch und Vieh in die Anlage gebracht wurden. Die Fliehburg besaß eine Außenmauer von rund 450 Metern Länge, davor befand sich ein etwa fünf Meter breiter Graben. Dieser war mit einer Pfahlwand verstärkt. Die Ringmauer selbst war etwa 2,50 Meter hoch und konnte durch einen hölzernen Sperrzaun nochmals um einen Meter erhöht werden. Im Inneren der Burg befanden sich etwa 80 Gebäude, deren Wände aus Trockenmauern bestanden. Die Anlage wurde, wie andere Anlagen am Rande des Pfälzerwalds, aus Angst vor Einfällen der Normannen sowie der Ungarn errichtet.

Wir folgen weiter dem rot markierten Weg. Ein Stück hinter den Heidenlöchern vereinigt er sich wieder mit dem Pfälzer Weinsteig. Bald wandern wir nach Norden und erreichen den Rettungspunkt 6514-714. Der Weg biegt daraufhin nach Osten ab und fällt zur 2 Wachtenburg ab. Diese Anlage wurde um das Jahr 1200 errichtet. Zuletzt wurde sie im Pfälzischen Erbfolgekrieg zerstört. Heute beherbergt sie ein Burgmuseum sowie die Burgschänke als öffentliche Gaststätte. An der Burg vorbei gehen wir hinunter nach Wachenheim. Über die Schloss- und die Burgstraße erreichen wir die Bahnhofstraße. Auf dieser gelangen wir zum E Bahnhaltepunkt von Wachenheim.

EIN STEINBRUCH ALS KLETTERGARTEN

7

Über Gimmeldingen zum Weinbiethaus

Der Weinbiet ist aufgrund des dort vorhandenen und weithin sichtbaren Senders aus dem Rheintal leicht zu identifizieren. Am höchsten Punkt befindet sich mit dem Weinbiethaus eine bei Wanderern beliebte Pfälzerwaldhütte.

Vom Ⓐ Bahnhof in Mußbach gehen wir zum Bahnübergang. Dort biegen wir nach rechts in die Kurpfalzstraße ein. Diese führt uns entlang von verschiedenen Weingütern und Weinstuben durch den Ort. Fast übergangslos geht es in den Ort Gimmeldingen weiter.

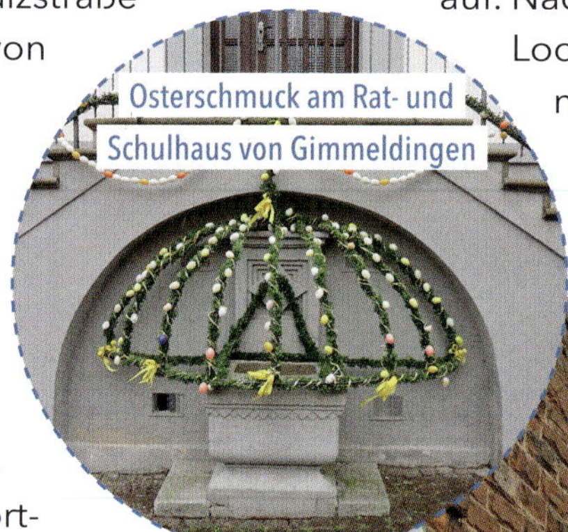

Osterschmuck am Rat- und Schulhaus von Gimmeldingen

Zum Weinbiethaus

Über die Holzmühlstraße gelangen wir zum örtlichen Sportplatz und passieren diesen auf dessen rechter Seite. Nach einigen hundert Metern endet die Bebauung. Auf dem Pfälzer Weinsteig geht es jetzt zuerst zum Alten Jagdhaus Looganlage. Die Gaststätte ist von Mittwoch bis Sonntag zwischen 10 und 17 Uhr geöffnet. Nur wenig später erreichen wir mit dem Forsthaus Benjental eine weitere Waldgaststätte – ihre Öffnungszeiten sind von Samstag bis Mittwoch von 11 bis 17 Uhr. Von hier aus laufen wir über Treppenstufen zur Straße und überqueren sie. Weiter geht es jetzt mit dem roten Punkt als Wegmarkierung steil bergauf. Nächstes Etappenziel ist der Loosenbrunnen. Wir bewältigen noch einen kurzen Anstieg, dann erreichen wir das

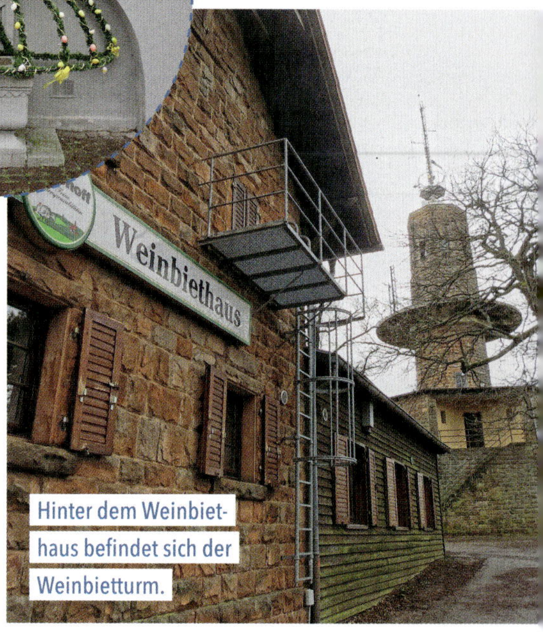

Hinter dem Weinbiethaus befindet sich der Weinbietturm.

mittel | 12,7 km | 791 Hm | 3.45 Std.

Auf einen Blick

Tourencharakter
Ein langer Anstieg führt aus dem Rheintal zu den Höhen des Pfälzerwalds. Zahlreiche Einkehrmöglichkeiten sind vorhanden.

Ausgangs-/Endpunkt
Mußbach, Bahnhof (149 m)
GPS-Daten: 49.371667, 8.168333

Anfahrt
Auto: Auf der Autobahn 65 bis Neustadt/Weinstraße Nord, dann auf der B 38 bis Mußbach. Parkplätze am Bahnhof
Bus & Bahn: Mit der Regionalbahn von Neustadt an der Weinstraße oder von Bad Kreuznach nach Mußbach

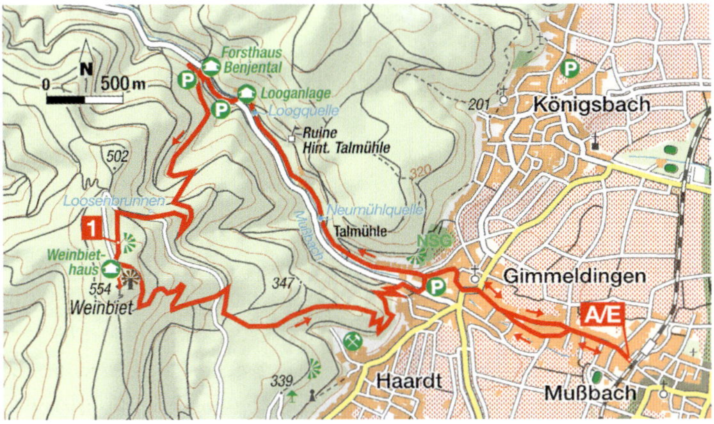

Karte
Pfälzerwald 4, Blatt 43-548, 1:25 000

Einkehr
Mußbach, Looganlage, Forsthaus Benjental, Weinbiethaus

Weitere Informationen
Tourist-Information, Hetzelplatz 1, 67433 Neustadt an der Weinstraße
www.neustadt.eu

Der Weinbiet

Auf dem 554 Meter hohen Weinbiet befinden sich die Pfälzerwald-Vereinshütte Weinbiethaus und ein 133 Meter hoher Sendemast. Neben dem Weinbiethaus erwartet der Weinbietturm die Wanderer. Das denkmalgeschützte Bauwerk von 22 Metern Höhe dient als Aussichtsplattform und beherbergt eine Station des Deutschen Wetterdienstes. 1911 wurde die erste Schutzhütte auf dem Weinbiet erbaut, 1928 das heutige Weinbiethaus eingeweiht – 2014 wurde es umfangreich renoviert.

1 Weinbiethaus. Es hat von Samstag bis Mittwoch zwischen 10 und 18 Uhr geöffnet.

Hinunter nach Gimmeldingen
Vom Weinbiethaus gehen wir ein Stück des Weges zurück. Der grüne Punkt dient uns als Wegmarkierung. Dieser führt uns kontinuierlich bergab, bis wir einen ehemaligen Steinbruch erreichen, der jetzt als Klettergarten genutzt wird. Hier werden 44 Kletterrouten angeboten. Die maximale Felshöhe des Sandsteins beträgt 20 Meter. Am Hochwasserbehälter vorbei erreichen wir die Bebauung beim Sportplatz von Gimmeldingen. Auf dem bekannten Weg gehen wir zurück zum **E** Bahnhof von Mußbach.

Burgruine über der Papierfabrik

8

Lambertskreuz und Neidenfels

Kurvenreich ist die Strecke von Neustadt an der Weinstraße nach Hochspeyer. Im engen Tal des Speyerbach gibt es wenig Platz für Ansiedlungen. Trotzdem hält sich seit dem Jahr 1885 eine Papierfabrik in Neidenfels. Von der alten Burg führt ein langer Anstieg zum Lambertskreuz.

An der A S-Bahnhaltestelle Neidenfels orientieren wir uns nach links und achten auf die grün-weiße Wandermarkierung. Auf der Staatsstraße gehen wir in den Ort hinein. Etwa beim Beginn der Papierfabrik überqueren wir die Straße und folgen der Vordertalstraße aufwärts. Es geht an der protestantischen Kirche vorbei bis zum Ende der Bebauung.

Zum Lambertskreuz

Bei Eintritt in den Wald finden wir den Weg, der nach links zur Ruine Neidenfels abgeht. Von der Ruine haben wir einen schönen Blick auf Neidenfels und auf die den Ort beherrschende Papierfabrik. Die Burg wurde um 1330 als Ersatz für die nahe Burg Lichtenstein erbaut. Diese war bereits 1281 zerstört worden. Grund für den Bau beider Burgen war die Sicherung des Weges, der Neustadt und Kaiserslautern verband. Neidenfels wurde schließlich im Pfälzischen Erbfolgekrieg zerstört. Sehenswert sind die Reste des Treppenturms. Direkt an der Ruine nehmen wir unsere Wandermarkierung grün-weiß wieder auf. Es geht jetzt in nördlicher Richtung ausschließlich bergauf. Im Laufe des Anstiegs wenden wir uns nach Osten und erreichen auf einem breiten Waldweg schließlich ein Wegkreuz. Hier orientieren wir uns an der blau-weißen Markierung. Nach geringen Anstiegen flacht der Weg ab und führt schließlich hinunter zum 1 Waldhaus Lambertskreuz. Das beliebte Wanderziel ist mittwochs bis sonntags von 11 bis 18 Uhr geöffnet. Es verfügt über einen großen Schankraum, Nebenzimmer, einen großen Biergarten sowie einen Kinderspielplatz. Weitere Informationen gibt es im Internet unter www.lambertskreuz.eu. Am Waldhaus befindet sich mit dem Lambertskreuz eines der ältesten Steinkreuze in der Pfalz. Urkundlich wird es erstmals im Jahr 1280

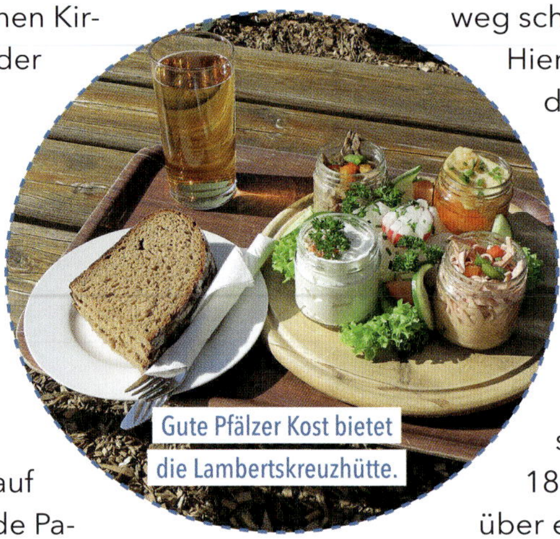

Gute Pfälzer Kost bietet die Lambertskreuzhütte.

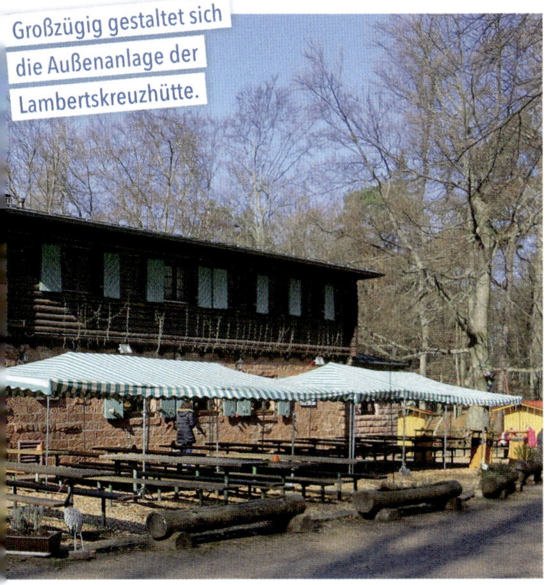

Großzügig gestaltet sich die Außenanlage der Lambertskreuzhütte.

erwähnt. Es trägt den Namen des heiligen Lambertus, der um das Jahr 700 als Bischof von Maastricht wirkte.

Hinunter nach Lambrecht

Für die weitere Strecke halten wir uns an das gelbe Kreuz als Markierung. Auf einem breiten Waldweg geht es mit wenigen Höhenunterschieden bis zur Verzweigung beim Rettungspunkt 6514-687. Der Weg fällt dann durchgehend bis zum Beginn der Bebauung von Lambrecht ab. Dort angekommen, gehen wir weiter auf der Lambertskreuzstraße und der Östlichen Luhrbachstraße bis zur Brücke über die Bahnlinie Neustadt-Kaiserslautern. Hinter der Brücke befindet sich der malerische Postturm und der E Bahnhof von Lambrecht. Wer mit dem Auto angereist ist, nimmt zurück nach Neidenfels entweder die S-Bahn oder den Weg oberhalb der Bahntrasse. Dieser ist mit einem roten Balken gekennzeichnet. Der zusätzliche Wanderaufwand beträgt ca. eine Stunde.

mittel

10,1 km

757 Hm

3.15 Std.

Auf einen Blick

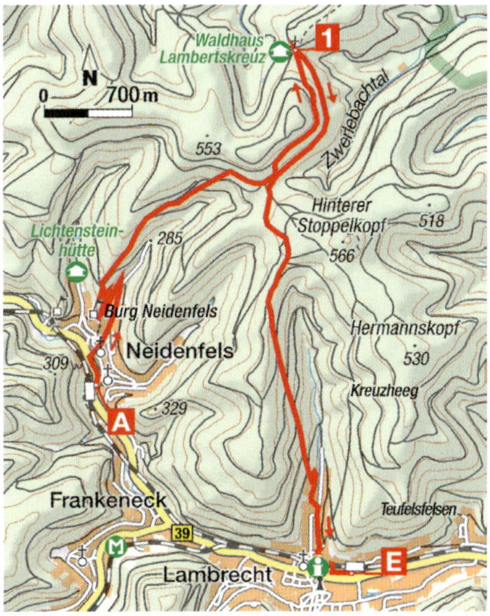

Tourencharakter
Streckenwanderung mit langem An- und Abstieg, meist naturbelassene Waldwege

Ausgangs-/Endpunkt
Neidenfels, Bahnhof (179 m)/Lambrecht (175 m); GPS-Daten: 49.385833, 8.045278

Anfahrt
Auto: Von Neustadt/Wstr. auf B 39 oder von Kaiserslautern auf B37/39 nach Neidenfels. Einige Parkplätze am Bahnhof
Bus & Bahn: Mit der Regionalbahn von Neustadt/Wstr. oder Kaiserslautern nach Neidenfels

Karte
NaturNavi Pfälzerwald 4, Blatt 43-548, 1:25 000

Einkehr
Neidenfels, Lambertskreuzhütte, Lambrecht

Weitere Informationen
Tourist-Information, Sommerbergstraße 3, 67466 Lambrecht (Pfalz)
www.vg-lambrecht.de

DAS HOLZKREUZ ÜBER DER MAXBURG

9

Zum Hambacher Schloss

Das Hambacher Schloss ist einer der Besuchermagneten in der Pfalz. Während die meisten Besucher mit dem Auto anreisen, kommen wir zu Fuß dort an. Unterwegs bieten sich zwei beliebte Pfälzerwaldhütten zur Einkehr an. Einmalige Aussichten auf das Rheintal bieten sich im zweiten Teil der Wanderung.

An unserem Ausgangspunkt (A) Hahnenschritt (557 m) befindet sich auch das Rettungszeichen 6614-969. Als Wanderzeichen nehmen wir den roten Punkt auf und folgen dem langsam ansteigenden Weg.

Hohe Loog und Bergstein

Durch herrlichen Laubwald und vorbei an Buntsandsteinfelsen laufend, erreichen wir als erste Zwischenetappe den Bildbaum. Unter einem kleinen Holzdach ist eine sogenannte Mondsichelmadonna als Schnitzwerk zu sehen. Dargestellt wird die Mutter Gottes mit dem Jesuskind, nach unten wird die Figur von einer Mondsichel abgeschlossen. In alter Schrift sind darunter die Worte zu lesen: »Bitte für uns«. Von hier zum (1) Hohe-Loog-Haus sind es gerade noch 500 Meter. Die immer gut besuchte Hütte des Pfälzerwald-Vereins ist mittwochs, samstags, sonntags und feiertags sowie in den Sommer- und Herbstferien täglich von 10.30 bis 18 Uhr geöffnet.

Wir folgen weiter der Markierung roter Punkt. Der Weg fällt jetzt durch die Hohe-Loog-Ebene ab. Wir achten darauf, dass bald nach rechts ein Stichweg abgeht. Dieser führt direkt hinunter zum Bergstein. Hier befindet sich eine Sandsteinformation, die als Naturdenkmal ausgewiesen ist – über eine Eisenleiter kann ein kleines Plateau bestiegen werden. Wir genießen die gute Fernsicht über die Rheinebene sowie den ersten Blick auf das Hambacher Schloss.

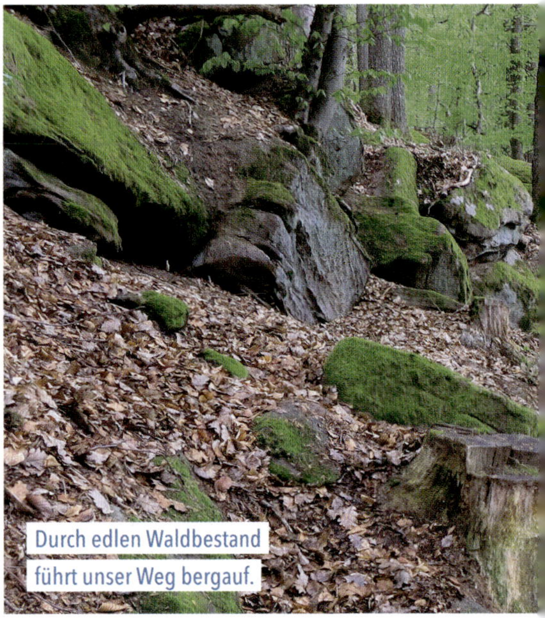

Durch edlen Waldbestand führt unser Weg bergauf.

Bei unserer Wanderung kommen wir auch am Bildbaum vorbei.

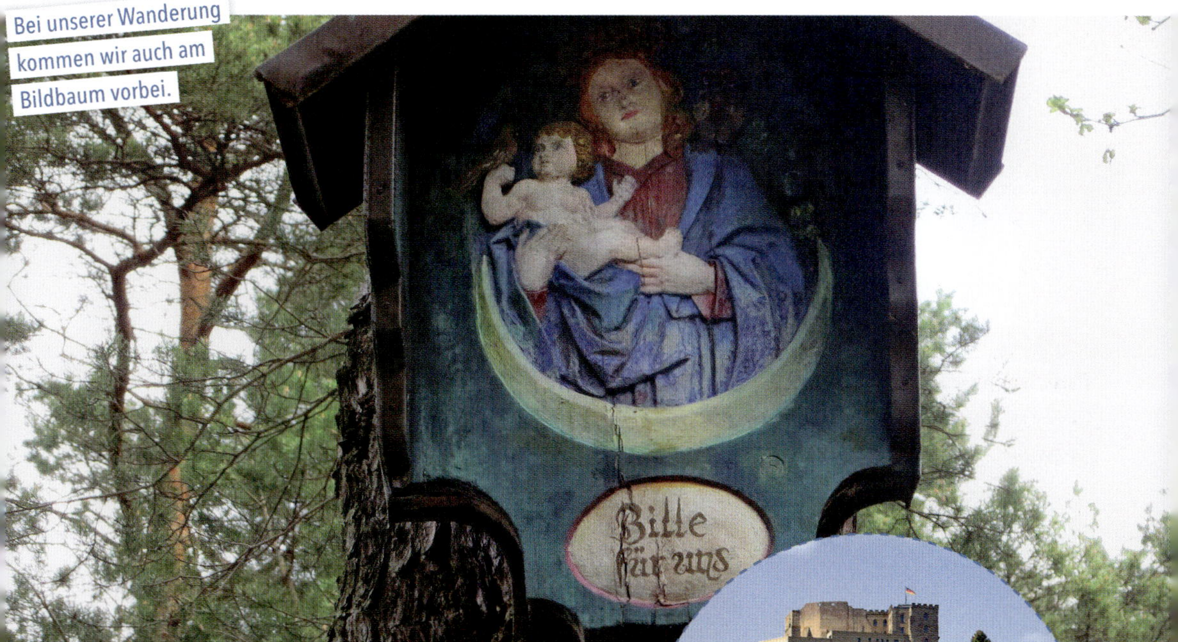

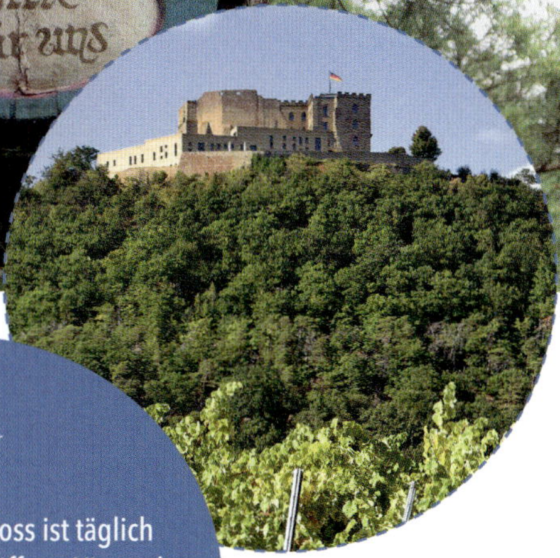

Tipp

Das Hambacher Schloss ist täglich von 10 bis 18 Uhr geöffnet. Viermal am Tag finden Führungen von 45 Minuten Dauer statt. Die Anfahrt mit dem Auto erfolgt über den Neustadter Ortsteil Hambach. Der Bus fährt ab Neustadt/Weinstraße.

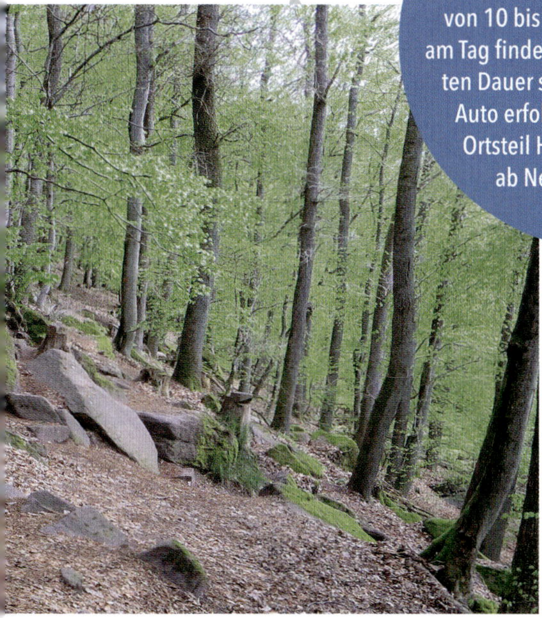

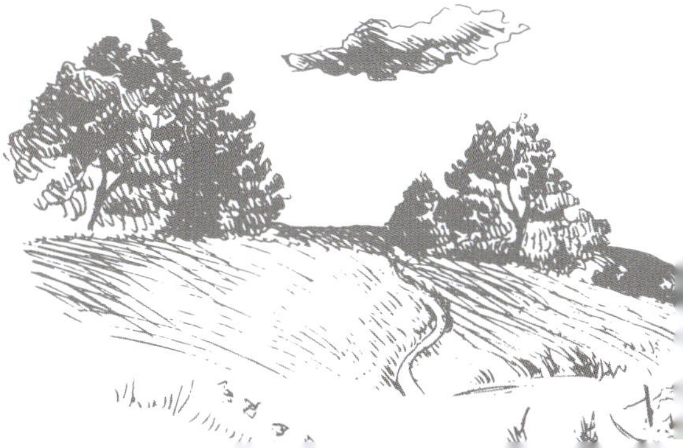

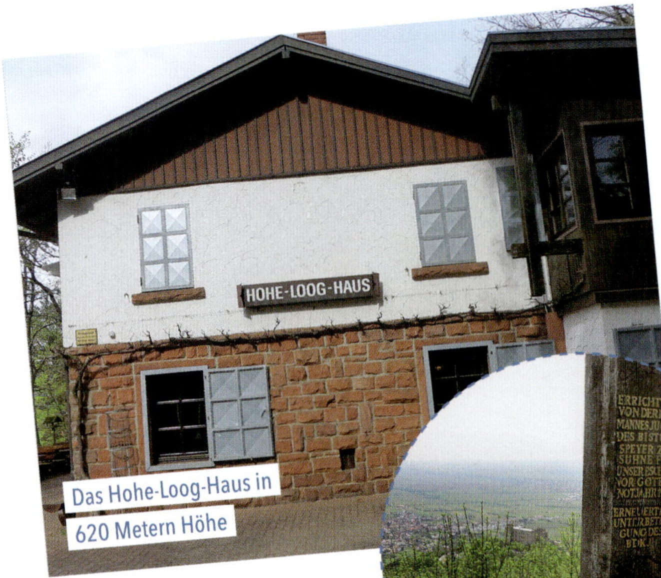

Das Hohe-Loog-Haus in 620 Metern Höhe

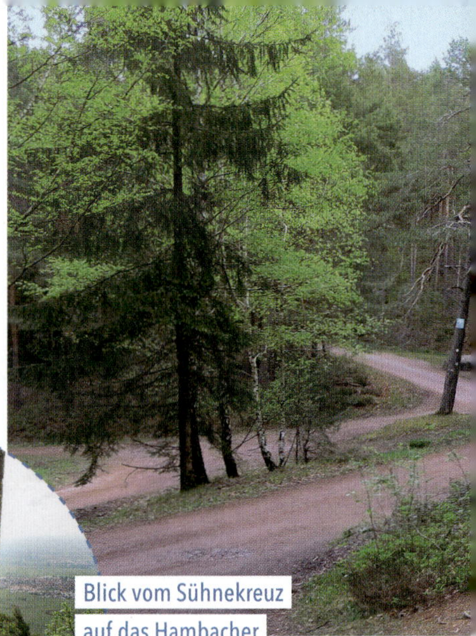

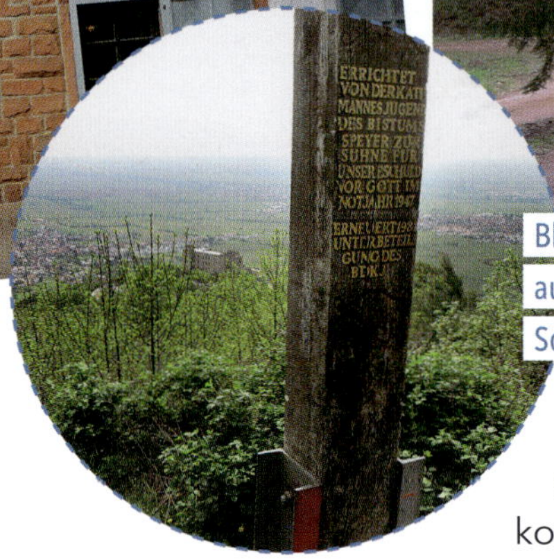
Blick vom Sühnekreuz auf das Hambacher Schloss

Sühnekreuz und Hambacher Schloss

Wir befinden uns jetzt auf dem Pfälzer Weinsteig. Dessen rot-weißes Wanderzeichen führt uns in südliche Richtung durch einen beeindruckend schönen Laubwaldbestand. Dann erreichen wir das 2 Sühnekreuz. Das Kreuz wurde von jungen Katholiken im Jahr 1947 errichtet. Der Wald ist an dieser Stelle etwas gelichtet, deshalb können wir hier den Ausblick über das Rheintal bis zum Odenwald sowie die Sicht von oben auf das Hambacher Schloss genießen. Vom Sühnekreuz aus erschließt sich auch der ursprüngliche Name der Burg - Kästenburg, abgeleitet von Käschde für Kastanien. Denn Kastanienbäume sind hier reichlich zu sehen. Wir gehen ein kurzes Stück des Weges zurück, dann folgt der Schlussabstieg zum Hambacher Schloss.

Es gibt verschiedene Bezeichnungen für die wiederhergestellte und modernisierte Burg: Kästenburg, Maxburg, Burg Hambach sowie Hambacher Schloss. Sie resultieren aus der Geschichte der Burg: Im 11. Jahrhundert an strategisch günstiger Stelle erbaut, konnten von der Burg die Handelswege der Rheinebene kontrolliert werden. Allerdings erging es der Kästenburg nicht anders als vielen anderen Pfälzer Burgen: Im 16. Jahrhundert erstmals niedergebrannt, erfolgte die Zerstörung im Pfälzischen Erbfolgekrieg. Französische Truppen zerstörten 1794 in den Revolutionskriegen den Rest der Anlage. Nach dem Wiener Kongress kam die Pfalz zu Bayern. 1842 erhielt der bayerische Thronfolger Maximilian II. daraufhin die Burg zum Geschenk, danach wurde der Begriff »Maxburg« geprägt. In den Jahren darauf begann der Umbau der Burg im neugotischen Stil. Die Arbeiten wurden im Revolutionsjahr 1848 schließlich eingestellt. Erst Anfang der 80er-Jahre des letzten Jahrhunderts gelang es, die Arbeiten abzuschließen. Neben Museum und Tagungsstätte ist das Hambacher Schloss aufgrund seiner Lage ein touristischer Anziehungspunkt. Über den Haardtrand fällt der Blick weit über die Rheinebene. Das Hambacher

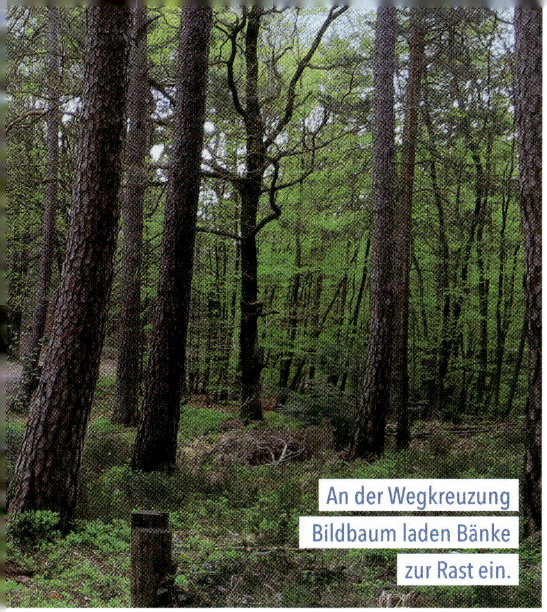

An der Wegkreuzung Bildbaum laden Bänke zur Rast ein.

Schloss ist für Burg- bzw. Museumsbesucher täglich von 10 bis 18 Uhr geöffnet. Für die Außenbereiche wird kein Eintritt verlangt. Im Hambacher Schloss befindet sich das Restaurant 1832, an der Wegverzweigung zum Schloss erwartet die Burgschänke Rittersberg seine Gäste.

Bergauf zum Hahnenschritt

Direkt an der Verzweigung, an der sich die Wanderwege mit der Straße zum Hambacher Schloss treffen, finden wir die nächste Wegmarkierung. Auf dem Käschdeweg, gekennzeichnet durch eine stilisierte Kastanie, geht es oberhalb des Rheintals in südlicher Richtung weiter. Der Weg schwenkt dann nach Westen. Wir erreichen eine Abzweigung – diese ist für diejenigen interessant, die die Klausentalhütte besuchen wollen. Die Hütte ist mittwochs, samstags und sonntags jeweils von 10 bis 18 Uhr geöffnet. Ab der Abzweigung folgt der Schlussanstieg. Mit dem blauen Punkt gehen wir das Klausental aufwärts und erreichen schließlich unseren Ausgangspunkt, den E Wanderparkplatz Hahnenschritt.

mittel | 9,5 km | 640 Hm | 3 Std.

Auf einen Blick

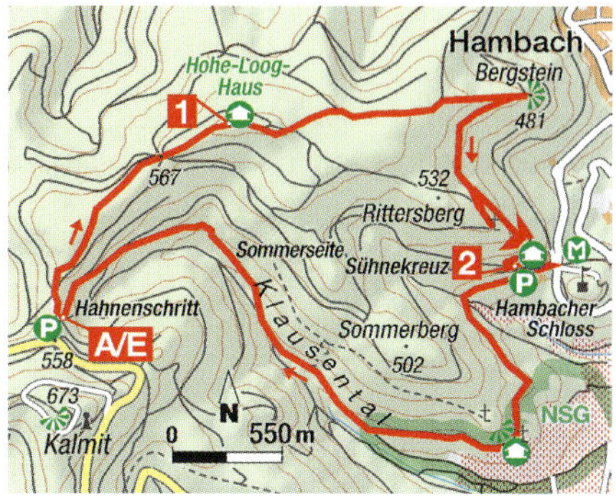

Tourencharakter
Abwechslungsreiche Wanderung zu einer bedeutenden Stätte der deutschen Geschichte

Ausgangs-/Endpunkt
Wanderparkplatz Hahnenschritt (550 m)
GPS-Daten: 49.323889, 8.081389

Anfahrt
Auto: Auf der Autobahn 65 bis Edenkoben, über Maikammer auf der Kalmithöhenstraße (L515) zum Wanderparkplatz Hahnenschritt. Die Abfahrt nach rechts ist leicht zu übersehen.
Bus & Bahn: Keine Verbindung

Karte
NaturNavi Pfälzerwald 6, Blatt 43-546, 1:25 000

Einkehr
Hohe-Loog-Haus, Hambacher Schloss, Klausentalhütte

Weitere Informationen
Tourist-Information, Hetzelplatz 1, 67433 Neustadt an der Weinstraße
www.neustadt.eu

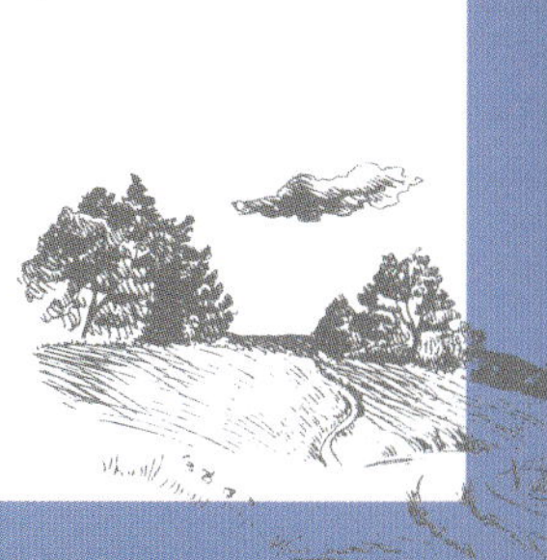

Gottesdienst am Wanderparkplatz

10 Rund um die Totenkopfhütte

Die Totenkopfhütte ist ein beliebter Ausgangspunkt für Ausflüge im mittleren Pfälzerwald. Ein knappes Dutzend Wanderwege beginnen dort. Unsere Tour führt uns zum hoch gelegenen Hellerplatzhaus, der Emil-Ohler-Pfad leitet uns anschließend hinunter ins Finstertal. Über einen lang gezogenen Anstieg kommen wir zurück zur Hütte.

An der Ⓐ Totenkopfhütte befinden sich zwei große Wanderparkplätze. Die Hütte selbst verfügt über einen großen Biergarten und ist samstags, sonntags und feiertags von 11 bis 18 Uhr geöffnet sowie in den Sommer- und Herbstferien zusätzlich von Dienstag bis Donnerstag.

Zum Hellerplatzhaus

In unmittelbarer Nähe zur Totenkopfhütte finden in den Monaten Juni bis August jeweils am Sonntag Waldgottesdienste statt. Diese werden von verschiedenen Pfarreien abgehalten. Weitere Informationen dazu gibt es im Internet. Die Parkplätze sind an den Gottesdienst-Sonntagen sehr schnell belegt.

Wir folgen vom Parkplatz aus der Wegmarkierung mit dem blau-gelben Balken. Anschließend laufen wir über einen angenehm zu gehenden Waldweg, Laub- und Nadelbäume spenden uns Schatten. Der Weg steigt zunächst an, fällt dann aber wieder langsam bis zur Hellerhütte ab. Die ① Hellerhütte, auch unter dem Namen Hellerplatzhaus bekannt, ist von Mittwoch bis Sonntag von 11 bis 17 Uhr geöffnet.

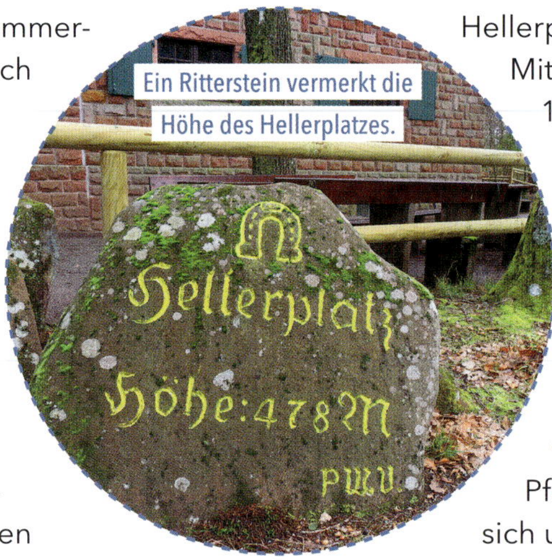

Ein Ritterstein vermerkt die Höhe des Hellerplatzes.

Durch das Finstertal

An der Hellerhütte nehmen wir die Markierung weiß-roter Balken auf und gehen in östlicher Richtung weiter. Der Weg wird auch als »Emil-Ohler-Pfad« bezeichnet. Es handelt sich um einen naturbelassenen Waldweg mit moosbedeckten Buntsandsteinen als seitlicher Begrenzung. Südlich des Höhenrückens mit dem Namen Platte treffen wir dann auf den Ritterstein, der dem Gründungsmitglieds des Pfälzerwald-Vereins, Emil Ohler, gewidmet ist. Dieser hatte sich besondere Verdienste um das Hellerplatzhaus erworben.

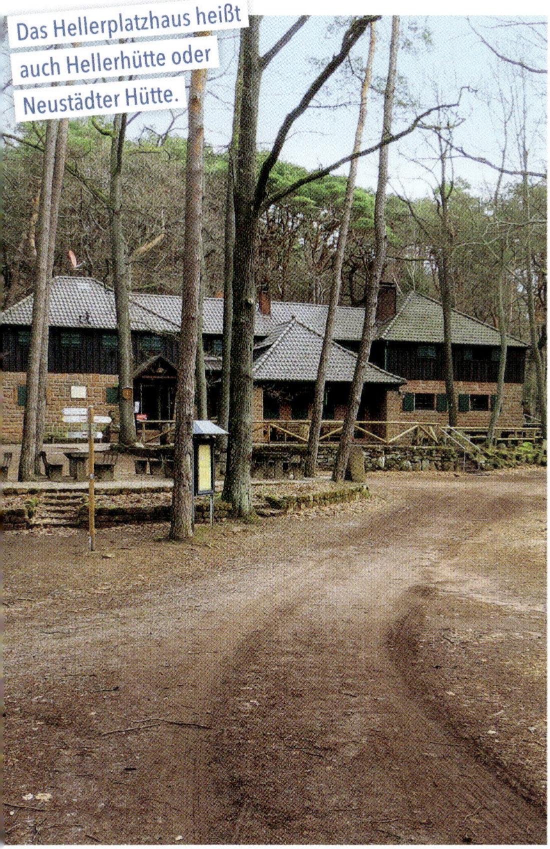

Das Hellerplatzhaus heißt auch Hellerhütte oder Neustädter Hütte.

Wir erreichen schließlich das Finstertal und gehen zu den beiden ❷ Fischteichen. Dort befindet sich eine kleine Schutzhütte mit Sitzgelegenheiten. Hier ist der Umkehrpunkt unserer Wanderung – wir gehen zwischen den beiden Teichen zur anderen Talseite. Wir wandern jetzt nach Süden, die Markierung ist der blau-rote Balken. Unser Weg verzweigt sich mehrfach, wir bleiben auf dem Hauptweg mit unserer Markierung. Durch das Finstertal geht es langsam aufwärts und wir erreichen einen weiteren Teich. Kurz danach sehen wir auf der linken Seite des Weges die Katharinenquelle. Es geht jetzt stärker ansteigend bergauf – bald ist dann aber schon der Endpunkt unserer Wanderung, die Ⓔ Totenkopfhütte, zu erkennen.

mittel | 7,7 km
506 Hm | 2.15 Std.

Auf einen Blick

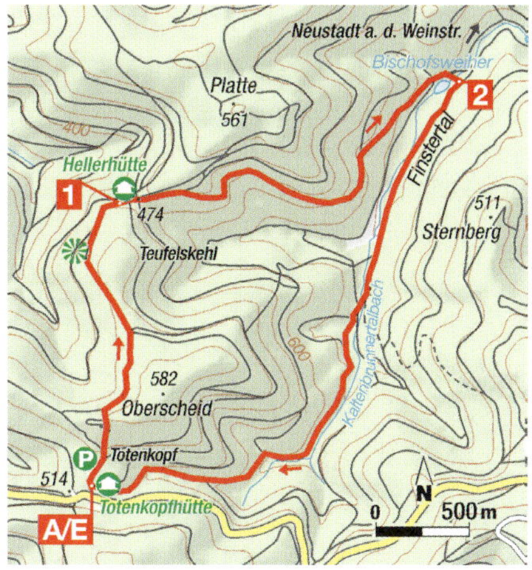

Tourencharakter
Rundwanderung auf bequemen und schattigen Waldwegen. Zwei Pfälzerwaldhütten laden zur Einkehr ein.

Ausgangs-/Endpunkt
Totenkopfhütte, Wanderparkplatz (513 m)
GPS-Daten: 49.321944, 8.0500000

Anfahrt
Auto: Über die Autobahn 65 bis Edenkoben, weiter nach St. Martin, dann auf der Totenkopfstraße bis zur Totenkopfhütte
Bus & Bahn: Keine regelmäßige Verbindung

Karte
NaturNavi Pfälzerwald 6, Blatt 43-546, 1:25 000

Einkehr
Totenkopfhütte, Hellerplatzhaus

Weitere Informationen
Büro für Tourismus, Weinstraße Süd 40, 67487 Maikammer
www.maikammer.de

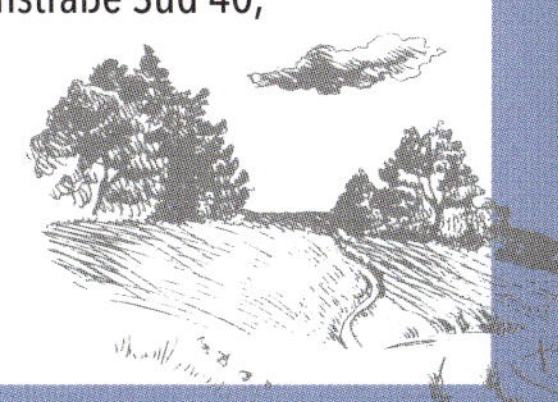

FERNBLICK VON DER LUDWIGSHAFENER HÜTTE

11 Über die Kropsburg zur Kalmit

Die Kalmit ist die höchste Erhebung im Pfälzerwald. Am Kalmithaus können Wanderer im Sommer schön sitzen und die Rundumsicht genießen. Vorher müssen sie aber einen langen Anstieg absolvieren. Los geht es in der Weinbaugemeinde St. Martin.

Ausgangspunkt unserer Wanderung ist der **A** Wanderparkplatz an der Edenkobener Straße. Die Tour selbst beginnt am Rand der Weinberge von St. Martin. Der Weg steigt zuerst zur historischen Weinpresse leicht an. Dort bietet sich ein wunderbarer Rundblick auf den Ort St. Martin, auf die Kropsburg und auf das Hambacher Schloss. Besonders schön ist dieser Abschnitt Mitte bis Ende März, denn dann blühen die dort gepflanzten Mandelbäume. An der Weinpresse folgen wir der Beschilderung zur Kropsburg. Der Weg steigt mit Blick auf den Pfälzerwald weiter an. An einem Infopavillon biegen wir nach links ab. Es folgt der Schlussanstieg zur **1** Kropsburg.

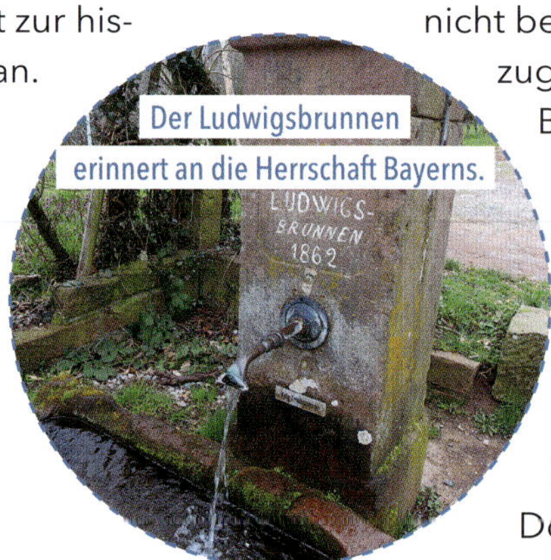

Der Ludwigsbrunnen erinnert an die Herrschaft Bayerns.

Kropsburg und Kalmit

Die Kropsburg wurde Anfang des 13. Jahrhunderts errichtet. Sie überstand unbeschadet sowohl den Bauernkrieg als auch den Dreißigjährigen Krieg. Im Rahmen des Pfälzischen Erbfolgekriegs wurde die Burg zerstört und danach nicht wieder aufgebaut. Das sogenannte Schloss Kropsburg befindet sich in Privatbesitz und kann nicht besichtigt werden. Öffentlich zugänglich ist dagegen die Burgschänke an der Kropsburg – weitere Infos unter www.burgschaenke-kropsburg.de.

Vor der Kropsburg stoßen wir auf den interessanten König-Ludwigs-Brunnen aus dem Jahr 1862. Dort nehmen wir unsere Wegmarkierung, den roten Punkt, auf.

Die Strecke führt hinunter ins Tal des Kropsbachs. Ein Stück wandern wir dann durch die Bebauung. Daraufhin zweigt der Weg rechts ab und wir überqueren den Kropsbach. Gleich danach geht es über die Totenkopfstraße. Der Weg steigt jetzt durchgehend über den Breitenberg an. An einer Wegverzweigung wenden wir uns nach rechts, dann ist auch schon die Kalmitstraße erreicht. Wir folgen ihr ein Stück, bevor links von ihr der Schlussanstieg beginnt. Die Kalmit ist mit 672 Metern die höchste Erhebung des Pfälzerwalds. Mit dem 2 Kalmithaus befindet sich dort eine Hütte des Pfälzerwald-Vereins. Sie ist auch unter dem Namen Ludwigshafener Hütte bekannt und hat mittwochs bis sonntags von 11 bis 17 Uhr geöffnet. Weitere Info: www.kalmithaus.de.

Wald und Weinberge

Blicken wir ins Rheintal, also nach Osten, so sind wir auf der rechten Seite zur Kalmit angestiegen. Auf der linken Seite geht es jetzt hinunter. Zuerst erreichen wir die Kalmitstraße. Anschließend folgen wir der Wegmarkierung weiß-grüner Balken. Zügig laufen wir jetzt bergab und kommen am Schützenhaus vorbei. Dort nehmen wir die Abzweigung nach rechts – der Weg ist mit einem Traubensymbol gekennzeichnet. Nach einem kurzen Anstieg haben wir auch schon wieder St. Martin erreicht. Wir gehen durch den schmucken Ort, in dessen Mitte folgen wir der Edenkobener Straße zurück zum E Wanderparkplatz.

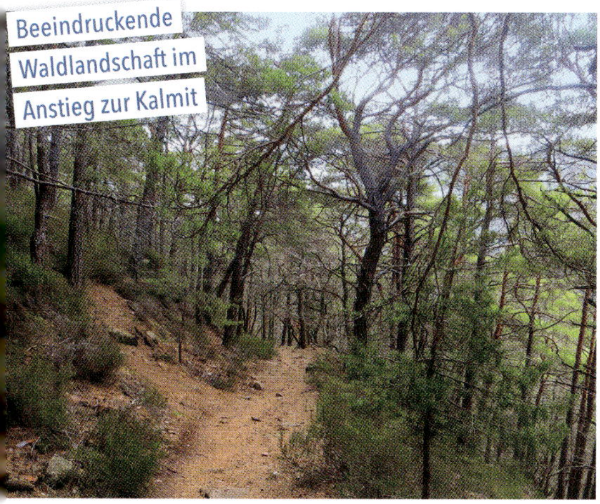

Beeindruckende Waldlandschaft im Anstieg zur Kalmit

mittel | 10,5 km

986 Hm | 3.30 Std.

Auf einen Blick

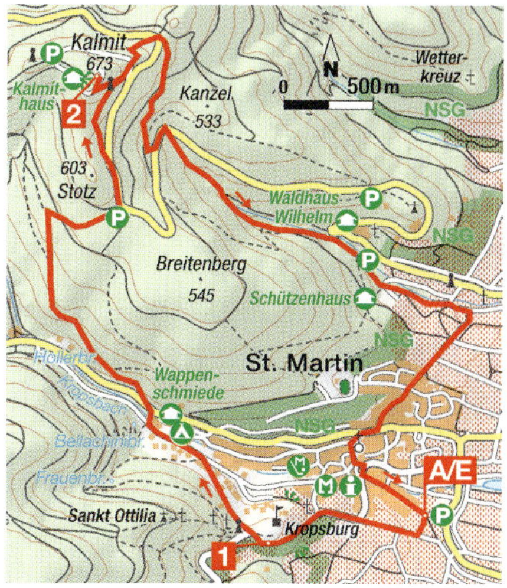

Tourencharakter
Von den Weinbergen bergauf zur Kalmit; bequeme Waldwege

Ausgangs-/Endpunkt
St. Martin, Wanderparkplätze (226 m)
GPS-Daten: 49.296944, 8.108333

Anfahrt
Auto: Auf der A 65 bis Ausfahrt Edenkoben. Am zweiten Kreisel den Schildern Maikammer/St. Martin folgen. In der Innenstadt von St. Martin ist Parken an Wochenenden nicht möglich, gebührenpflichtige Parkplätze am Stadtrand. Bus & Bahn: Regionalbahn bis Landau/Pfalz oder Neustadt/Wstr., Bus bis St. Martin

Karte
NaturNavi Pfälzerwald 6, Blatt 43-546, 1:25 000

Einkehr
St. Martin, Kropsburg, Kalmit

Weitere Informationen
Büro für Tourismus, Poststraße 23, 67480 Edenkoben
www.garten-eden-pfalz.de

HINAUF MIT DEM NOSTALGISCHEN SESSELLIFT

12

Von der Rietburg zur Edenkobener Hütte

Die Pfalz gehörte fast eineinhalb Jahrhunderte zu Bayern. Die Sommerresidenz des bayerischen Königs Ludwig I. ist Ausgangspunkt dieser Wanderung. Der erste steile Anstieg lässt sich vermeiden, indem man den Sessellift nimmt. Uns erwartet eine schöne Rundtour am östlichen Rand des Pfälzerwalds.

An der **A** Villa Ludwigshöhe befindet sich auch die Talstation des Sessellifts hinauf zur Rietburg. Die Sesselbahn wurde 1954 errichtet und überwindet 220 Höhenmeter in zehn Minuten. Die Bahn ist von Anfang März bis Anfang November von 10 bis 17 Uhr in Betrieb.

Bequem den Berg hinauf

Die Rietburg selbst wurde vermutlich um das Jahr 1200 erbaut. Sie war bereits vor dem Bauernkrieg 1525 beschädigt und wurde während des Dreißigjährigen Krieges endgültig zerstört. Heute befindet sich hier mit der Burgschänke eine öffentliche Gaststätte. An der Rietburg orientieren wir uns an der blau-gelben Wandermarkierung. Diese führt uns zunächst zum **1** Ludwigsturm, der im Jahr 1889 errichtet wurde. Dieser Aussichtsturm liegt in 605 Metern Höhe und ermöglicht eine sehr gute Fernsicht über das Rheintal.

Zur Edenkobener Hütte

Der nächste Abschnitt der Tour führt uns nach Norden, dann geht es mit der bisherigen Markierung hoch über dem Modenbachtal weiter. Ein bequemer Waldweg führt durch edel anmutenden Waldbestand zum Kohlplatz in 466 Metern Höhe. Dort befindet sich der Rettungspunkt 6714-315. Der Weg fällt dann weiter ab und wir erreichen unsere nächste Zwischenetappe, die **2** Edenkobener Hütte, die auch als

Villa Ludwigshöhe

Zwischen Pfälzerwald und Weinbergen ließ der bayrische König Ludwig I. von 1846 bis 1852 das klassizistische Schloss als »Villa italienischer Art« erbauen. Die Pfalz gehörte damals zu Bayern. Ludwig I. verbrachte bis 1866 alle zwei Jahre hier den Sommer. Heute gehört die Villa dem Land Rheinland-Pfalz.

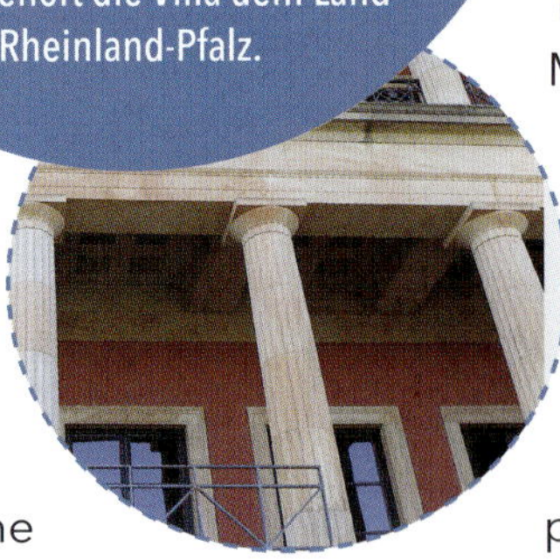

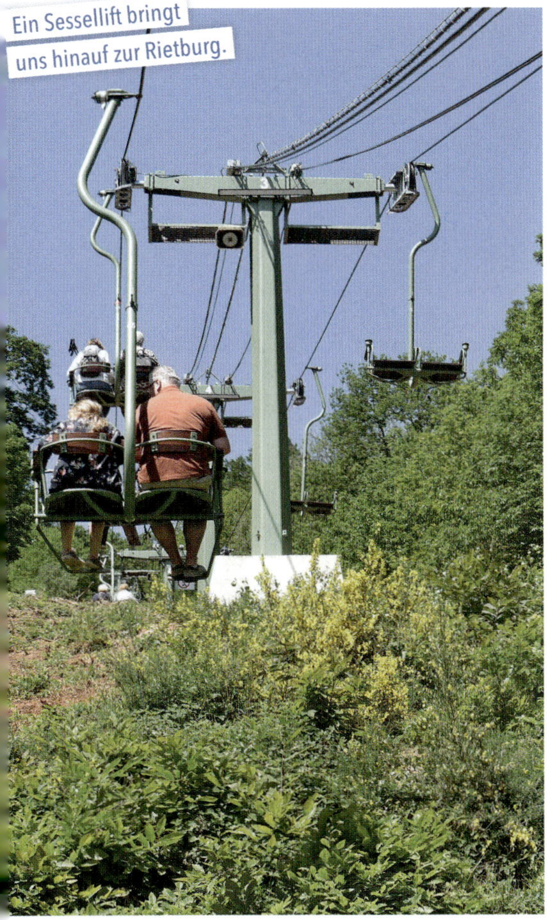

Ein Sessellift bringt uns hinauf zur Rietburg.

Hütte am Hüttenbrunnen bezeichnet wird. Sie hat von Mittwoch bis Sonntag zwischen 11 und 17 Uhr geöffnet. Es kann dort auch übernachtet werden – die Hütte verfügt über fünf Zimmer mit insgesamt 28 Betten. Weitere Info: www.huettenbrunnen.net.

Anstieg zur Rietburg

Beim Parkplatz an der Edenkobener Hütte finden wir unsere nächste Wegmarkierung: Mit dem roten Punkt geht es jetzt in östliche Richtung. Der Weg steigt nun an und führt uns bis zum Wildgehege bei der Rietburg. Bei der Fahrt mit der Rietburgbahn hinunter zur **E** Villa Ludwigshöhe genießen wir noch einmal den Blick über die Rheinebene.

mittel | 9,1 km

495 Hm | 2.45 Std.

Auf einen Blick

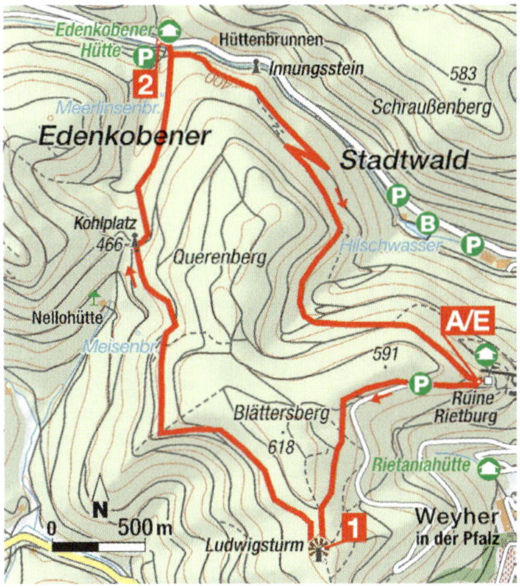

Tourencharakter

Am Sessellift an der Rietburg ist viel los, dann wird es sehr ruhig.

Ausgangs-/Endpunkt

Villa Ludwigshöhe (303 m)
GPS-Daten: 49.277500, 8.087222

Anfahrt

Auto: Auf der Autobahn 65 bis zur Ausfahrt Edenkoben. Am zweiten Kreisverkehr von Edenkoben den Schildern Rietburg folgen. Die Parkplätze bei der Villa Ludwigshöhe sind an Wochenenden stark frequentiert.
Bus & Bahn: Mit der Regionalbahn bis Edenkoben, dann mit dem Bus bis zur Abzweigung Ludwigshöhe

Karte

NaturNavi Pfälzerwald 6, Blatt 43-546, 1:25 000

Einkehr

Rietburg, Edenkobener Hütte

Weitere Informationen

Büro für Tourismus, Poststraße 23, 67480 Edenkoben
www.garten-eden-pfalz.de

Über den historischen Marktweg

13

Zur Burgruine Neuscharfeneck

Anstrengend war das Leben früher im Tal des Dernbach. Die kärglichen Waren mussten zu Fuß nach Landau gebracht werden. Auf dem historischen Marktweg folgen wir der damaligen Route bis zur höchsten Stelle. Mit Neuscharfeneck und Meistersel erreichen wir auf dieser Wanderung zwei wichtige Pfälzer Burgen.

Ramberg ist eine Ortsgemeinde der Verbandsgemeinde Annweiler am Trifels; sie zählt knapp 1000 Einwohner. Vom A Friedhof in Ramberg gehen wir ein Stück auf der Hauptstraße Richtung Ortsmitte. Schon nach wenigen Metern geht rechts die Dekan-Schill-Straße ab. Wir folgen ihr und biegen an der nächsten Straßenkreuzung noch einmal nach rechts in den Marktweg ein. Dieser ist identisch mit dem ursprünglichen Marktweg.

Auf dem Marktweg

Er führte in vergangener Zeit, genauer im 18. und 19. Jahrhundert, über den Zimmerplatz, Frankweiler und Godramstein zum Marktplatz vor dem Rathaus in Landau. Seine Länge betrug elf Kilometer, als Gehzeit wurden vier Stunden kalkuliert. Mit dem Bau der Eisenbahn im Jahr 1873 nahm die Bedeutung des Marktweges ab. Auf seinem Zeichen sind zwei Marktbeschicker in historischer Tracht zu sehen. Wir folgen dem Weg bergauf, bald haben wir den Waldrand erreicht. Es geht weiter aufwärts und dabei ist zu spüren, wie mühsam es früher gewesen sein muss, mit Marktwaren auf dem Kopf oder auf dem Rücken diese Strecke bis Landau zurückzulegen. Am Zimmerplatz erreichen wir das erste Etappenziel, die 1 Landauer Hütte. Sie ist samstags, sonntags und feiertags von 11 bis 17 Uhr geöffnet. Weitere Infos unter pwv-landau.de.

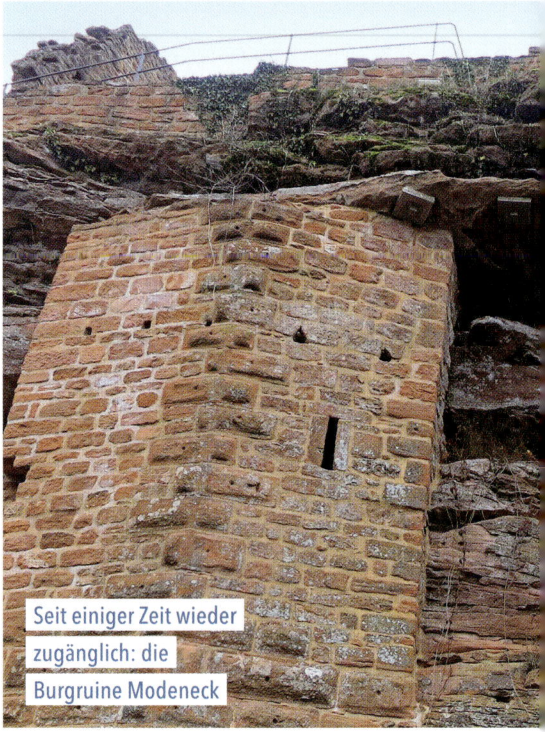

Seit einiger Zeit wieder zugänglich: die Burgruine Modeneck

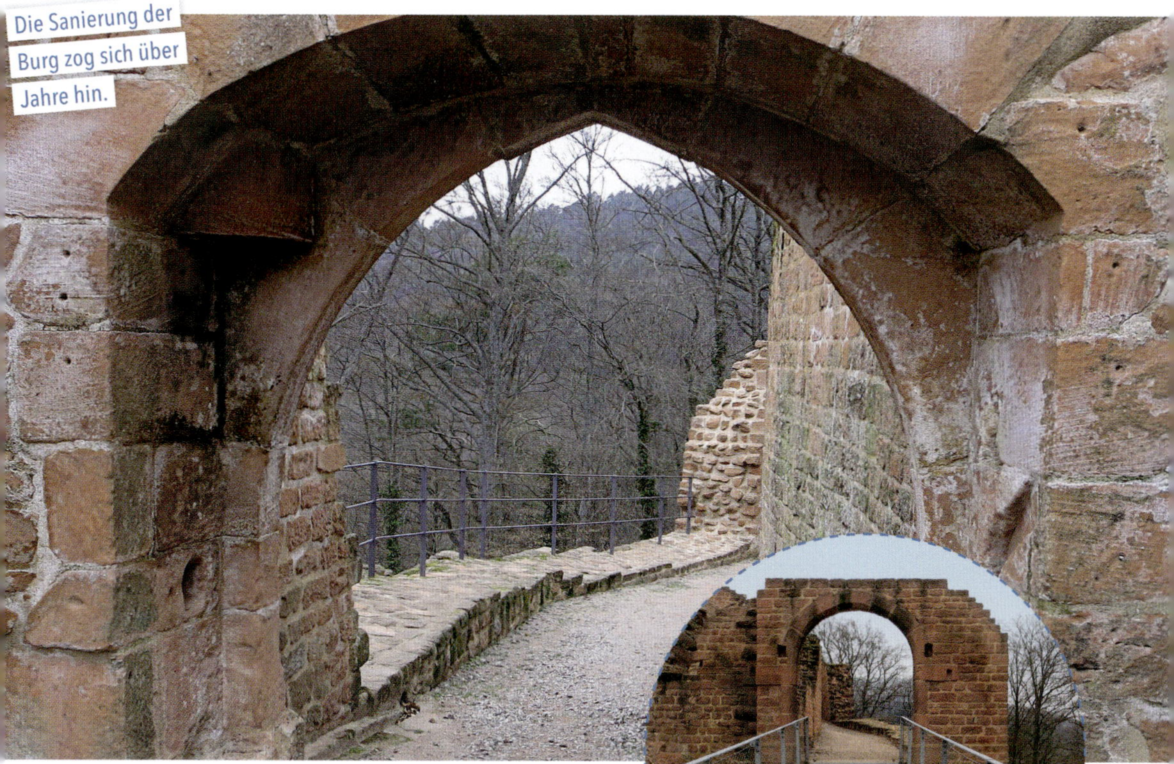

Die Sanierung der Burg zog sich über Jahre hin.

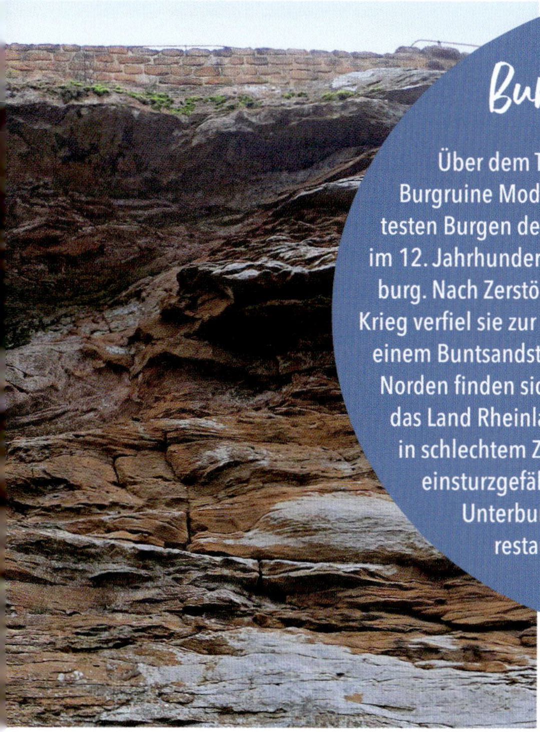

Burgruine Modeneck

Über dem Tal des Modenbachs gelegen, zählt die Burgruine Modeneck, auch Meistersel genannt, zu den ältesten Burgen der Pfalz. Im 11. Jahrhundert erbaut, wurde sie im 12. Jahrhundert zur Reichsburg, im Mittelalter zur Ganerbenburg. Nach Zerstörungen im Bauernkrieg und Dreißigjährigen Krieg verfiel sie zur Ruine. Die Oberburg steht im östlichen Teil auf einem Buntsandsteinfelsen. Die Unterburg liegt im Westen, im Norden finden sich Halsgraben und Vorwerk. 2006 übernahm das Land Rheinland-Pfalz die Anlage von privaten Besitzern in schlechtem Zustand. Stahlanker sicherten zunächst ihre einsturzgefährdeten Teile. Hierauf wurden Torpfeiler, Unterburg, Oberburg und die Schnabelecke restauriert. Die Sanierung kostete ca. drei Millionen Euro.

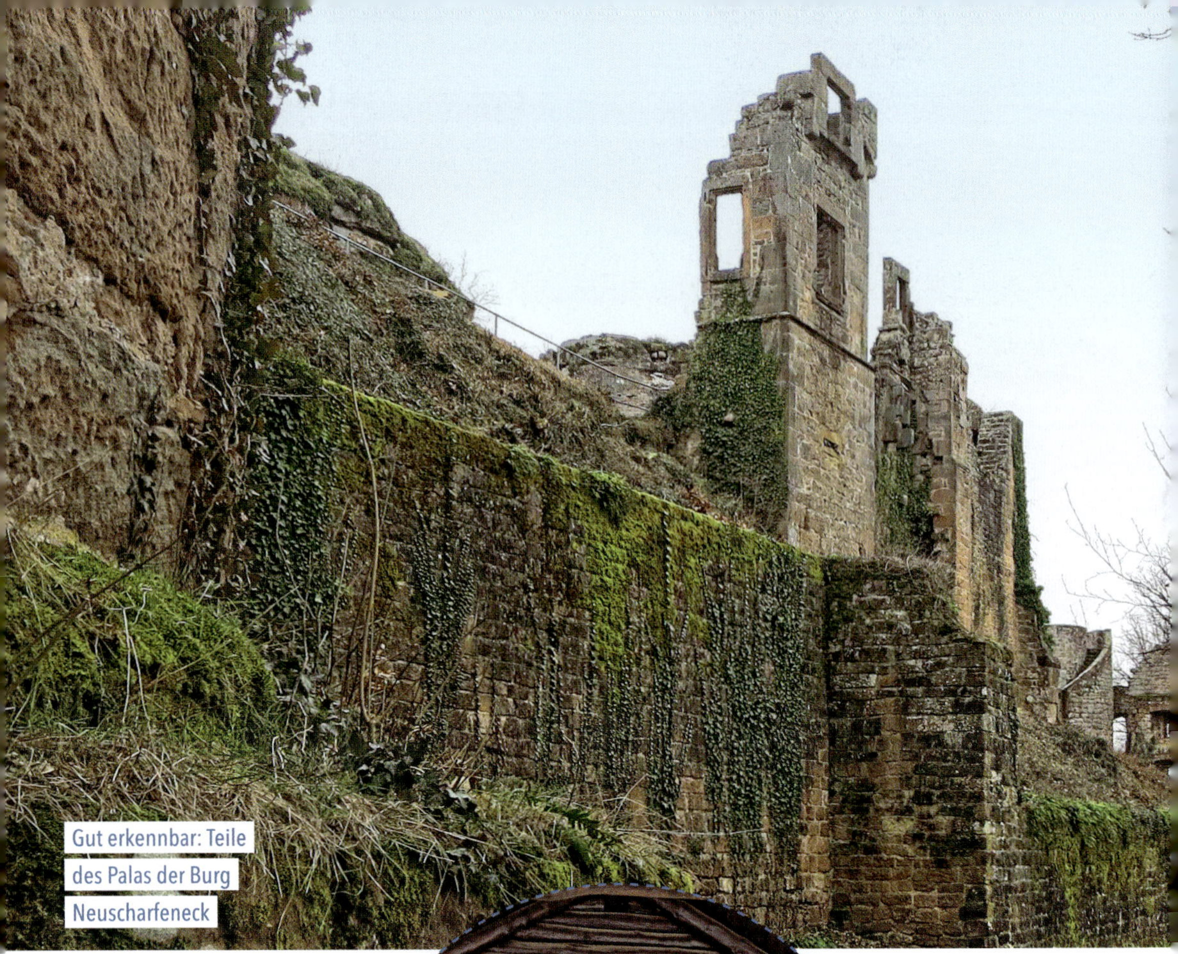

Gut erkennbar: Teile des Palas der Burg Neuscharfeneck

Neuscharfeneck und Meistersel

Die Wegmarkierung schwarzer Punkt in weißem Feld führt uns über einen leicht ansteigenden Weg zur Burgruine Neuscharfeneck. Die Burg liegt in 500 Metern Höhe und ist mit einer Länge von 150 Metern und einer Breite von 60 Metern die viertgrößte Burg der Pfalz. Errichtet wurde sie in der ersten Hälfte des 13. Jahrhunderts. Ab 1469 wurden die Wehranlagen massiv ausgebaut. Es entstanden die mächtigen Schildmauern und die Vorburg im Westen.

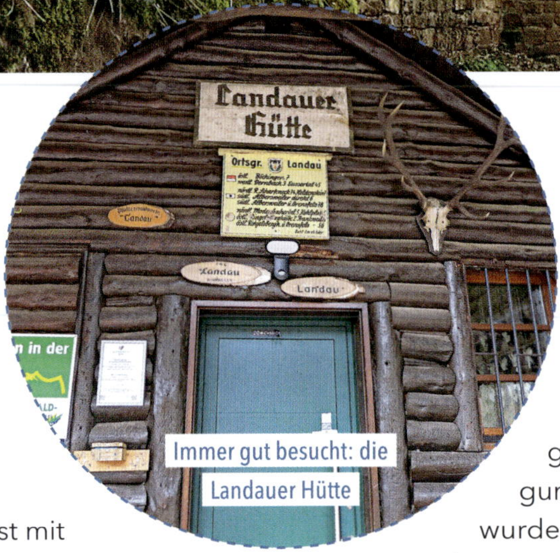

Immer gut besucht: die Landauer Hütte

Die Verteidigungsanlage war gestaffelt und bestand aus äußerer und innerer Ringmauer, Flankierungstürmen sowie mehrfachen Toranlagen. Die Wasserversorgung von Neuscharfeneck wurde durch einen durch den Felsen geschlagenen Brunnen sichergestellt. Daneben verfügte die Burg über eine Quellwasserleitung. Vier in den Felsen gehauene Zisternen versorgten die Bewohner in Notzeiten mit Wasser. Im Bauernkrieg 1525 brannte die Burg aus, sie wurde bis 1530 neu aufgebaut und noch

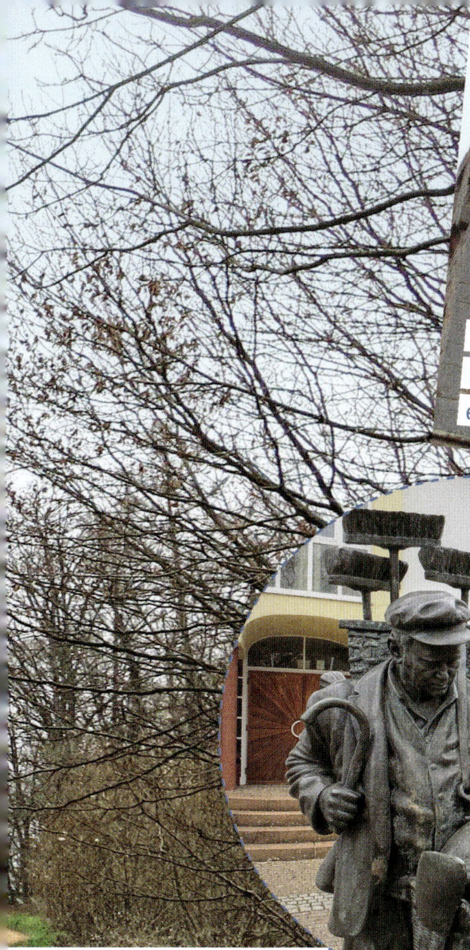

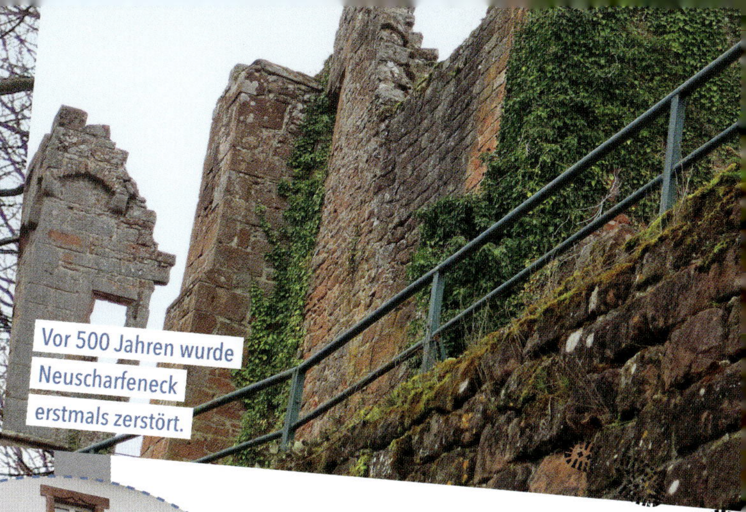

Vor 500 Jahren wurde Neuscharfeneck erstmals zerstört.

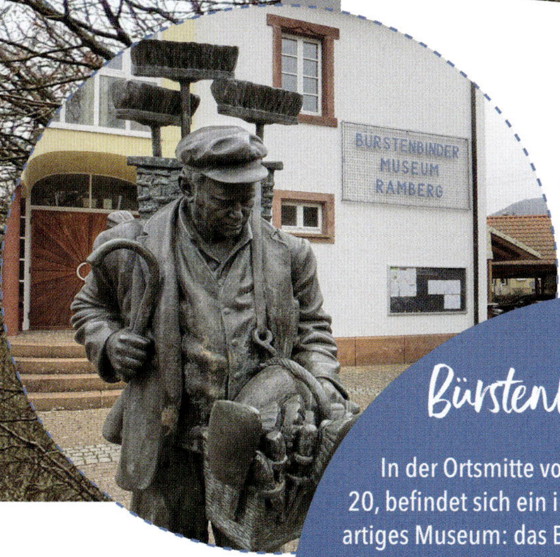

Bürstenbindermuseum

In der Ortsmitte von Ramberg, in der Hauptstraße 20, befindet sich ein interessantes und sicherlich einzigartiges Museum: das Bürstenbindermuseum. Es zeigt die Anfänge des Bürstenbinderhandwerks und die zunehmende Mechanisierung bis in die Zeit der heutigen industriellen Fertigung. Fast alle ausgestellten Maschinen sind noch funktionsfähig. Das Museum ist im Gebäude einer ehemaligen Bürstenfabrik untergebracht. Die Figur eines Bürstenhändlers vor dem Museum versinnbildlicht nicht nur die schwierige soziale Lage der Arbeiter, sondern auch den mühsamen Vertrieb dieser Produkte. (Öffnungszeiten siehe www.buersten bindermuseum.de).

einmal verstärkt. Im Dreißigjährigen Krieg wurde sie zwischen 1630 und 1633 zerstört. Sie diente danach als Steinbruch und fiel im Jahr 1824 an die Gemeinde Flemlingen. Von der Burg haben wir eine gute Fernsicht auf den Ort Ramberg und die Ruine Ramburg.

Der Weg fällt jetzt kontinuierlich ab, die Wegmarkierung bleibt gleich. Wir erreichen noch einmal einen Aussichtspunkt, von dem aus wir abermals einen schönen Blick auf Ramberg und die über dem Dorf gelegene Burg haben. Schließlich gelangen wir zum 2 Wanderparkplatz Drei Buchen. Schon vorher sehen wir links des Weges das Waldhaus Drei Buchen. Die Hütte ist von Mittwoch bis Sonntag und an Feiertagen jeweils von 11 bis 17 Uhr geöffnet. Wir überqueren die Straße beim Wanderparkplatz und folgen dem Weg, der steil ansteigend zur Burgruine Meistersel führt. Achtung: Bitte nicht den mit schwarzem Punkt in weißem Feld markierten Weg benutzen. Die Burg Meistersel, auch unter

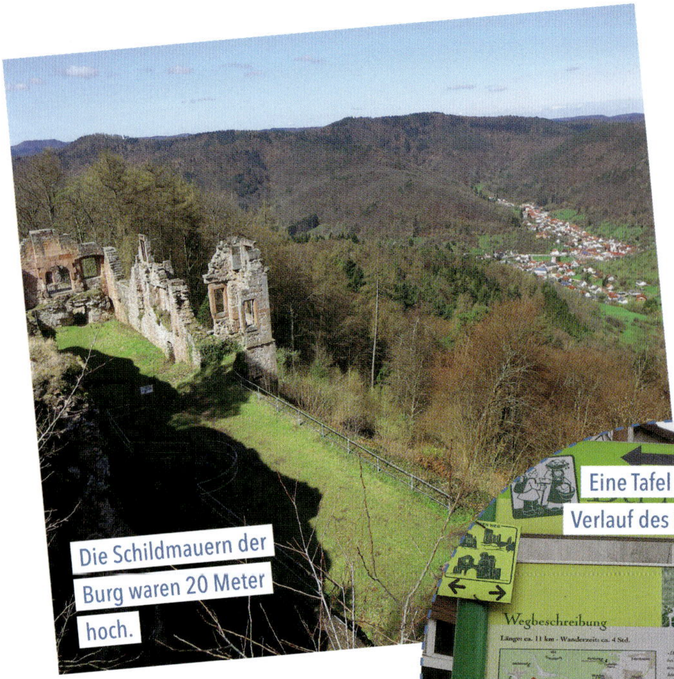

Die Schildmauern der Burg waren 20 Meter hoch.

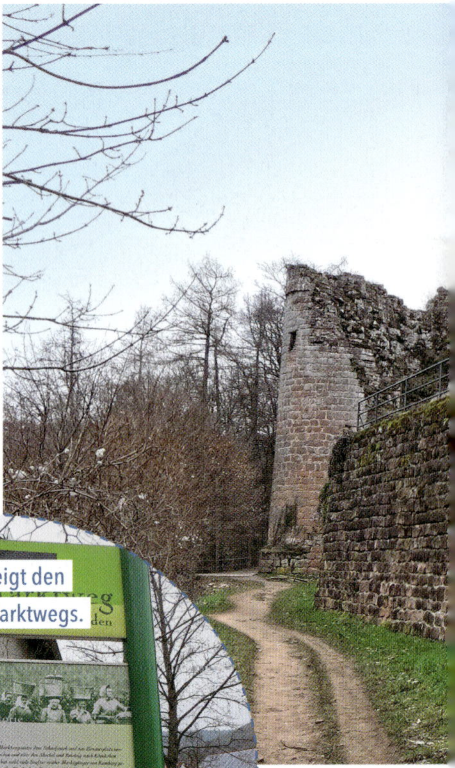

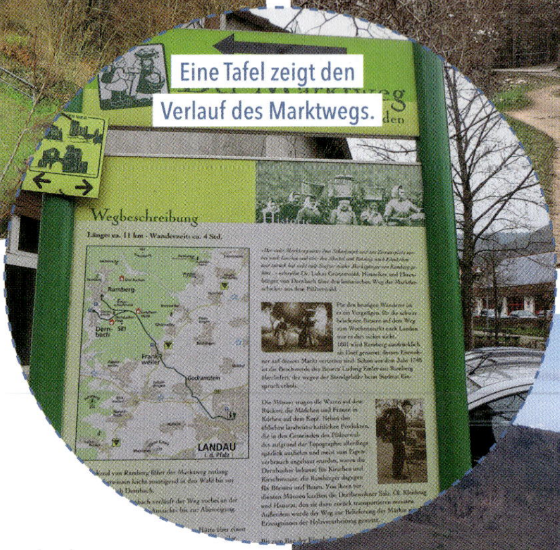

Eine Tafel zeigt den Verlauf des Marktwegs.

dem Namen Modeneck bekannt, wurde in den letzten Jahren aufwendig saniert.

Zurück nach Ramberg

Wir gehen zurück zum Wanderparkplatz. Etwas unterhalb des Weges, der zum Waldhaus Drei Buchen führt, finden wir unseren Weg. Dieser ist mit dem Wanderzeichen roter Punkt bzw. dem Symbol des Pfälzer Weinsteigs gekennzeichnet. Er führt oberhalb des Dernbachtales entlang und fällt dabei kontinuierlich ab. Oberhalb von Ramberg geht es noch eine kurze Strecke durch landwirtschaftlich genutztes Gebiet. Nicht weit vom Bürstenbindermuseum entfernt erreichen wir schließlich die Bebauung des Orts. Wir folgen der Hauptstraße und gelangen wieder zu unserem Ausgangspunkt am E örtlichen Friedhof.

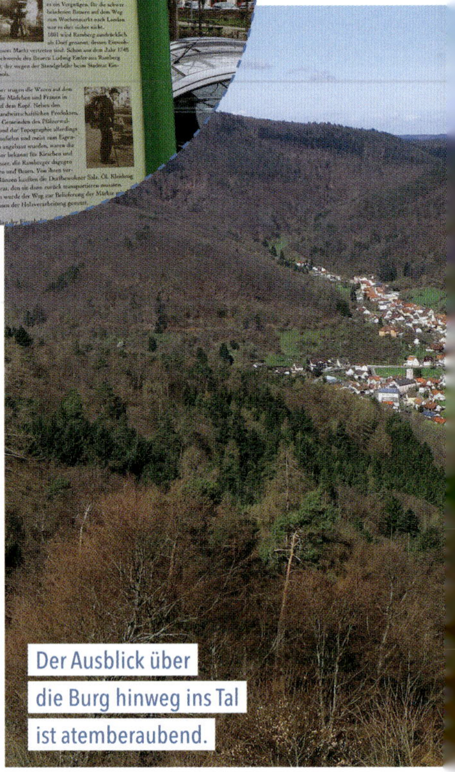

Der Ausblick über die Burg hinweg ins Tal ist atemberaubend.

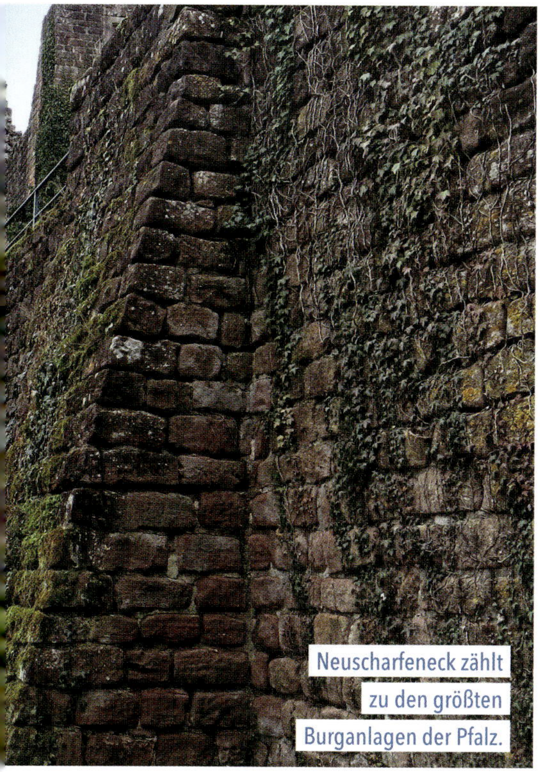
Neuscharfeneck zählt zu den größten Burganlagen der Pfalz.

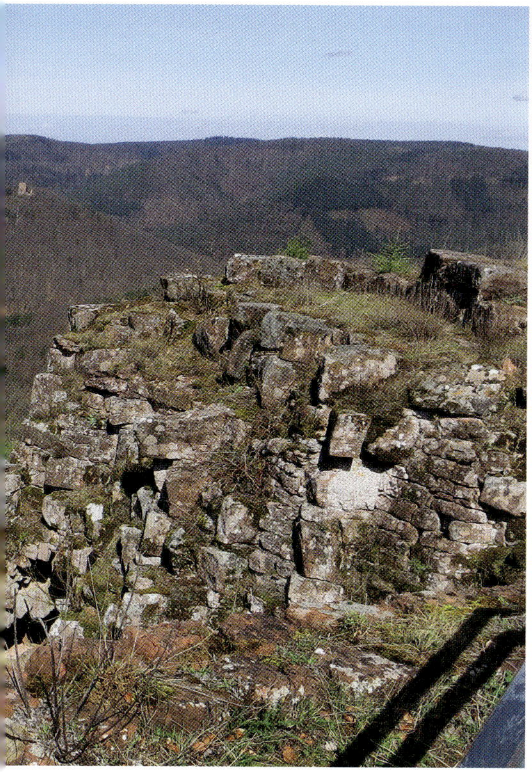

mittel

9,4 km

726 Hm

3 Std.

Auf einen Blick

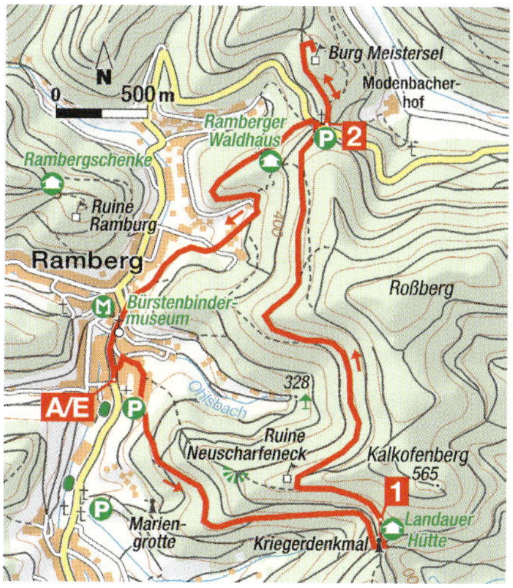

Tourencharakter

Kurzweilige Tour durch den Wald zu zwei bedeutenden Burgen

Ausgangs-/Endpunkt

Ramberg, Parkplatz am Friedhof (302 m)
GPS-Daten: 49.257222, 8.008889

Anfahrt

Auto: Auf A 65 bis Landau-Nord, von dort auf B 10 bis zur Ausfahrt Eußerthal/Ramberg, über Dernbach nach Ramberg. Parken am Friedhof. Bus & Bahn: Mit der Regionalbahn nach Landau oder Albersweiler, weiter mit dem Bus nach Ramberg

Karte

NaturNavi Pfälzerwald 6, Blatt 43-546, 1:25 000

Einkehr

Ramberg, Landauer Hütte, Waldhaus Drei Buchen

Weitere Informationen

Büro für Tourismus, Meßplatz 1,
76855 Annweiler am Trifels
www.suedlicheweinstrasse.de

HOLZFIGUREN AM WEGESRAND

14

St.-Anna-Hütte und Trifelsblickhütte

Die drei Trifelsburgen sind nicht nur aus der Nähe ein Besuchermagnet, auch aus der Ferne sind sie echte »Hingucker«. Unser Weg führt uns aus den Weinbergen oberhalb von Burrweiler zunächst zur St.-Anna-Hütte. Nach einigem Auf und Ab gelangen wir schließlich zur Trifelsblickhütte, die die Sicht auf das Burgen-Dreigestirn freigibt.

Vom **A** Wanderparkplatz führt uns ein Forstweg ansteigend in den Wald hinein. Wir erreichen die letzten Stationen des Kreuzwegs. Dieser beginnt in Burrweiler und führt über 14 Stationen bis zur Kapelle. Er wurde Ende des 19. Jahrhunderts angelegt.

Zur Dreimärker Schutzhütte

Über Treppenstufen gelangen wir anschließend zur St.-Anna-Kapelle. Von dort aus genießen wir den einzigartigen Weitblick über die Oberrheinische Tiefebene, zum Schwarzwald und zum Odenwald. Etwas oberhalb der Kapelle befindet sich die St.-Anna-Hütte. Sie wurde in den Jahren 1926/1927 als Schutzhütte für die Pilger gebaut. Heute wird sie von der Ortsgruppe Burrweiler des Pfälzerwald-Vereins bewirtschaftet. Ihre Öffnungszeiten sind sonntags von 10 Uhr bis 18 Uhr. Hinter der Hütte erwartet uns der nächste Anstieg, unsere Wegmarkierung ist dabei der weiße Punkt. Auf einem breiten Forstweg geht es bergauf, bald darauf haben wir schon die Kuppe erreicht Von dort fällt der Weg zur **1** Schutzhütte Dreimärker ab. Eine der Trifelsburgen, die Ruine Scharfenberg, können wir auf dem Weg zur Hütte erkennen.

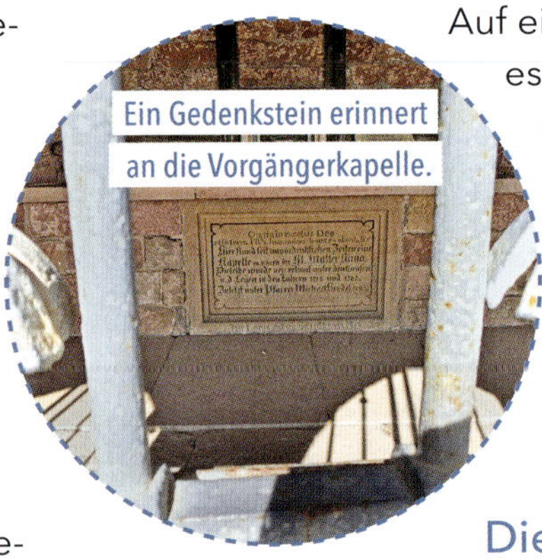
Ein Gedenkstein erinnert an die Vorgängerkapelle.

Die Trifelsburgen

Von der Wegspinne Dreimärker führt der weitere Weg in östlicher Richtung. Unsere Wegmarkierung ist der blaue Balken, alternativ das Weintraubensymbol des Pfälzer Weinsteigs. Der Weg steigt leicht an, unterwegs kommen wir an verschiedenen Arbeiten eines Holzbildhauers vorbei. Daran anschließend erreichen wir schon bald die **2** Trifelsblickhütte. Wie dem Namen zu

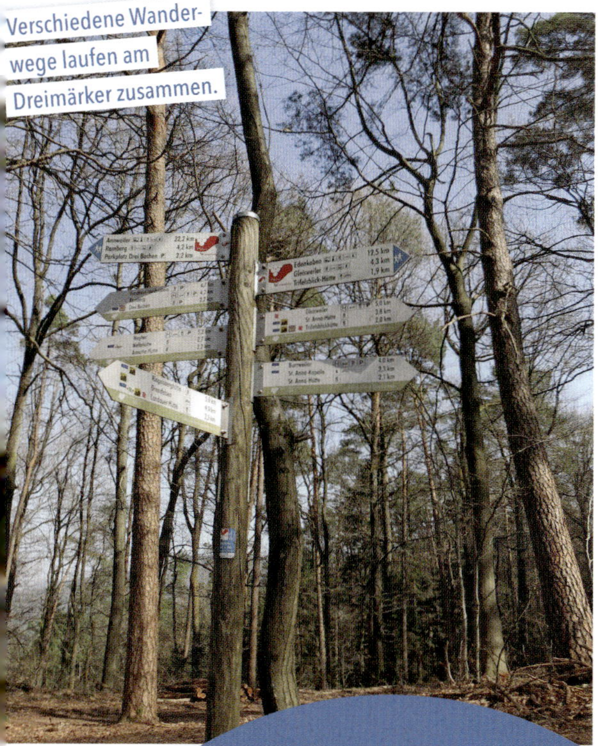

Verschiedene Wanderwege laufen am Dreimärker zusammen.

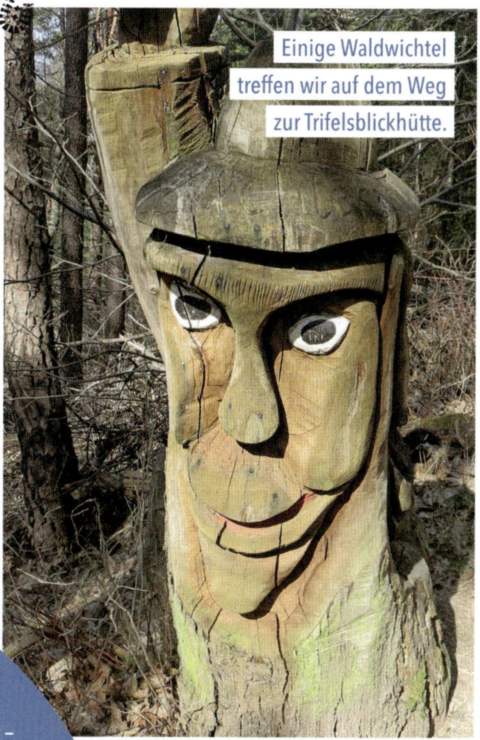

Einige Waldwichtel treffen wir auf dem Weg zur Trifelsblickhütte.

St.-Anna-Kapelle

Die nachweislich erste Kapelle wurde hier 1716 erbaut – ihre Ursprünge reichen weiter zurück. 1756 wird eine neue Kapelle errichtet, denn die alte war zu klein und in schlechtem Zustand. Die Pilgerzahl stieg bald weiter an, 1895 entstand so ein noch größerer Bau mit einer Länge von 23, einer Breite von 11 und einer Turmhöhe von 18 Metern. Seit 1881 bestand der Kreuzweg zur Kapelle. 1896 geweiht, verfügte das Gotteshaus über drei Glocken, die im Ersten und Zweiten Weltkrieg eingeschmolzen wurden. Künstlerisch wertvoll sind der Hochaltar von 1897 sowie die beiden Seitenaltare aus den Jahren 1900 und 1910. Der Schrein des Marienaltars zeigt eine Mondsichelmadonna, der zweite Seitenaltar die »Krönung Mariens«. Die Chorfenster sowie die Fenster des linken und rechten Querschiffs stellen die heilige Anna dar. Wallfahrten finden am 26. Juli, dem Annentag, sowie an Annendienstagen im Juli und August statt.

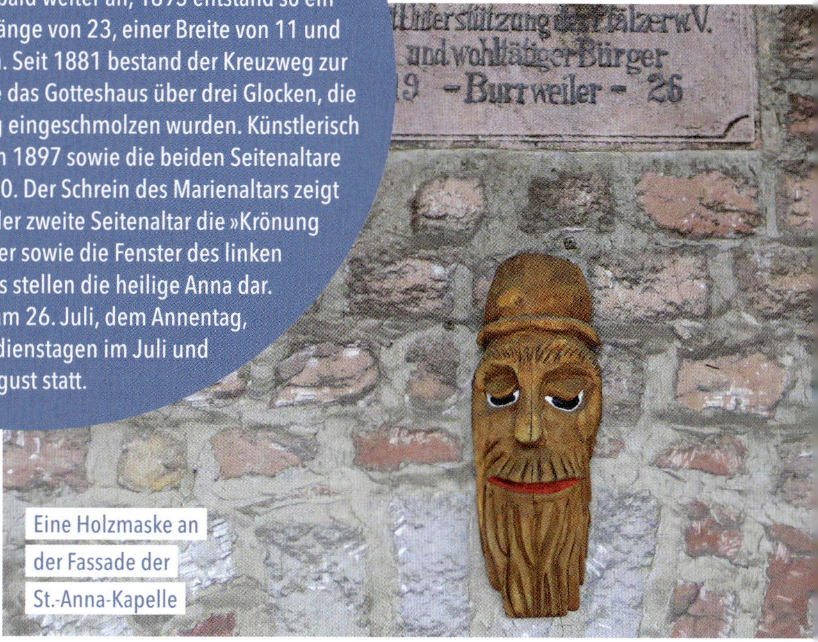

Eine Holzmaske an der Fassade der St.-Anna-Kapelle

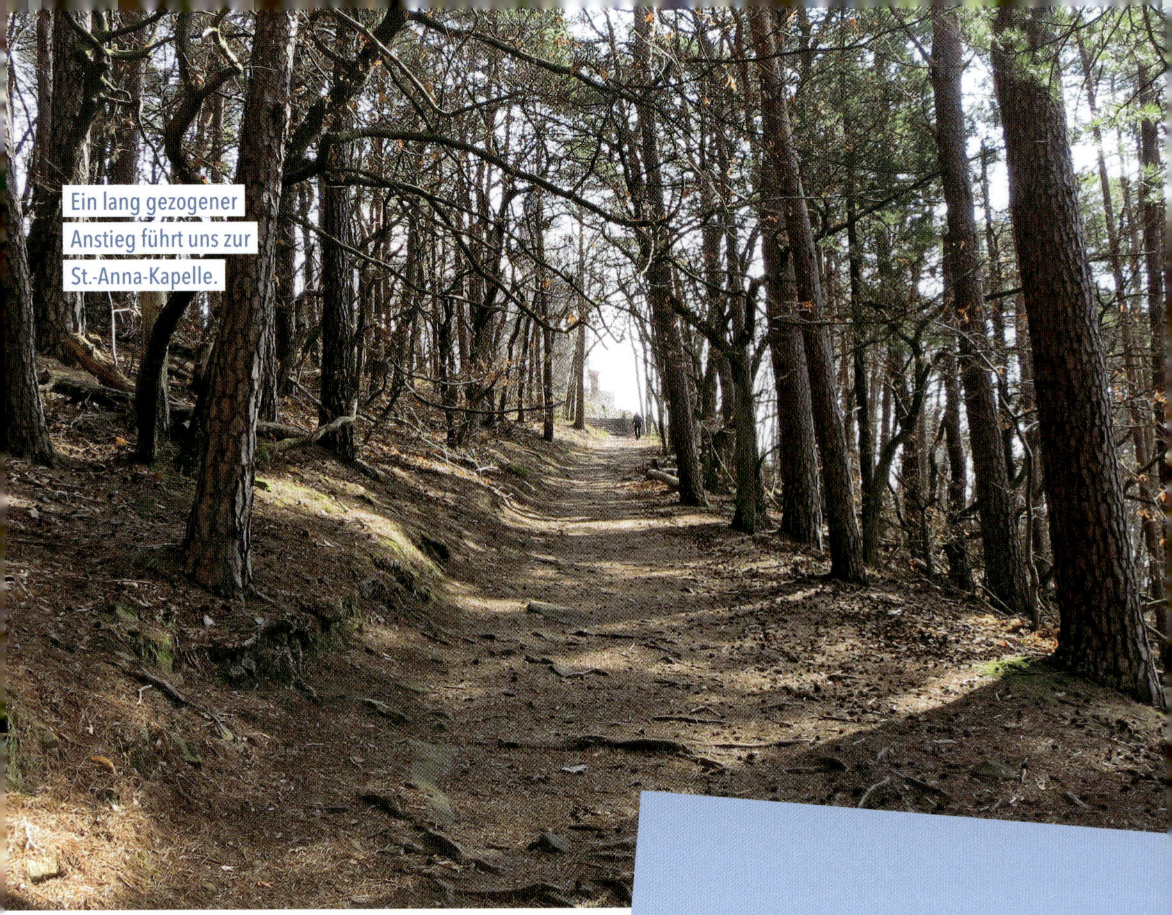

Ein lang gezogener Anstieg führt uns zur St.-Anna-Kapelle.

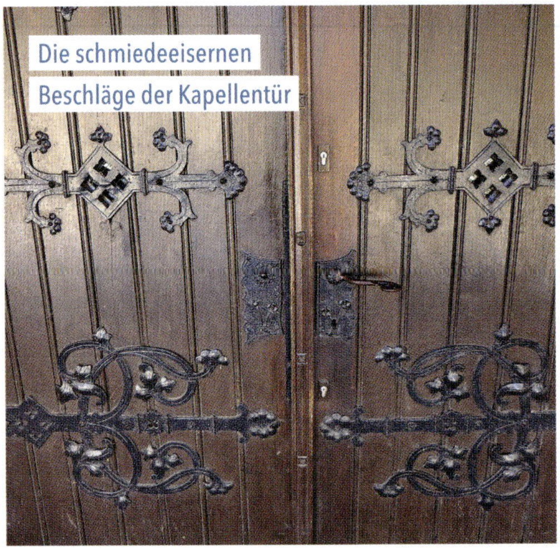

Die schmiedeeisernen Beschläge der Kapellentür

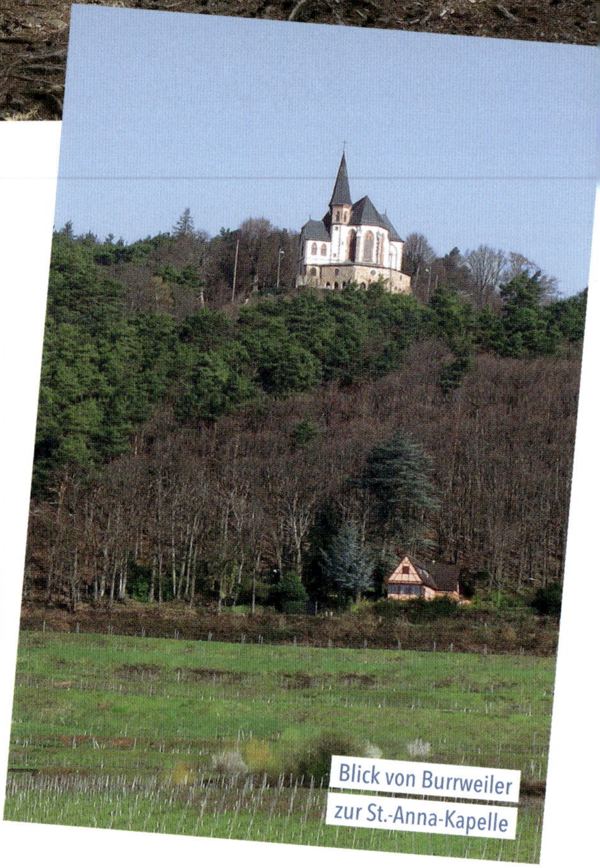

Blick von Burrweiler zur St.-Anna-Kapelle

Zwei Pfälzerwaldhütten mit Aussicht und eine bezaubernde Kapelle machen diese Tour zum Erlebnis.

Die St.-Anna-Kapelle aus nächster Nähe

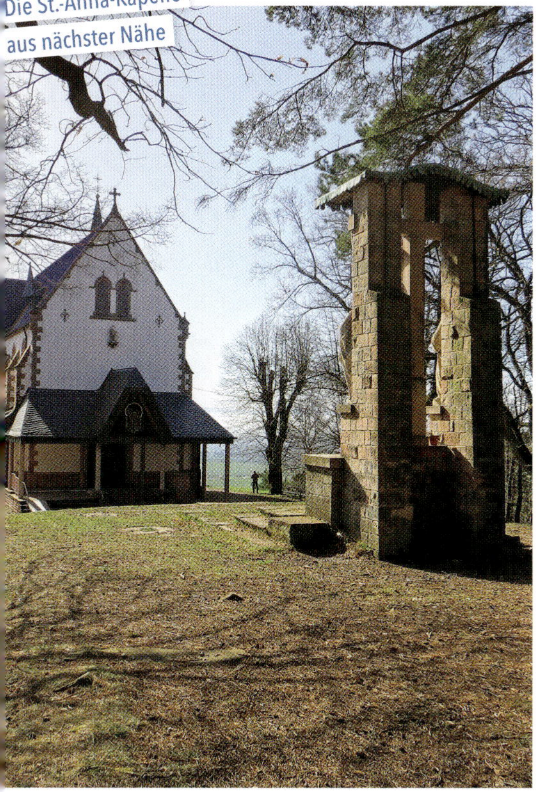

ıntnehmen ist, bietet sich von hier ein be-
aubernder Blick auf das Burgendreigestirn
'rifels, Anebos und Scharfenberg sowie auf
lie Stadt Annweiler. Die Öffnungszeiten
lieser beliebten Pfälzerwaldhütte sind
amstags, sonn- und feiertags jeweils von
.30 bis 18 Uhr. Die Hütte verfügt über
20 Sitzplätze im Innenbereich sowie über
'00 Sitzplätze im Außenbereich. Mit der
ɔisherigen Markierung wandern wir nun
veiter. Der breite Forstweg führt von der
'rifelsblickhütte abwärts, nach ca. einem
ilometer biegen wir auf einem schmalen
Valdweg nach links ab. Auf weiter abfallen-
ler Strecke gelangen wir schließlich wieder
ur St.-Anna-Hütte. Von hier geht es den be-
annten Weg hinunter zum E Waldparkplatz.

mittel

7,2 km

545 Hm

2.15 Std.

Auf einen Blick

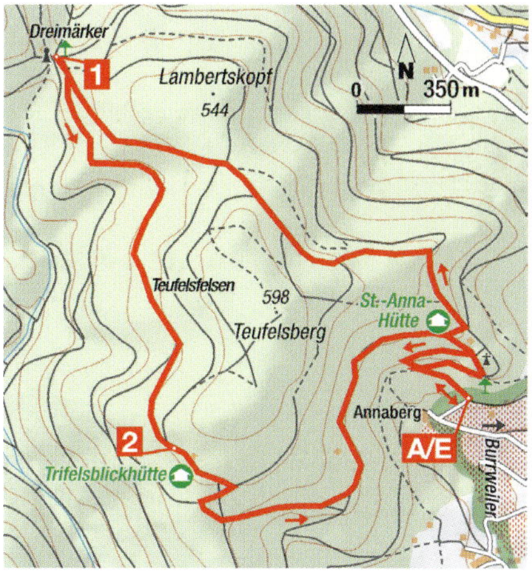

Tourencharakter
Anstieg gleich zu Beginn, dann angenehm zu gehende Tour

Ausgangs-/Endpunkt
St.-Anna-Hütte, Waldparkplatz (368 m)
GPS-Daten: 49.249167, 8.063889

Anfahrt
Auto: Über A 65 und B 10 nach Siebeldingen. Über Frankweiler nach Burrweiler. Dort St.-Anna-Straße bis Weingut St. Anna. Dort führt nach rechts die Straße steil hinauf zum Wanderparkplatz. An Wochenenden ist er stark frequentiert. Bus & Bahn: Vom Bahnhof Landau mit dem Bus nach Burrweiler. Ca. einen Kilometer Fußweg ansteigend zum Wanderparkplatz

Karte
NaturNavi Pfälzerwald 6, Blatt 43-546, 1:25 000

Einkehr
St.-Anna-Hütte, Trifelsblickhütte

Weitere Informationen
Büro für Tourismus, Poststraße 23, 67480 Edenkoben
www.garten-eden-pfalz.de

RAST AN DER »GIPPELSTÜRMERHÜTTE«

15

Auf dem Felsenwanderweg

Der Felsenwanderweg ist das Alleinstellungsmerkmal der Stadt Rodalben. Auf 45 Kilometern führt er an vielen sehenswerten Sandsteinformationen vorbei. Auch auf dieser Kurzversion der Strecke, die wir uns vorgenommen haben, bekommen wir einige schöne Exemplare zu Gesicht.

Das A Hilschberghaus ist ein beliebtes und immer gut besuchtes Wanderheim im Pfälzerwald. Es liegt oberhalb der Stadt Rodalben, die mit 6700 Einwohnern der Sitz der gleichnamigen Verbandsgemeinde ist. Das Hilschberghaus ist von Mittwoch bis Montag ab 12 Uhr geöffnet, dienstags ist Ruhetag. Neben einem großen Schankraum und einem Nebenzimmer verfügt es über eine Terrasse sowie einen Kinderspielplatz. Für Übernachtungsgäste stehen 59 Betten in Zwei- und Mehrbettzimmern zur Verfügung. Weitere Informationen finden sich unter www.hilschberghaus.de.

Zu den Rappenteichfelsen

Wir folgen nun dem Felsenwanderweg. Seine Ursprünge reichen in die 80er-Jahre des vergangenen Jahrhunderts zurück. Um die touristische Attraktivität der Gemeinde zu stärken, wurde der Rundweg damals angelegt. Er führt auf 45,3 Kilometern Länge meist oberhalb der Stadt vorwiegend durch Waldgebiet. Die Orientierung erfolgt durch Wanderzeichen mit dem Buchstaben F, für Felsenwanderweg, sowie durch fortlaufend nummerierte Holzpfosten. Die Strecke verläuft unterhalb des Hilschberghauses in östliche Richtung. Hoch über dem Rodalber Stadtteil Lohn geht es auf einem Waldweg mit wenig Höhenunterschieden

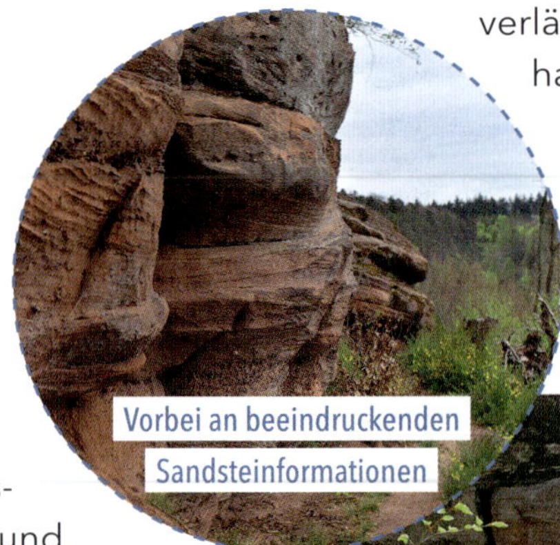

Vorbei an beeindruckenden Sandsteinformationen

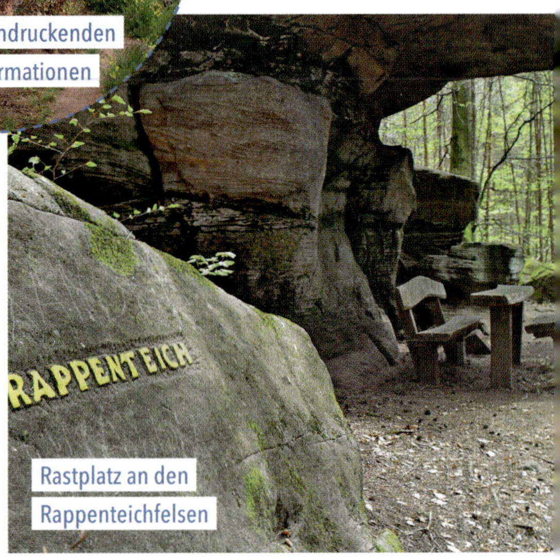

Rastplatz an den Rappenteichfelsen

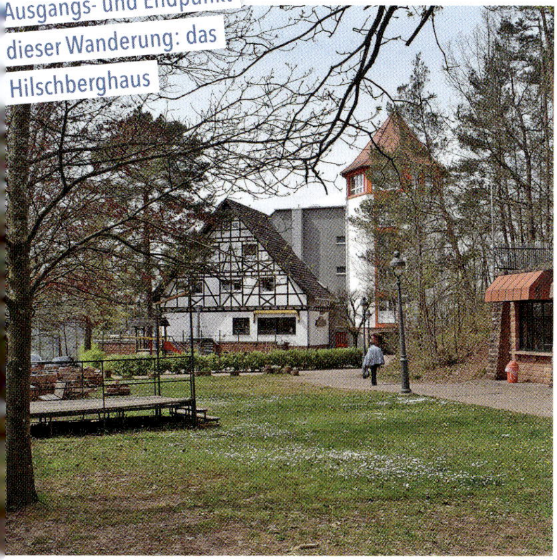

Ausgangs- und Endpunkt dieser Wanderung: das Hilschberghaus

oran. Bald erreichen wir mit dem Saufelsen nser erstes Etappenziel. Er ist der erste der harakteristischen Buntsandsteinfelsen, die uf dieser bekannten Tour zu bewundern ind. Am folgenden Felsen »Am Rappeneich« erwartet uns eine Rastbank unter inem überstehenden Felsen. Weiter geht s zum »Hinteren Rappenkopf«. Beim 1 Pfosten mit der Nummer 38 verzweigt ich der Weg. Wir wandern jetzt nach Norden, Richtung Kuhfelsen.

ie »Gippelstürmerhütte«

Vir laufen durch einen schönen Baumbetand leicht bergauf. Nach einigen Kehren st bald schon die 2 Gippelstürmerhütte zu ehen. Diese im Jahr 2012 errichtete chutzhütte liegt in 345 Metern Höhe. Hier erlassen wir den Felsenwanderweg und olgen am Pfosten 40 den Schildern. Diese veisen den direkten Weg zum Hilschbergaus. Der Weg steigt jetzt etwas an. Wir ereichen den Wanderparkplatz an der Lanesstraße 482. Dort führt ein breiter Vanderweg auf einer langen Geraden zuück zu unserem E Ausgangspunkt.

leicht

6,9 km

222 Hm

2 Std.

Auf einen Blick

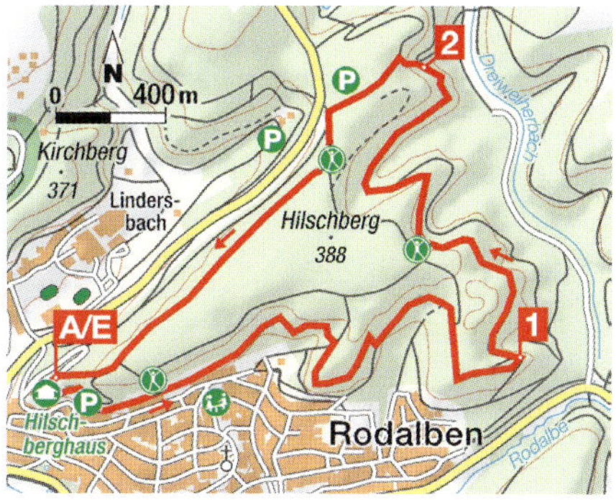

Tourencharakter
Einfache Rundwanderung mit geringen Höhenunterschieden oberhalb des Hilschberghauses

Ausgangs-/Endpunkt
Hilschberghaus Rodalben (326 m)
GPS-Daten: 49.241111, 7.643611

Anfahrt
Auto: Von Norden auf der Autobahn 62 bis Thaleischweiler-Fröschen, dann weiter nach Rodalben. Von Landau auf der Bundesstraße 10 bis Münchweiler an der Rodalb, dann weiter nach Rodalben, über die Lindersbachstraße zum Hilschberghaus. Parkplätze am Hilschberghaus
Bus & Bahn: Mit der Regionalbahn von Landau, Kaiserslautern oder Saarbrücken nach Rodalben. Vom Bahnhof ca. 1,8 Kilometer Fußweg ansteigend zum Hilschberghaus

Karte
NaturNavi Pfälzerwald 5, Blatt 41-546, 1:25 000

Einkehr
Hilschberghaus

Weitere Informationen
Tourist-Information Gräfensteiner Land, Am Rathaus 9, 66976 Rodalben
www.rodalben.de

ZUR FELDBAHN AM FLUSSUFER

16

Rheindamm-Tour bei Germersheim

Geht es im Pfälzerwald meist den Berg hinauf oder hinunter, so haben wir entlang des Rheins kein Problem mit Höhenunterschieden. Während wir entspannt am Fluss entlangschlendern, können wir die talauf und talab fahrenden Schiffe beobachten. Eine ehemalige Ziegelei mit Feldbahn bringt Abwechslung in den Wandertag.

Vom Ⓐ Kreisverkehr am Bahnhaltepunkt Germersheim-Mitte/Rhein überqueren wir die Stadtbahngleise und laufen unter der Bahnbrücke hindurch. Geradeaus geht es zum Rheinuferpark. Von der dortigen Aussichtsplattform bietet sich uns zum einen der Blick auf die Eisenbahnbrücke Germersheim und zum anderen auf die Anlegestelle der Fahrgastschiffe.

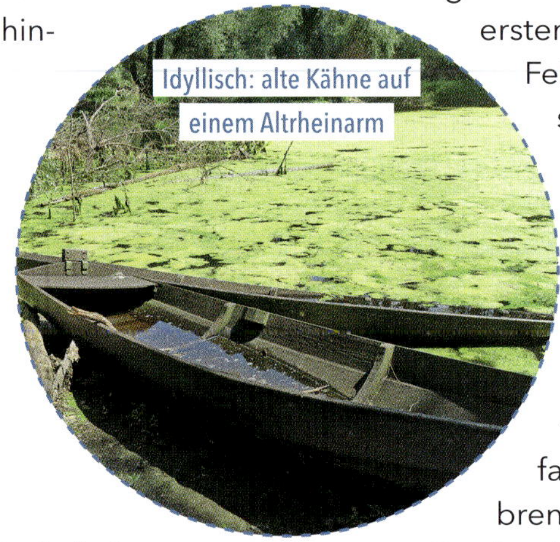

Idyllisch: alte Kähne auf einem Altrheinarm

Zur alten Ziegelei

Wir unterqueren die Eisenbahnbrücke der Strecke Germersheim–Graben-Neudorf. Der Weg führt nach Süden und damit rheinaufwärts. Der Anstieg ist minimal, auf dem befestigten Weg kommen wir rasch vorwärts. Erstes Etappenziel ist nach rund dreieinhalb Kilometern ein direkt am Rhein gelegenes Industriedenkmal: Die ❶ Sondernheimer Ziegelei. Dort begann man Mitte des 19. Jahrhunderts mit der Herstellung von Handstrichbacksteinen. Die ersten Ziegel wurden noch in Feldbrandöfen produziert, später wurde auf eine maschinelle Fertigung in Ringbrandöfen umgestellt. Die Ziegelei wurde bis zum Jahr 1976 betrieben, heute befindet sie sich in Privatbesitz. Als seltene und fast völlig erhaltene Ziegelbrennhütte wurde sie unter Denkmalschutz gestellt. Um das Jahr 2000 wurde die Ziegelei saniert und die Feldbahnanlage instand gesetzt. Die Spurweite beträgt 600 mm und die Gleisstrecke misst knapp 1,5 Kilometer.
Die Anlage kann nach Voranmeldung besichtigt werden. Weitere Infos unter www.ziegelei-sondernheim.de.

Schleuse und Altrheinarme

Der Weg führt jetzt vom Rhein weg in westliche Richtung. An einer Kreuzung gehen wir auf dem Hochwasserdamm nach Süden. Der Weg verläuft dabei parallel zu einem Altrheinarm. Nach etwas mehr als einem Kilometer erreichen wir die Hütte Sondernheim des Pfälzerwald-Vereins. Das sogenannte **2** Schleusenhaus, an einer Altrheinarmschleuse gelegen, ist meist mittwochs, samstags und sonntags geöffnet. Die genauen Öffnungszeiten finden sich unter www.pwv-sondernheim.de. Wenige Meter hinter der Ausflugshütte erreichen wir das eigentliche Schleusenhaus. Dort werfen wir einen Blick auf den wunderschönen Altrheinarm.

Über den Hochwasserdamm

Wir wandern zurück bis zur letzten Wegkreuzung. Alternativ können wir einfach den interessanten Weg am Rhein entlang zurückgehen. Es bietet sich aber auch der Rheindamm als Möglichkeit für den Rückweg an. Dieser führt zurück bis zur Eisenbahnbrücke. Von dort kommen wir auf bekanntem Weg zurück zum Endpunkt der Wanderung an der **E** Stadtbahnhaltestelle Germersheim-Mitte/Rhein.

Die alte Ziegelei von Sondernheim steht unter Denkmalschutz.

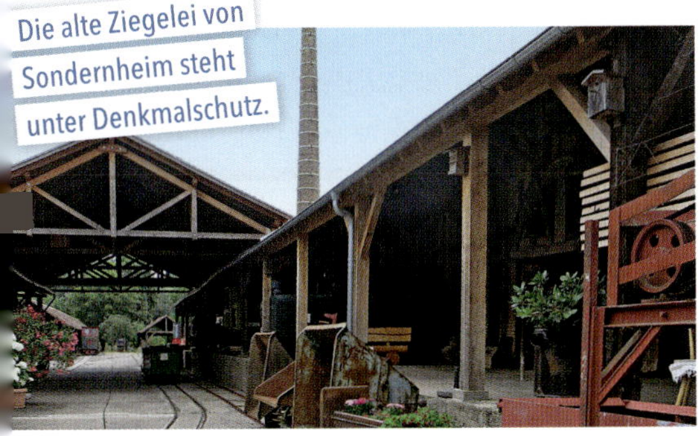

leicht

9,9 km

6 Hm

2.30 Std.

Auf einen Blick

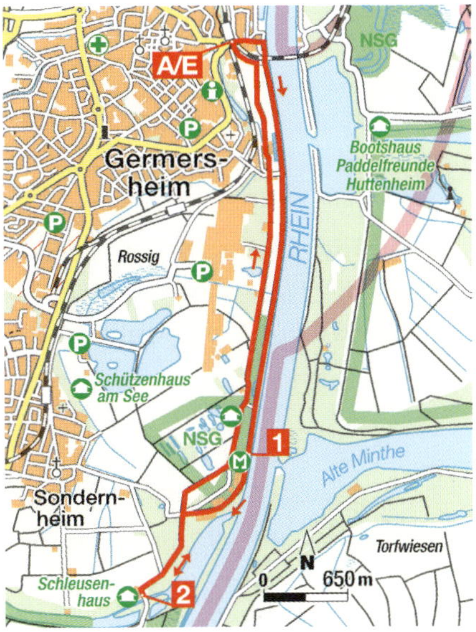

Tourencharakter
Einfache und unterhaltsame Wanderung

Ausgangs-/Endpunkt
Germersheim, Parkplatz Germersheim Mitte (100 m); GPS-Daten: 49.219167, 8.379167

Anfahrt
Auto: B 9 oder B 35 bis zum Kreisverkehr an der Rudolf-von-Habsburg-Straße in Germersheim mit vielen Stellplätzen. Bus & Bahn: Regionalbahn von Karlsruhe oder Speyer nach Germersheim. Stadtbahn bis Germersheim-Mitte/Rhein

Karte
Topografische Karten 1:25 000 6716 Germersheim und 6816 Graben-Neudorf

Einkehr
Germersheim, Ziegeleimuseum, Schleusenhaus

Weitere Informationen
Tourismus-, Kultur- und Besucherzentrum, Paradeplatz 10, 76726 Germersheim
www.germersheim-erleben.eu

ZUR HISTORISCHEN WALDDUSCHE

17

Ringelsberghütte und Orensfelsen

Die Ringelsberghütte und die Landauer Hütte sind zwei bekannte Hütten des Pfälzerwald-Vereins. Weniger bekannt ist die deutschlandweit einzigartige Walddusche aus dem 19. Jahrhundert. Einen besonders guten Weitblick genießen wir von den Orensfelsen.

Am **A** Wanderparkplatz Frankweiler orientieren wir uns an der Markierung mit dem blau-weißen Balken. Dieser folgend, erreichen wir nach einem ersten Anstieg eine Abzweigung. Geradeaus geht es weiter zur Ringelsberghütte. Sie hat sonntags von 10 bis 18 Uhr, außerdem unregelmäßig an Feiertagen und in den Schulferien geöffnet. Weitere Infos gibt es unter www.pwv-frankweiler.de. Von der Hütte eröffnet sich ein schöner Rundblick über das Rheintal.

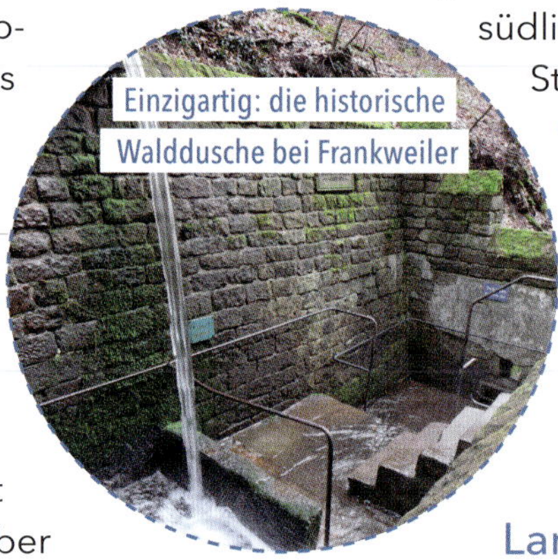

Einzigartig: die historische Walddusche bei Frankweiler

Zu den Orensfelsen

Wir gehen zurück zum Weg mit der Markierung blau-weißer Balken. Diesem folgen wir in nördliche Richtung. Nächstes Etappenziel ist die Kirschbaumhütte – es handelt sich dabei um eine einfache Schutzhütte. Ihr Standort ist als Rettungspunkt 6714-336 gekennzeichnet. Der Waldweg steigt jetzt noch einmal an und ab der nächsten Wegverzweigung folgen wir dem Pfälzer Weinsteig zunächst in westliche, später in südliche Richtung. Am Ende der Steigung erreichen wir die **1** Orensfelsen. Von der Aussichtsplattform haben wir eine besonders gute Aussicht zu den Trifelsburgen oberhalb von Annweiler, auf das Queichtal und auf das Rheintal.

Landauer Hütte und Walddusche

Unsere Tour führt anschließend mit wenigen Höhenunterschieden nach Norden. Am Wegesrand sind nur noch einige wenige Reste des Ringwalls einer ehemaligen Fliehburg aus dem 8. Jahrhundert zu sehen. Wir kommen an einem Startplatz für Gleitschirmflieger vorbei. Die Strecke fällt nun ab, bald darauf haben wir die Landauer Hütte am Zimmerbrunnen erreicht. Die Hütte ist ein immer gut besuchter Treffpunkt von Wanderern – sie hat samstags, sonntags und feiertags von 10.30 bis 18 Uhr geöffnet.

Gut gestärkt, achten wir auf die Wegmarkierung rot-weißer Balken, als wir wieder vor die Hütte treten. Dieses Symbol führt uns hinunter ins Tal des Hainbachs. Schon bald bemerken wir einen Bewässerungskanal, der seitlich am Weg entlangführt. Dieser Kanal speist die **2** historische Walddusche, zu der wir kurz darauf gelangen. Die ehemalige Walddusche war in den Jahren 1849 bis 1870 als Teil einer Kaltwasserheilanstalt in Betrieb. Ausgegraben und wieder restauriert wurde das Kulturdenkmal in den Jahren 1992 bis 1996. Die Walddusche kann heute noch benutzt werden. Die Wassertemperatur beträgt zwischen acht und zwölf Grad Celsius. Bald danach verlassen wir den Wald und erreichen Frankweiler. Über die Ringelsbergstraße kommen wir nach einem kurzen Schlussanstieg wieder zu unserem Ausgangspunkt, dem **E** Wanderparkplatz Frankweiler.

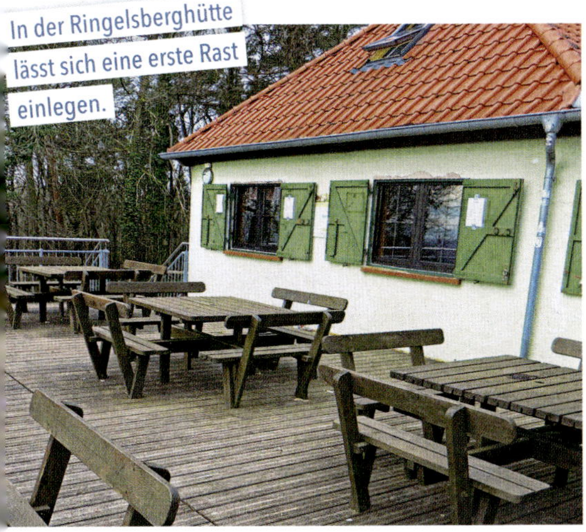
In der Ringelsberghütte lässt sich eine erste Rast einlegen.

leicht | 8,6 km | 614 Hm | 2.45 Std.

Auf einen Blick

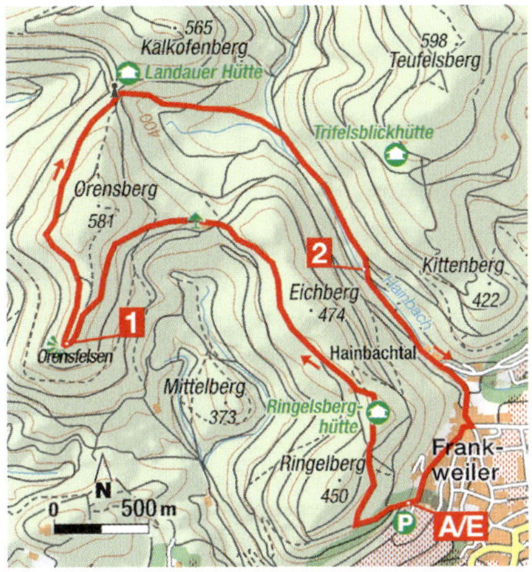

Tourencharakter

Auf bequemen Waldwegen geht es oberhalb des Rheintals zu zwei beliebten Pfälzerwaldhütten. Die Wanderung führt ausschließlich durch Waldgebiet.

Ausgangs-/Endpunkt

Frankweiler, Wanderparkplatz (328 m)
GPS-Daten: 49.228889, 8.048889

Anfahrt

Auto: Auf der Bundesstraße 10 bis Siebeldingen, dann auf L508/507 bis Frankweiler. Über die Frankenburg- und Ringelsbergstraße zum Wanderparkplatz. Bus & Bahn: Mit dem Bus von Landau nach Frankweiler

Karte

NaturNavi Pfälzerwald 6, Blatt 43-546, 1:25 000

Einkehr

Ringelsberghütte, Landauer Hütte, Frankweiler

Weitere Informationen

Büro für Tourismus Landau-Land, Hauptstraße 4, 76829 Leinsweiler
■ *https://landauland.suedlicheweinstrasse.de*

VOM ENGLISCHEN KÖNIG IM KERKER

18

Hinauf zum Trifels

Der Trifels ist nach dem Hambacher Schloss der größte Touristenmagnet in der Pfalz. Diese Tour führt uns von der Innenstadt Annweilers zu den Kletterfelsen hoch über der Stadt. Die Burgen Scharfenberg und Anebos liegen auf dem Weg zur Burg Trifels. Dort haben wir eine großartige Sicht über den Pfälzerwald und gewinnen zugleich Einblicke in die Geschichte der Staufer und Salier.

Vom Ⓐ Bahnhof in Annweiler laufen wir die Bahnhofstraße ein Stück in westliche Richtung und biegen dann nach links in die kurze Stichstraße ab. Diese führt zur Saarlandstraße. Wir folgen ihr, bis sie nach 200 Metern nach links abknickt.

Zur Klettererhütte

Wir gehen ein Stück nach rechts und dann gleich in die Burgstraße nach links – auf dieser gelangen wir zum Bindersbach. Diesen kleinen See passieren wir auf dessen rechter Seite, auf der Markwardstraße wandern wir weiter bergauf. In einer Kurve geht diese in die Bannenbergstraße über. Nachdem wir etwa 350 Meter weiter die ansteigende Straße hinaufgelaufen sind, erkennen wir auf der linken Seite der Straße einen Feldweg, der nach links abgeht. Dieser führt uns unterhalb des Trifels-Gymnasiums in südlicher Richtung weiter bergauf. Am Waldrand angekommen, folgen wir dem Weg nach rechts. Wir befinden uns jetzt oberhalb des zum Gymnasium gehörenden Sportplatzes. Kurz danach biegen wir nach links ab, der Weg steigt weiter an. Wir erreichen eine Wegkreuzung, wenden uns nach rechts und folgen den Schildern, die uns zur ❶ Klettererhütte bringen. Sie ist bewirtschaftet und ein Versorgungspunkt für die Kletterer am nahen Asselstein. Geöffnet hat sie von Mittwoch bis Sonntag zwischen 11 und 18 Uhr. Weitere Infos finden sich unter www.klettererhütte.de.

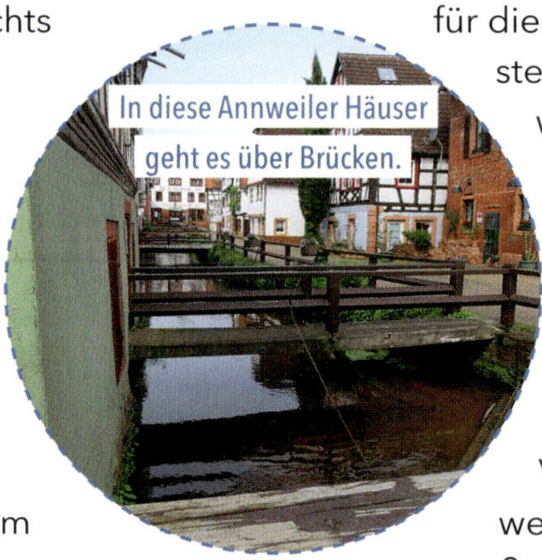
In diese Annweiler Häuser geht es über Brücken.

Anebos, Scharfenberg und Trifels

Von der Hütte gehen wir die wenigen Meter bis zur Kreisstraße und überqueren sie. Auf der anderen Seite der Straße finden wir die Markierung grünes Dreieck. Mit dieser gelangen wir auf einem Wanderweg etwas oberhalb der Straße bis zum Windhof. Dort teilt sich die Kreisstraße. Zwischen den beiden Fahrbahnen gehen wir den

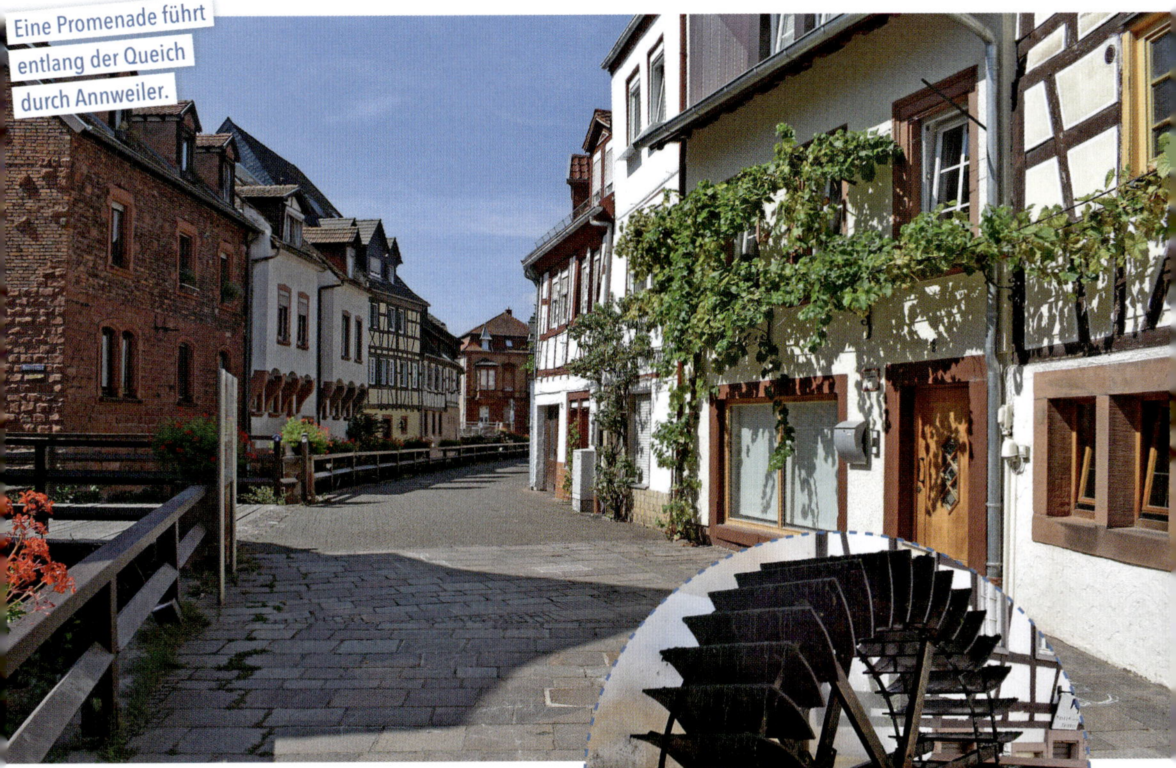

Eine Promenade führt entlang der Queich durch Annweiler.

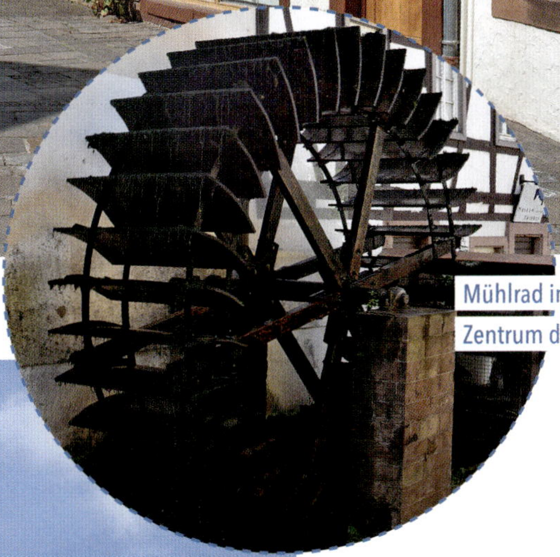

Mühlrad im Zentrum der Stadt

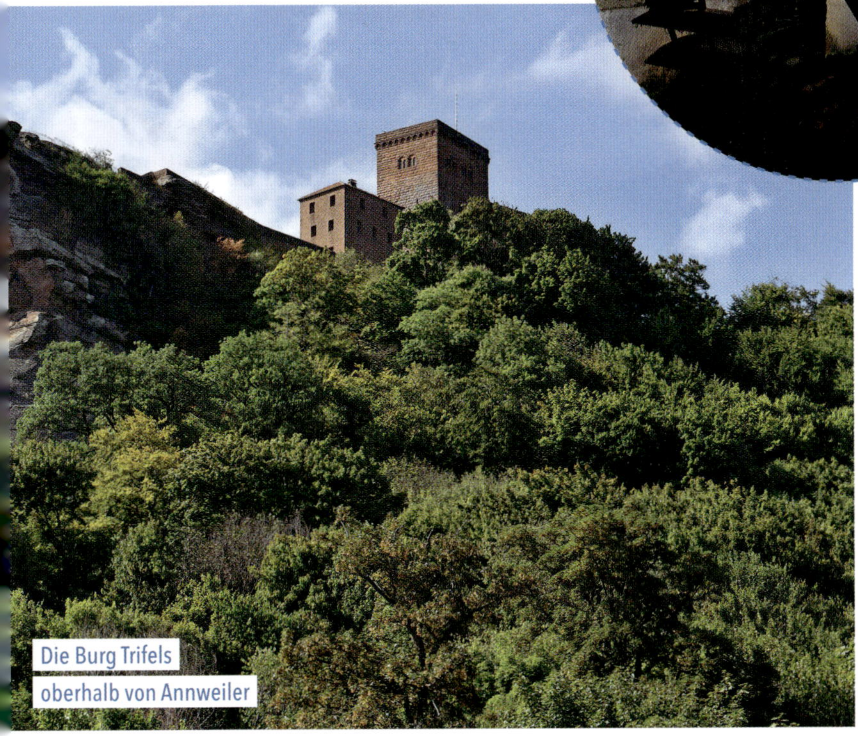

Die Burg Trifels oberhalb von Annweiler

mittel

9,3 km

614 Hm

3 Std.

Auf einen Blick

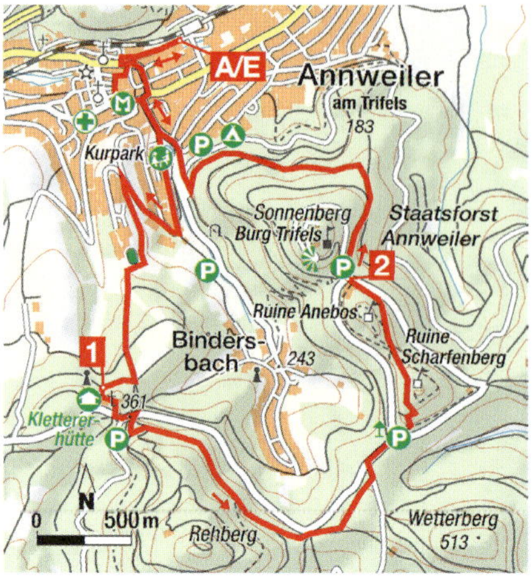

Tourencharakter

Ein lang gezogener Anstieg führt uns zur Klettererhütte. Von dort geht es mit wenig Höhenunterschieden zu den drei Burgen Scharfenberg, Anebos und Trifels.

Ausgangs-/Endpunkt

Annweiler am Trifels (182 m)
GPS-Daten: 49.205000, 7.966111

Anfahrt

Auto: Auf der Bundesstraße 10 von Landau oder Pirmasens nach Annweiler am Trifels. Parkplätze am Bahnhof
Bus & Bahn: Mit der Regionalbahn von Landau oder Pirmasens nach Annweiler am Trifels

Karte

NaturNavi Pfälzerwald 6, Blatt 43-546, 1:25 000

Einkehr

Annweiler am Trifels, Klettererhütte, Trifels

Weitere Informationen

Tourist-Information Annweiler am Trifels, Meßplatz 1, 76855 Annweiler
www.vg-annweiler.de

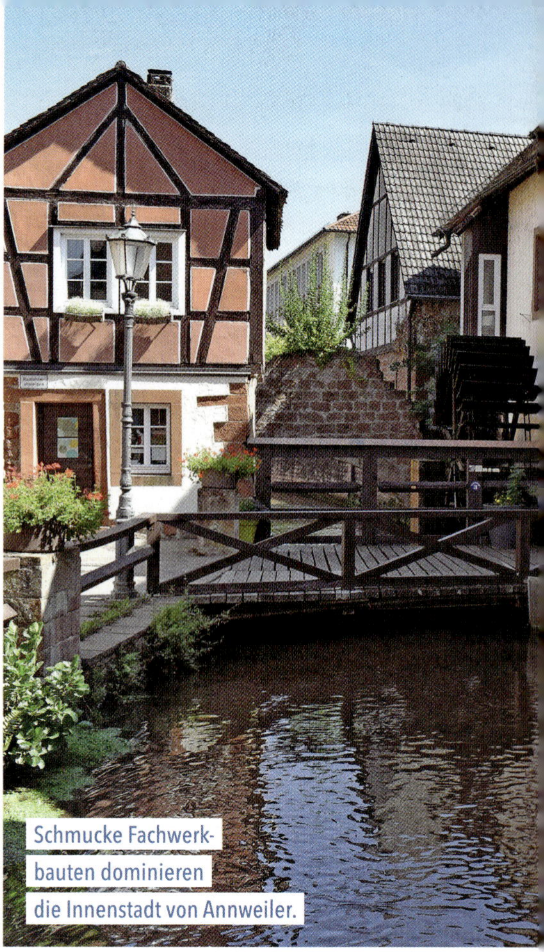

Schmucke Fachwerkbauten dominieren die Innenstadt von Annweiler.

ansteigenden Weg geradeaus weiter, von rechts stößt der Pfälzer Weinsteig zu unserem Weg. Der Weinsteigmarkierung folgen wir nach links weiter. Der Weg führt unterhalb von den Ruinen Scharfenberg und Anebos entlang. Wer sie sich anschauen möchte, folgt den Wegweisern und kehrt auf demselben Weg zurück zum Hauptweg. Wir erreichen nun den Parkplatz für die Besucher des **2** Trifels. Anschließend gehen wir den ausgeschilderten Weg hinauf zur Burg. Sie kann vom 15. März bis Ende Oktober täglich außer Montag besichtigt werden.

Die Burg Trifels wurde im 11. Jahrhundert unter den Saliern erbaut. An- und Umbauten erfolgten unter dem Herrschergeschlecht der Staufer. Zum Bau wurde der

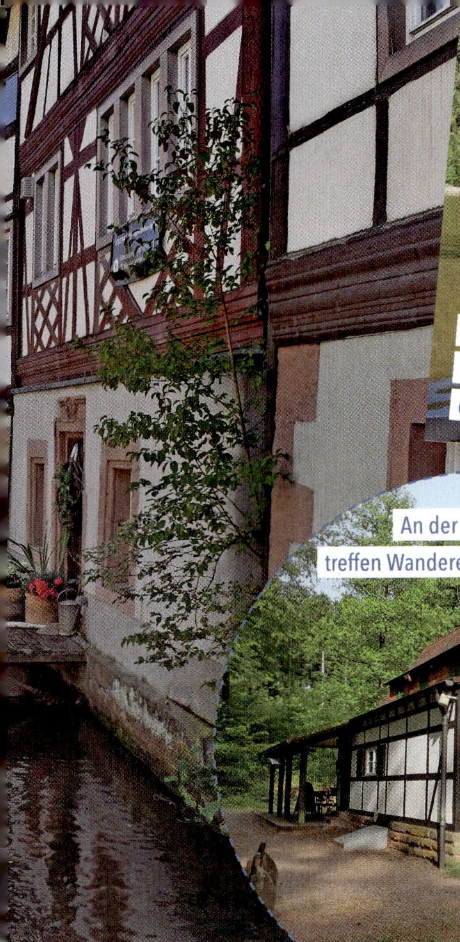

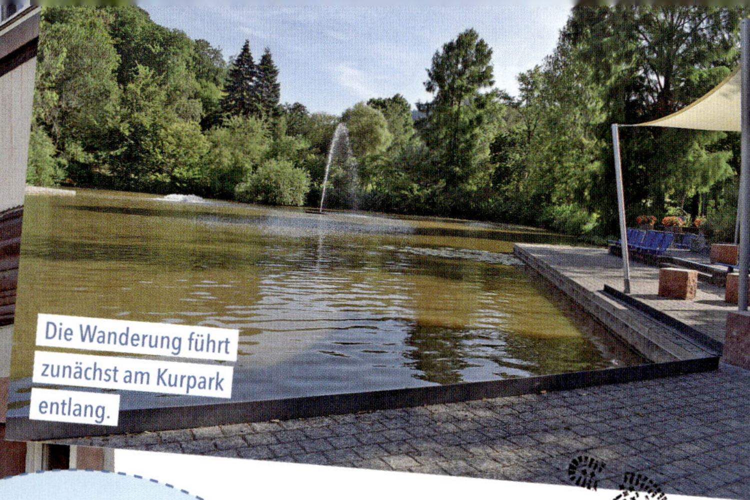

Die Wanderung führt zunächst am Kurpark entlang.

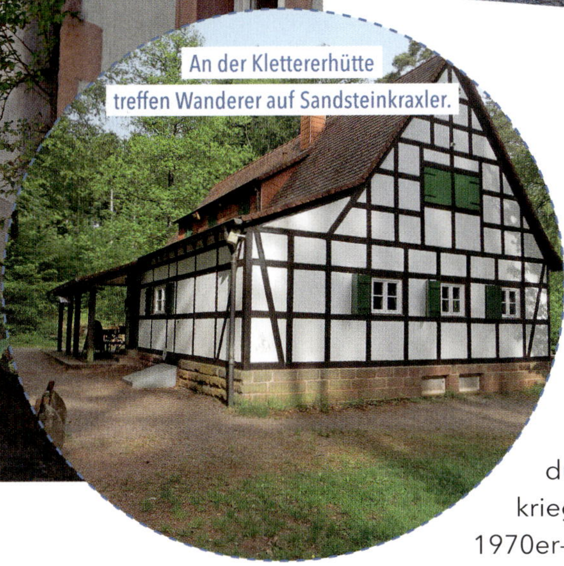

An der Klettererhütte treffen Wanderer auf Sandsteinkraxler.

ɔrtliche Buntsandstein in Form ·on glatten bzw. Buckelquadern verwendet. ·m 12. Jahrhundert wurden in der Burg die ₹eichskleinodien, also Reichszepter, Reichs-;chwert und Reichskreuz, aufbewahrt. Re-ɔliken sind in der Burg ausgestellt, die Ori-ginale befinden sich in Wien. Geschichte geschrieben hat auch der Aufenthalt des englischen Königs Richard Löwenherz, der nach seiner Gefangennahme auf den Trifels gebracht wurde. 1194 wurde er gegen Zah-ung eines Lösegelds wieder freigelassen. m 17. Jahrhundert schlug der Blitz in das Bauwerk ein und es brannte ab. In der Fol-gezeit diente die Anlage als Steinbruch. Erst im 20. Jahrhundert begann die Rekons-ruktion. Da die Originalpläne der Burg nicht mehr zur Verfügung standen, wurde sie in idealisierender Form wiederaufgebaut. Die Arbeiten, unterbrochen durch den Zweiten Weltkrieg, wurden erst in den 1970er-Jahren beendet.

Zurück nach Annweiler

Am Parkplatz folgen wir der Markierung weißes Dreieck bergab. Der Weg führt um die Burg herum, dann gelangen wir beim kleinen Kurpark wieder in bebautes Gebiet. Wie auf dem Herweg wandern wir ein Stück den Burgweg entlang. An seinem Ende gehen wir aber nach links durch die Hauptstraße zum Rathaus und weiter zur Wassergasse. Diese führt, gesäumt von Fachwerkbauten, an der Queich entlang. Beim historischen Mühlrad befindet sich das Museum unter dem Trifels – es hat sonntags von 11 bis 17 Uhr geöffnet. Von dort sind es nur noch wenige Meter bis zum E Bahnhof der Stadt Annweiler.

AUF DEN SPUREN URALTER EISENRÄDER

19

Zur Ruine Falkenburg

Wilgartswiesen gilt als älteste Ansiedlung im Queichtal. Bei dieser Wanderung stoßen wir auf die Falkenburg, auf eine erhaltene Wolfsgrube sowie auf die Falkenburger Steige. Dies ist ein Anstieg, den schon Kelten und Römer genutzt haben – die Spurrillen von den einst verwendeten Eisenrädern sind bis heute zu erkennen.

Vom A Bahnhof Wilgartswiesen orientieren wir uns in Richtung der evangelischen Kirche des Ortes. Mit ihren Doppeltürmen ist sie ein Wahrzeichen des Queichtales.

Zur Wolfsgrube

Wir folgen der Bahnhofstraße nach rechts zur kleinen Ortsmitte. Am Rathaus überqueren wir die Hauptstraße und biegen nach wenigen Metern nach rechts in die Herrengasse ein. Diese geht in nördlicher Richtung ansteigend in die Sportplatzstraße über. Wir kommen am Übungsgelände des TSV Wilgartswiesen vorbei und betreten den Wald. Nun geht es weiter bergauf – bald schon erreichen wir den Rettungspunkt 6713-244. Rechts des Weges befindet sich die sogenannte 1 Wolfsgrube. Der nachweislich letzte Wolf wurde in der Pfalz im Jahr 1908 erlegt. Die Grube war einst tiefer, später wurde sie zur Sicherheit aufgefüllt.

Zum Wasgaublick

Am Rettungspunkt wenden wir uns nach links und folgen dem Wanderzeichen »Wilgartwiesener Burgen Tour«. Etwa 500 Meter gehen wir auf einem Naturpfad weiter ansteigend in den Wald hinein. Der Weg dreht unterwegs in südwestliche Richtung und folgt jetzt dem der Gemeinde Wilgartswiesen zugewandten Höhenrücken. Vereinzelt eröffnen sich Ausblicke auf die im Tal liegende Stadt. Der Weg dreht schließlich nach Norden und wir erreichen in 385 Metern Höhe die Schutzhütte Breitenberg. Dort befindet sich der Rettungspunkt 6713 241. Wir lassen die schlichte Holzhütte zu unserer Linken liegen und wandern auf dem jetzt breiten Forstweg in westliche Richtung. Mit nur geringen Anstiegen gelangen wir nach weiteren 1,5 Kilometern Wegstrecke zum Orientierungpunkt 2 »Wasgaublick«. Es handelt sich dabei um eine etwas oberhalb des Weges befindliche Sitzgruppe. Von hier aus haben wir einen schönen Fernblick auf die Bergketten des südlichen Pfälzerwalds.

Hinauf zur Burgruine

Nach weiteren 300 Metern Wegstrecke stoßen wir auf die Kreisstraße 56. Wer sich für Geschichte interessiert, sollte die Straße überqueren. Ein Ritterstein weist dort auf

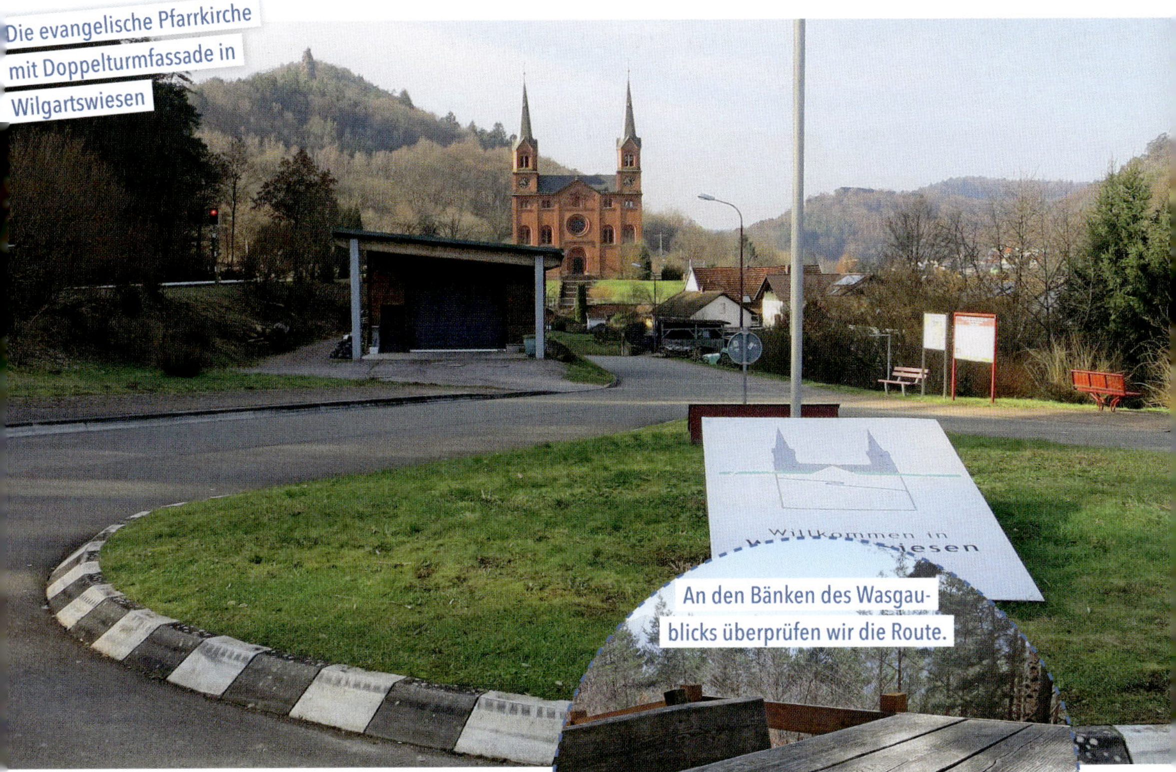

Die evangelische Pfarrkirche mit Doppelturmfassade in Wilgartswiesen

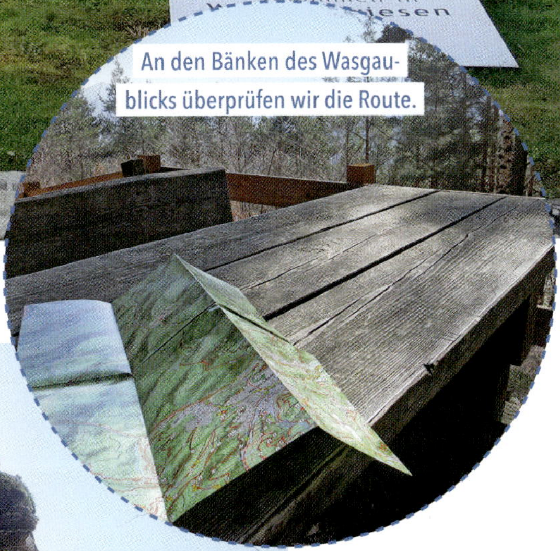

An den Bänken des Wasgaublicks überprüfen wir die Route.

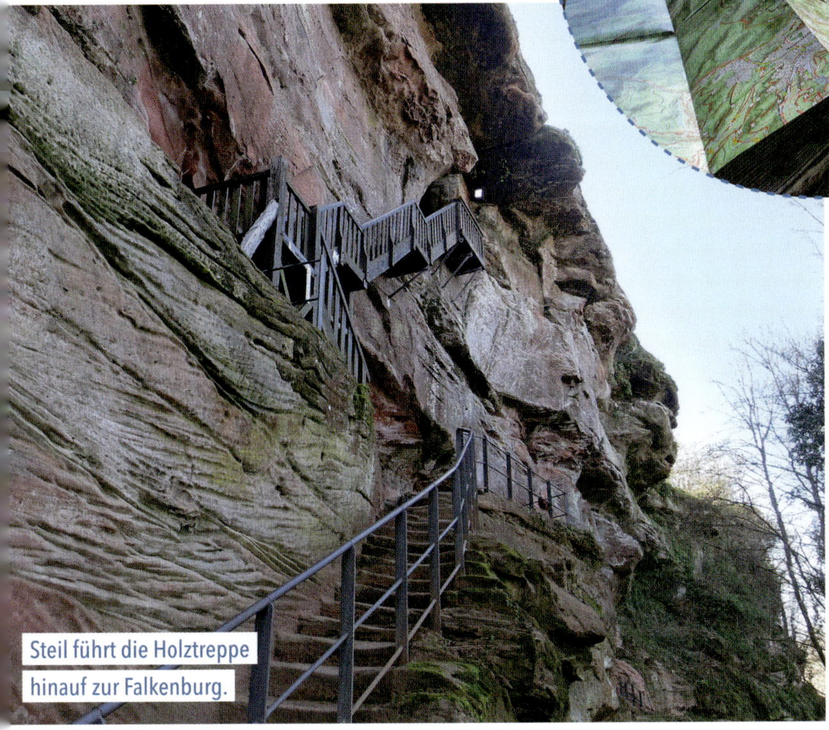

Steil führt die Holztreppe hinauf zur Falkenburg.

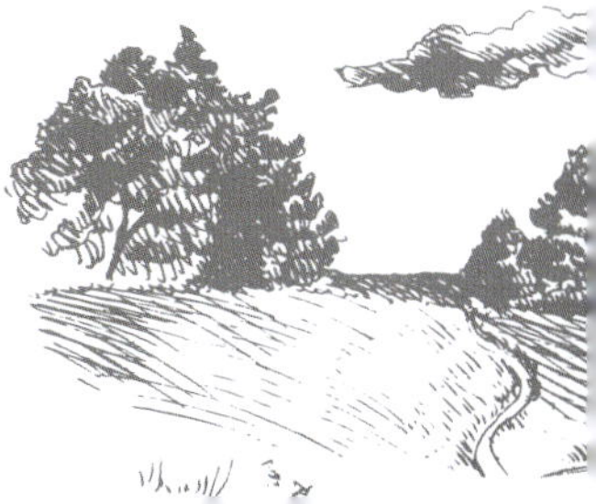

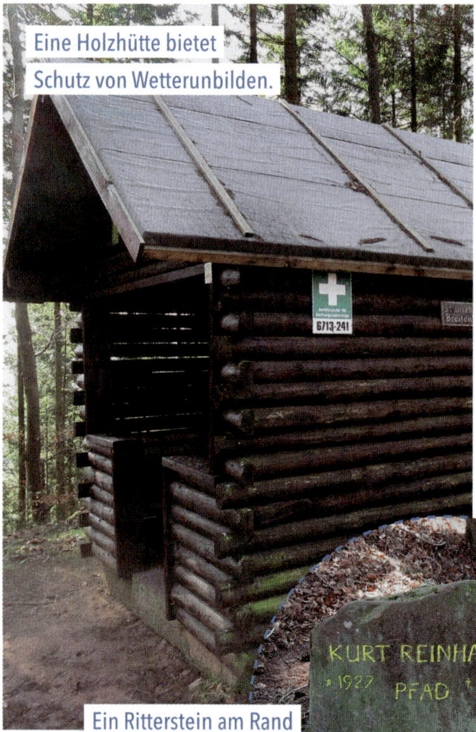

Eine Holzhütte bietet Schutz von Wetterunbilden.

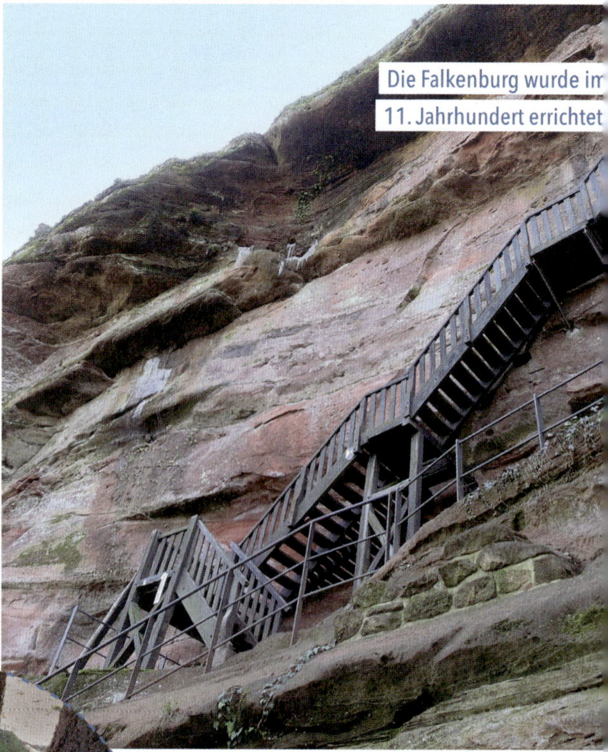

Die Falkenburg wurde im 11. Jahrhundert errichtet

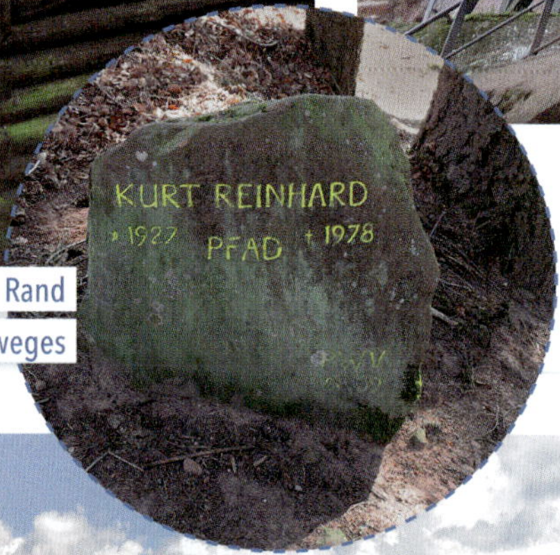

Ein Ritterstein am Rand unseres Wanderweges

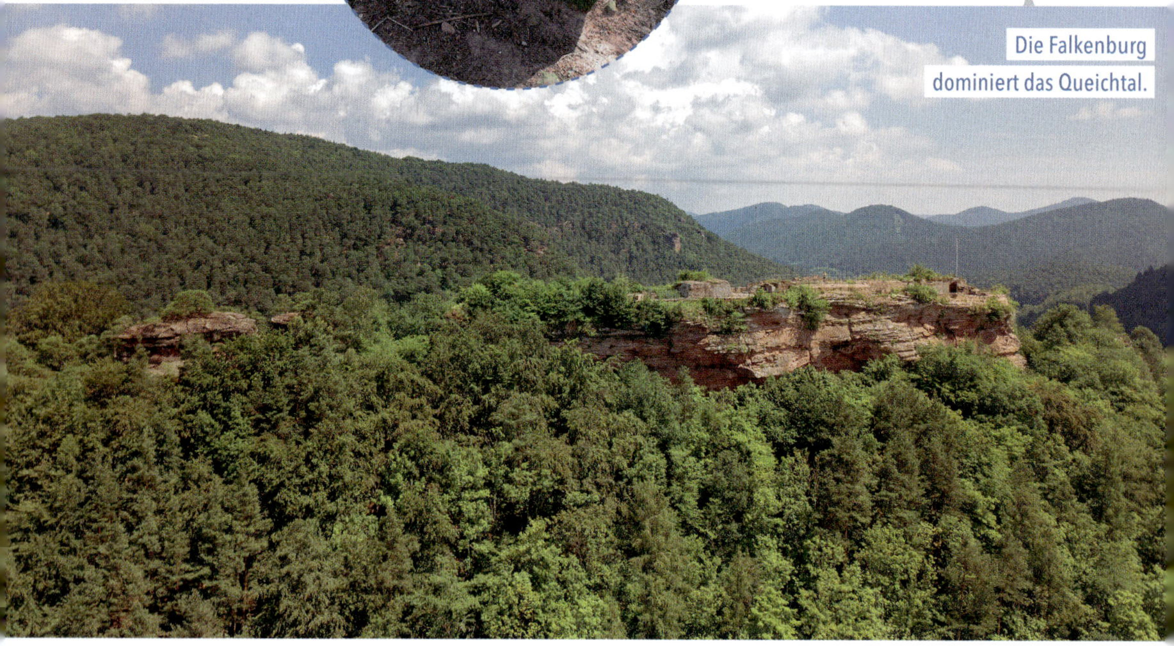

Die Falkenburg dominiert das Queichtal.

mittel | 11 km | 569 Hm | 3.30 Std.

Auf einen Blick

Tourencharakter
Nicht allzu schwere Wanderung durch den prächtigen Waldbestand des mittleren Pfälzerwalds

Ausgangs-/Endpunkt
Wilgartswiesen, Bahnhof (220 m)
GPS-Daten: 49.209167, 7.882778

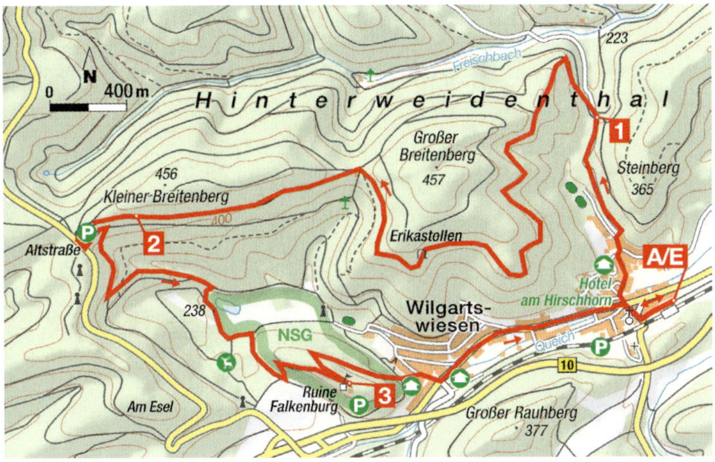

Anfahrt
Auto: Von Landau oder Pirmasens über die Bundesstraße 10 nach Wilgartswiesen. Parkplätze am Bahnhof
Bus & Bahn: Mit der Regionalbahn von Landau oder Pirmasens nach Wilgartswiesen

Karte
NaturNavi Pfälzerwald 5, Blatt 41-546, 1:25 000

Einkehr
Wilgartswiesen

Weitere Informationen
Tourist-Info Hauenstein, Schuhmeile 1, 76846 Hauenstein
www.urlaubsregion-hauenstein.de

die »Altstraße« hin. Von Kelten und Römern und bis ins Mittelalter wurde dieser überregionale Verkehrsweg als Verbindung von Lothringen an den Rhein genutzt. Vom Ritterstein sind es etwa 250 Meter bis zu dem Abschnitt, an dem sich die Eisenbeschläge der Wagenräder in den Felsen gegraben haben. Wir gehen zurück zur Straße und zum Rettungspunkt 6713-237, anschließend gehen wir auf dem »Pfälzer Waldpfad« parallel zur Straße etwa 150 Meter entlang. Wir verlassen dann diesen Weg und gehen nach links. Wir befinden uns nun auf dem Wilgartswieser Biosphären-Pfad, dieser bringt uns hinunter zum Talboden.

Dort angelangt, halten wir uns rechts und gehen am Waldrand entlang zum Massiv des Schloßbergs. Jetzt erfolgt der letzte Anstieg der Tour hinauf zur einseitgen Reichsfeste ❸ Falkenburg. Über die steile Treppe an der Nordseite steigen wir hinauf zur Burg. Achtung: Im Winter können Eiszapfen auf die Treppe fallen! Oben angekommen, bieten sich bezaubernde Aussichten auf Wilgartswiesen und das Queichtal.

Zurück nach Wilgartswiesen

Von der Nordseite der Burg führt der Weg hinunter in den Ort. Wir erreichen diesen an der Tiergartenstraße und kehren über die Hauptstraße zum Rathaus der Stadt zurück. Über den schon bekannten Weg gehen wir zurück zum Ⓔ Bahnhof von Wilgartswiesen.

ZUM »KAMEL« AN DER QUEICHQUELLE

20

Auf dem Schuhfabrikarbeiterweg

Hauenstein ist heute noch als Schuhstadt bekannt. Allerdings geht es hier inzwischen nicht mehr um die Produktion, sondern um den Handel mit Schuhen. Unsere Wanderung führt zu einer bekannten Pfälzerwaldhütte sowie zu einer einsam im Wald stehenden Kapelle.

Der Wanderparkplatz beim **A** Paddelweiher wird auch »Farrenwiese« genannt. Vor dort geht es auf einem breiten Wanderweg über 300 Meter Wegstrecke zum Gewässer »Neuwoog« – es ist heute allgemein unter dem Namen »Paddelweiher« bekannt. An der dort stehenden Hütte angekommen, gehen wir nach links hinunter zum Weiher. Diesen überqueren wir an seinem Auslauf auf einer Holzbrücke. Auf der Uferseite gegenüber der Paddelweiherhütte finden wir unser Wanderzeichen, den blau-gelben Balken.

Zur Queichquelle

Ein Ufersaumweg führt uns zunächst ohne wesentliche Höhenunterschiede in südliche Richtung. Wir kommen an einigen Fischteichen vorbei und erreichen bald eine Lichtung. Von hier aus genießen wir den direkten Blick auf die Felsformation Stephansturm, der aufgrund seiner Ähnlichkeit mit einem Höckertier auch als »Kamel« bezeichnet wird. Weiter geht es auf unserem Waldweg, bis wir schon nach einigen Minuten Gehzeit zur Queichquelle gelangen. Di junge Queich plätschert von hier zuerst in nördliche Richtung nach Hauenstein, im weiteren Verlauf durchfließt der Fluss die Städte Annweiler am Trifels und Landau. Nach 50 Kilometern entwässert der Fluss schließlich bei Germersheim in den Rhein. Die Brunnenfassung aus Buntsandsteinen stammt aus dem Jahr 1964; gleich nebena lädt ein kleiner Pavillon mit Bänken und Tisch zu einer ersten Rast ein. Wenige Mete weiter befindet sich ein Wassertretbecken – an einem heißen Sommertag eine will kommene Erfrischung.

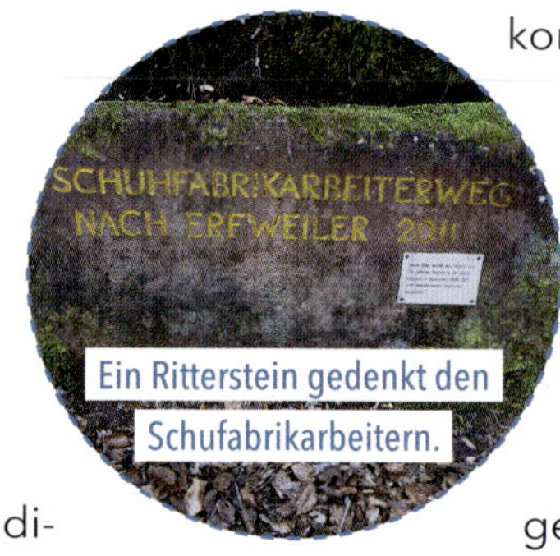

Ein Ritterstein gedenkt den Schufabrikarbeitern.

Hinauf zum Wanderheim

Wir folgen weiter unserer Ma kierung, bald darauf steigt de Weg steil an. In Zickzacklinier wandern wir den Berg hinauf. Unterwegs finden wir noch eini ge Stellen, die gute Aussichten hi nunter zum Stephansturm und in das Stephanstal erlauben. Bald ist auch schon unser nächstes Etappenziel etwas oberhalb unseres Weges zu erkennen: Das **1** Wanderheim »Dicke Eiche«, das der Ortsgrupp

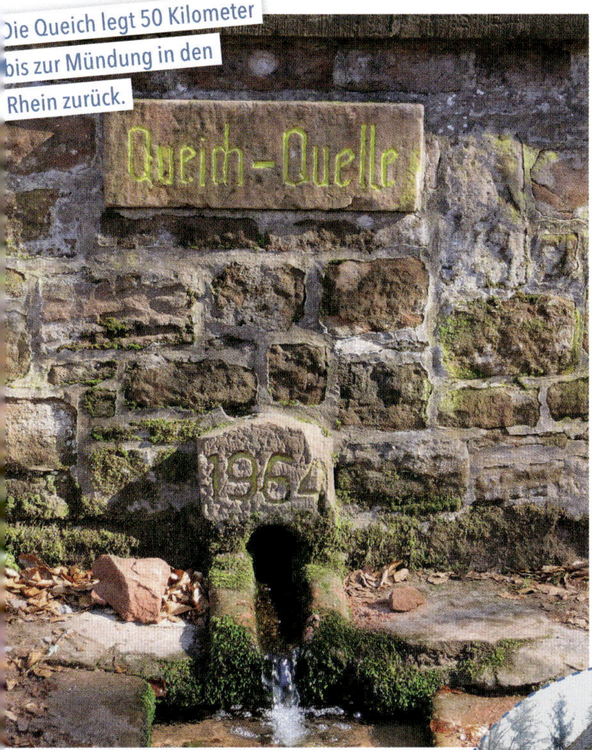

Die Queich legt 50 Kilometer bis zur Mündung in den Rhein zurück.

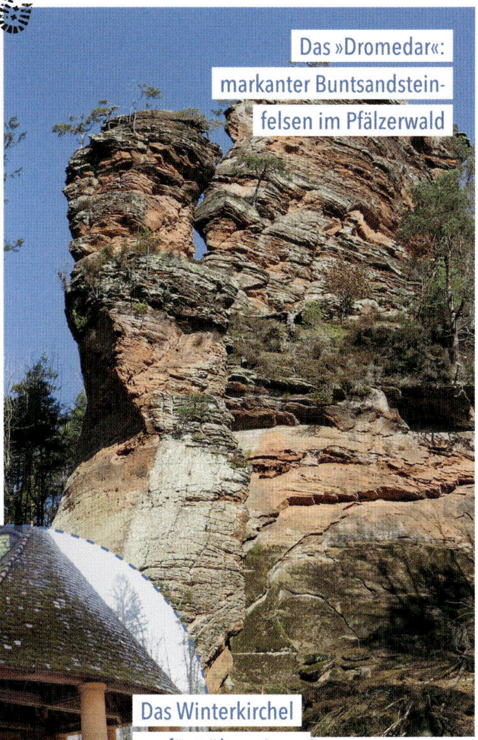

Das »Dromedar«: markanter Buntsandsteinfelsen im Pfälzerwald

inkehren, Tretboot fahren der eine Kapelle besichtigen: Diese Tour hat viel zu bieten.

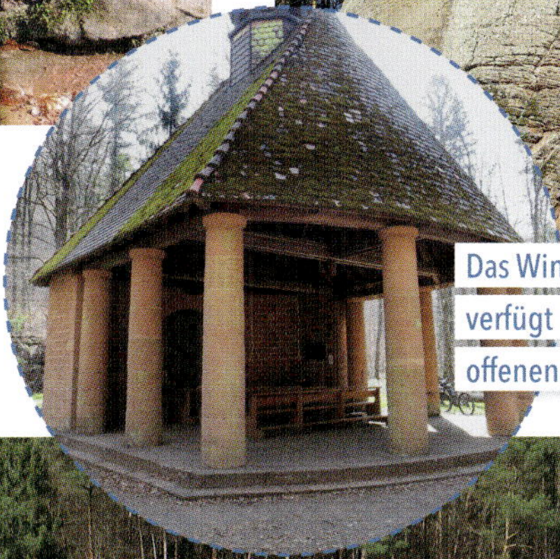

Das Winterkirchel verfügt über einen offenen Altarraum.

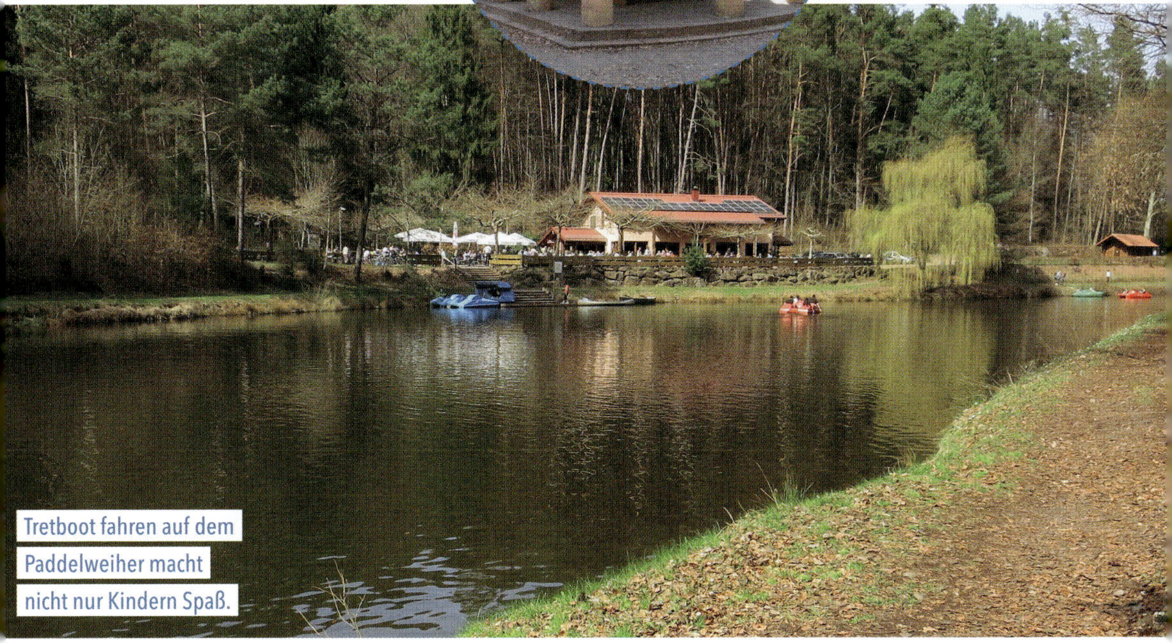

Tretboot fahren auf dem Paddelweiher macht nicht nur Kindern Spaß.

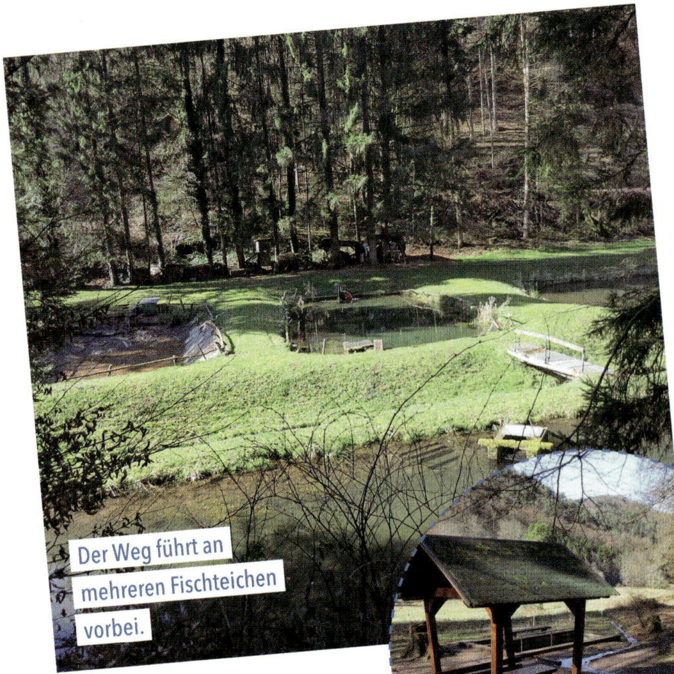

Der Weg führt an mehreren Fischteichen vorbei.

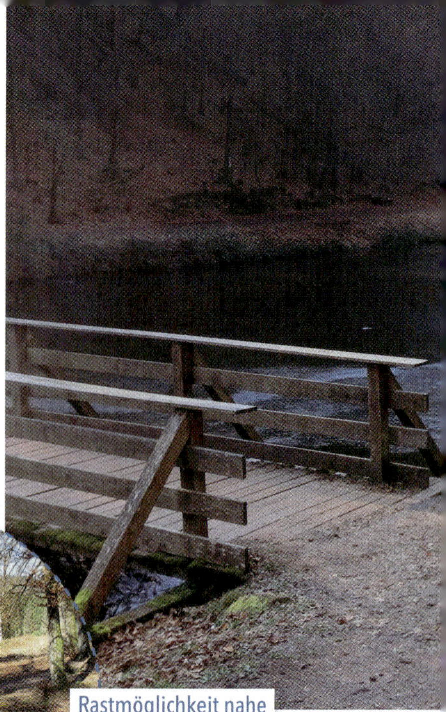

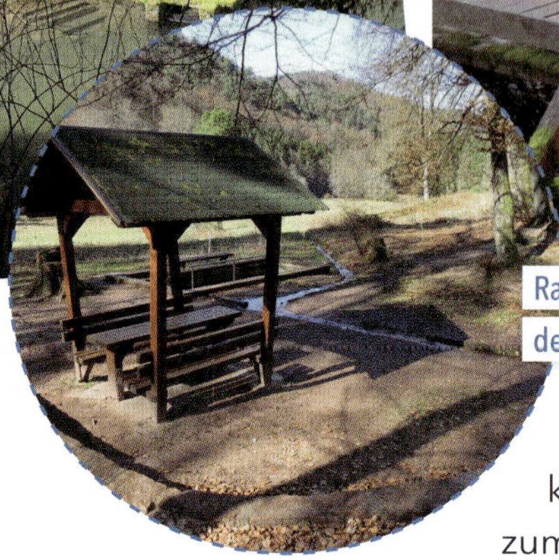

Rastmöglichkeit nahe der Queichquelle

Hauenstein des Pfälzerwald-Vereins gehört. Seine Öffnungszeiten sind samstags, sonntags und feiertags zwischen 10 und 18 Uhr. Die Pfälzerwaldhütte verfügt über einen Gastraum sowie großzügige Außenanlagen. Wanderer können dort auch übernachten. Weitere Informationen finden sich unter www.pwv-hauenstein.de.

Zum Winterkirchel

Vom Wanderheim gehen wir die wenigen hundert Meter zum nächsten Etappenziel, der »Dicken Eiche«. Einst war sie ein imposantes Naturdenkmal. Mit einem Alter von ca. 300 Jahren, einer Höhe von 27 Metern und einem Stammumfang von fünf Metern stand sie an diesem Platz bis zum Jahre 2011. Aus Sicherheitsgründen musste der abgestorbene Baum dann gefällt werden. Im selben Jahr wurde jedoch eine neue Eiche gepflanzt. Wir folgen von hier aus nun den Wegweisern zum 2 Winterkirchel.

Der Weg steigt noch einmal kurz an, fällt dann aber bis zum nächsten Punkt unserer Wanderung wieder ab: Das Winterkirchel »Maria Himmelspforte« ist eine auf massiven Säulen ruhende Kapelle. Sie wurde nach dem Zweiten Weltkrieg in den Jahren 1948 bis 1949 errichtet und ist nur zum Altarraum hin geschlossen. Bis zum Jahr 1789 stand an derselben Stelle bereits eine Marienwallfahrtskapelle, die allerdings zerstört wurde. Ein erhaltener Türsturz und ein Steinkreuz aus dem 18. Jahrhundert wurden in den Nachkriegsbau integriert. Jedes Jahr findet zu Maria Himmelfahrt am 15. August eine Wallfahrt zur Kapelle statt.

Bergab zum Paddelweiher

An der Kapelle verlassen wir den Hauptwanderweg und gehen in östlicher Richtung ins Stephanstal. Der Weg, der stellenweise mit einer 10 markiert ist, fällt gleich zu Beginn ab. Er verzweigt sich kurz darauf

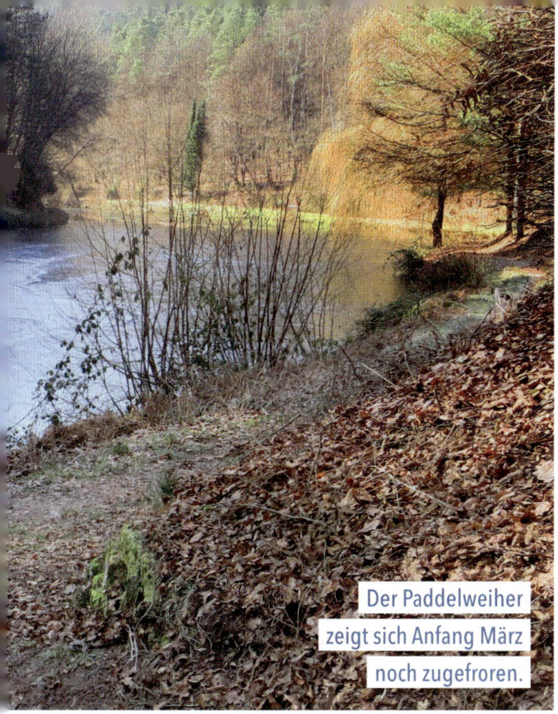

Der Paddelweiher zeigt sich Anfang März noch zugefroren.

noch einmal; dort nehmen wir den Weg, der nach rechts ins Tal führt. Wir befinden uns jetzt auf dem Schuhfabrikarbeiterweg. Ab 1886, in den Anfangsjahren der Schuhproduktion in Hauenstein, waren auf dieser Route die Fabrikarbeiter zu Fuß von Erfweiler zu ihren Arbeitsplätzen in Hauenstein unterwegs. Am Talboden angelangt, stoßen wir auf einen Ritterstein, der auf diesen historischen Weg hinweist. Jetzt ist es nicht mehr weit bis zur E Paddelweiherhütte. Diese beliebte Sommerfrische ist von März bis Oktober täglich außer Montag von 11 bis 19 Uhr geöffnet. Weitere Informationen unter www.paddelweiher.de.

Nach der Wanderung lohnt sich ein Besuch des täglich geöffneten Deutschen Schuhmuseums oder der Deutschen Schuhmeile – sie hat von März bis Oktober meist auch an Sonntagen geöffnet. Weitere Informationen finden Sie unter www.museum-hauenstein.de und www.schuhmeile.com.

leicht | 6,6 km
337 Hm | 2 Std.

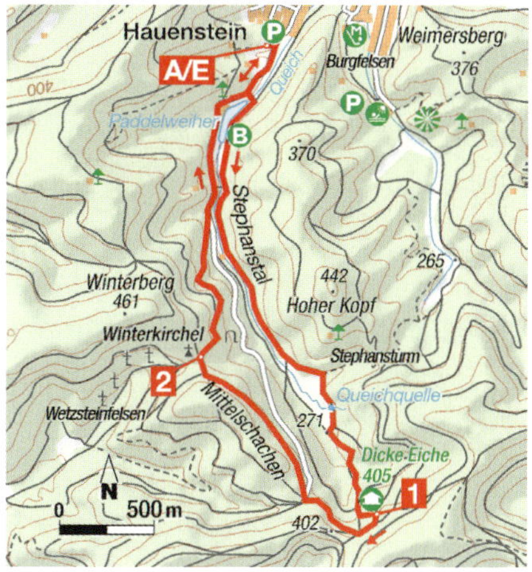

Tourencharakter
Abwechslungsreiche Rundtour im mittleren Pfälzerwald

Ausgangs-/Endpunkt
Hauenstein, Wanderparkplatz am Paddelweiher (244 m)
GPS-Daten: 49.185833, 7.842500

Anfahrt
Auto: Über die Bundesstraße 10 von Landau oder Pirmasens nach Hauenstein. Auf der Bahnhofstraße in den Ort fahren und den Schildern »Paddelweiher« folgen
Bus & Bahn: Mit der Regionalbahn von Landau oder Pirmasens nach Hauenstein (Pfalz). Von dort ca. 2,5 km Fußweg zum Wanderparkplatz

Karte
NaturNavi, Wanderkarte Dahner Felsenland, Blatt 41-544, 1:25 000

Einkehr
Paddelweiher, Hauenstein

Weitere Informationen
Tourist-Info Hauenstein, Schuhmeile 1, 76846 Hauenstein
www.urlaubsregion-hauenstein.de

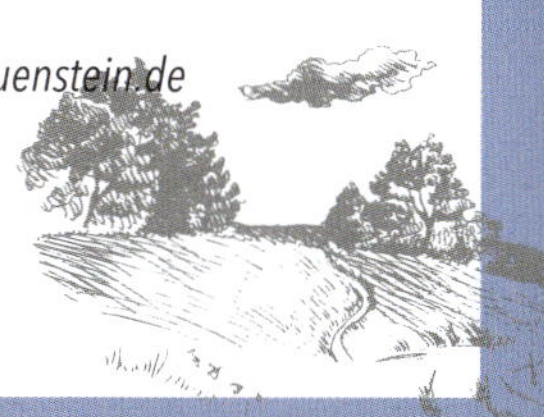

ABSTECHER ZUR TEUFELSKÜCHE

21

Rundtour am Teufelstisch

Mit dem Trifels und dem Hambacher Schloss gehört der Teufelstisch zu den meistbesuchten Orten in der Pfalz. Unsere Tour führt zuerst durch das Salzbachtal, an der Schwarmbornquelle befindet sich dabei der einzige Anstieg der Tour. Über das Windelstal geht es dann wieder zurück zum Naturdenkmal.

Der Teufelstisch ist als eines der Wahrzeichen des Pfälzerwalds vor allem an Wochenenden gut besucht. Die Ⓐ Parkplätze unterhalb des Naturdenkmals reichen dann eventuell nicht aus. Alternativ kann man am Bahnhof von Hinterweidenthal parken.

Durch das Salzbachtal

Das Naturdenkmal Teufelstisch ist ein durch Auswitterung entstandener Fels aus Buntsandstein. Dessen Pfeiler sind acht Meter hoch, die darauf liegende Buntsandsteinplatte misst 50 Quadratmeter. Vom Parkplatz folgen wir der Beschilderung zum Teufelstisch. Der Weg führt bergauf, die letzten Meter legen wir über Stufen zurück. Vom Naturdenkmal gehen wir die wenigen Meter zurück zur Wegverzweigung. Wir folgen jetzt der Markierung gelber Punkt. Diese führt uns hinunter in das Tal des Salzbachs. Wir folgen diesem Gewässer, der Weg führt uns jetzt ohne Höhenunterschiede bis zum Ortseingang des kleinen Orts Salzwoog. Kurz bevor wir dort die Straße erreichen, achten wir auf das Wanderzeichen Teufelstisch-Tour. Wir wandern jetzt etwas oberhalb der Landesstraße 486 in östliche Richtung. Die Straße beschreibt bald einen leichten Knick nach rechts – hier geht es für uns nach links in Richtung ❶ Norden.

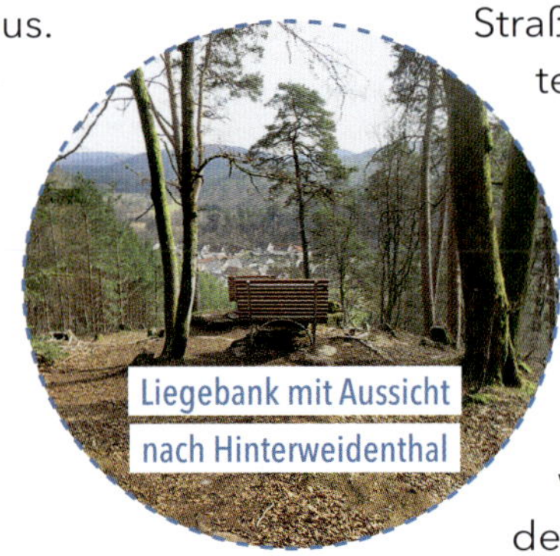

Liegebank mit Aussicht nach Hinterweidenthal

Teufelsküche und Teufelstisch

Der Weg bleibt zuerst ohne wesentliche Höhenunterschiede. Damit ist es dann aber schnell vorbei – es geht jetzt nach Nordwesten. An einer Sitzgruppe nahe der ❷ Schwarmbornquelle beginnt der erste richtige Anstieg dieser Wanderung. In Zickzacklinien laufen wir den Berg hinauf und erreichen den Rettungspunkt mit der Nummer 6812-316. Von hier gehen wir auf einem breiten Forstweg weiter – dieser fällt gleichmäßig ins Windelstal ab. Dort angekommen werfen wir einen Blick über die Weidefläche. Holzbänke laden zu einer kurzen Rast ein, anschließend folgt ein weiterer Anstieg. Der Weg flacht dann etwas ab

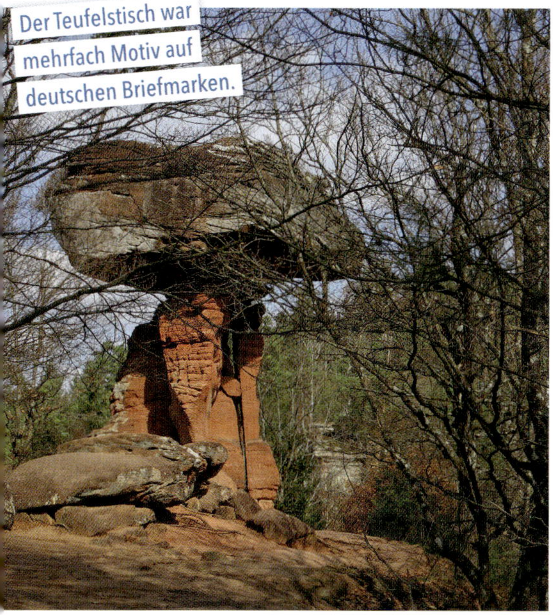

Der Teufelstisch war mehrfach Motiv auf deutschen Briefmarken.

und wir kommen zu einem ersten Aussichtspunkt mit zwei Holzliegen. Wir legen eine Pause ein und lassen den Blick hinunter nach Hinterweidenthal schweifen. Kurz danach erreichen wir den nächsten Wegpunkt – die „Schöne Aussicht". Hier eröffnet sich ebenfalls ein schöner Ausblick ins Tal der Wieslauter.

Unser nächstes Ziel ist die Teufelsküche – sie liegt wenige Meter vom Hauptweg entfernt. Es handelt sich dabei im Wesentlichen um eine Ansammlung von Buntsandsteinen. Wer den kurzen Anstieg in Kauf nimmt, sollte aber denselben Weg zurück zum Hauptweg nehmen, denn die erkennbaren Abkürzungen von der Teufelsküche führen in die falsche Richtung. Jetzt ist es nicht mehr weit – nach einigen hundert Metern nähern wir uns dem Teufelstisch aus südlicher Richtung. Zum E Parkplatz nehmen wir den Hinweg – oder wir folgen den Schildern, die uns über den Spielplatz mit einer Rutsche für Kinder hinunter zu unserem Ausgangspunkt führen.

leicht

9,8 km

486 Hm

3 Std.

Auf einen Blick

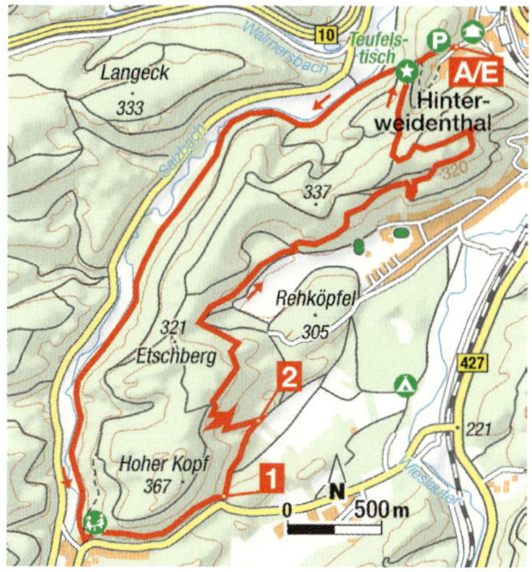

Tourencharakter
Wir sind auf bequemen Waldwegen und mit nur einem wirklichen Anstieg unterwegs.

Ausgangs-/Endpunkt
Hinterweidenthal, Parkplatz am Teufelstisch (237 m)
GPS-Daten: 49.195556, 7.746389

Anfahrt
Auto: Über die Bundesstraße 10 bis Hinterweidenthal, dann den Schildern Richtung Dahn bzw. Teufelstisch folgen
Bus & Bahn: Mit der Regionalbahn von Landau oder Saarbrücken nach Hinterweidenthal, auf der Brücke über die B 10 und den Schildern zum Teufelstisch folgen

Karte
NaturNavi Dahner Felsenland, Wanderkarte Blatt 41-544, 1:25 000

Einkehr
Hinterweidenthal

Weitere Informationen
Tourist-Info Hauenstein, Schuhmeile 1, 76846 Hauenstein
www.urlaubsregion-hauenstein.de

ZU RUPPERTS- UND MAIBLUMENFELSEN

22

Rund um die Ruine Lemberg

Vor allem in der Südpfalz zeigen sich die für die Pfalz so charakteristischen Buntsandsteine. Auch auf dieser Wanderung können wir an verschiedenen Stellen die oft bizarren Formen bewundern. Die Fernsicht reicht an manchen Stellen bis in die Vogesen.

Vom **A** Wanderparkplatz an der Ruine Lemberg sind es nur wenige Meter bergauf bis zur Weggabelung. Dort führt ein Weg weiter steil ansteigend hinauf zur Burg bzw. zur Burgschenke.

Zu den Ruppertsfelsen

Wir folgen aber dem roten Dreieck. Dieses führt uns ebenerdig durch den Wald in nordöstliche Richtung. Nach einer weiteren Kreuzung geht der Weg vom breiten Waldweg in einen schmaleren, nach links ansteigenden Pfad über. Er verläuft unterhalb bzw. höhengleich entlang der Sandsteinformationen des Hummelsfelsen. Am Ende dieser Felsformation erreichen wir eine Weggabelung. Dort wird uns ein Abstecher zum sogenannten Wasgaublick angeboten. Es sind nur wenige Minuten, bis wir ihn erreichen. Von dort bietet sich ein weiter Blick über den Pfälzerwald bis in die Vogesen hinein.

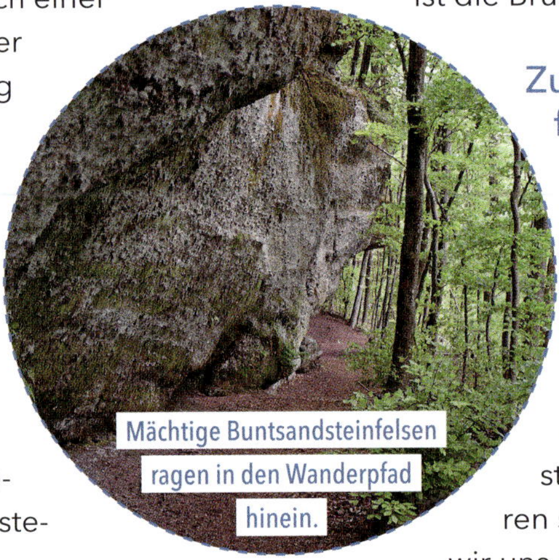

Mächtige Buntsandsteinfelsen ragen in den Wanderpfad hinein.

Anschließend gehen wir das kurze Stück zurück, an der Verzweigung nehmen wir die Wegmarkierung rotes Dreieck wieder auf. Wir bewältigen den Schlussanstieg zur Ruine Ruppertstein und haben den **1** Ruppertsfelsen schnell erreicht. Jeweils vor dem 1. Juli eines Jahres machen Hinweisschilder den Wanderer darauf aufmerksam, dass der Zugang zur Ruine gesperrt ist. Grund dafür ist die Brutzeit seltener Vögel.

Zu den Maiblumenfelsen

Wir orientieren uns jetzt nach rechts und folgen dem grünen Dreieck bis zum Talboden. Wir gelangen zu einer Wegkreuzung, der wir nach rechts bis zu einer Fahrstraße folgen. Wir überqueren sie, kurz dahinter wenden wir uns mit dem Wegweiser Höhenweg nach rechts und gehen dann mit dem grünen Dreieck weiter. Wir gelangen zu einer Schutzhütte, daraufhin folgt ein weiterer Anstieg. Auf einer Anhöhe kom-

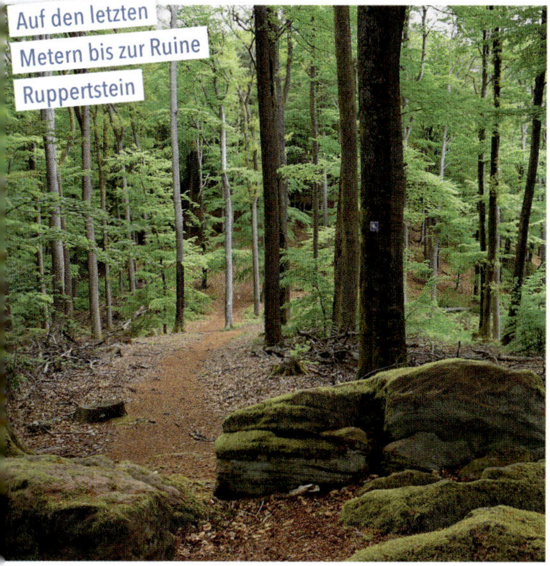

men wir zu einer Weggabelung. Laut Wegweiser sind es nun noch 200 Meter bis zu den 2 Maiblumenfelsen. Der Weg dorthin ist teilweise mit Geländern gesichert, deshalb sollte man den Weg nicht verlassen. Abseits davon gibt es einige ausgesetzte Stellen.

Steinstufen führen auf zwei Felsen hinauf, auf dem letzten eröffnet sich eine Fernsicht über den Wasgau und die Grenzregion zum Elsass. Wir gehen ein Stück zurück und genießen eine verdiente Rast an einer Sitzgruppe. Ab hier folgen wir dem gelben Punkt. Der wunderschöne Wanderweg führt über zwei Kilometer geradeaus und fällt im letzten Stück leicht zu einer Schutzhütte ab. Von dort ist es dann nur noch ein Kilometer, bis wir wieder die Wegverzweigung oberhalb der E Waldparkplätze erreichen. Die Burgschänke ist samstags, sonntags und feiertags geöffnet. In der Burg befindet sich ein Informationspavillon. Einen Abstecher wert ist auch der historische Brunnenschacht unterhalb der Burg. Weitere Infos dazu unter www.lemberg-pfalz.info.

mittel | 9,2 km | 520 Hm | 2.45 Std.

Auf einen Blick

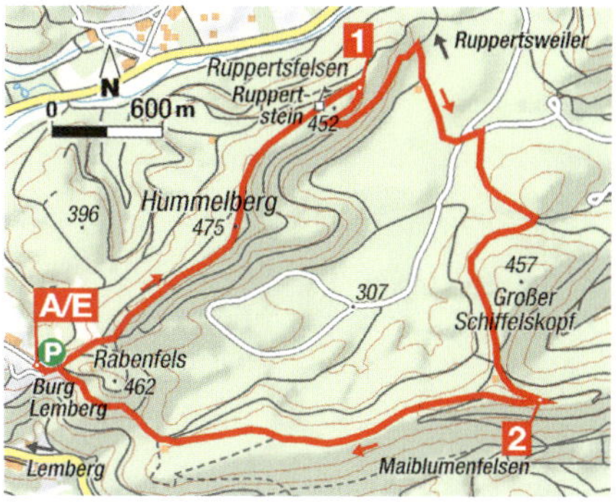

Tourencharakter
Abwechslungsreiche Rundtour im südlichen Pfälzerwald

Ausgangs-/Endpunkt
Lemberg, Wanderparkplatz an der Ruine (409 m)
GPS-Daten: 49.174167, 7.663889

Anfahrt
Auto: Auf der Bundesstraße 10 bis Ausfahrt Ruppertsweiler, auf der Kreisstraße 36 bis Lemberg. Von der Hauptstraße geht nach links die Bergstraße ab. Zuerst dieser, dann der Landgrafenstraße zum Wanderparkplatz folgen
Bus & Bahn: Mit der Regionalbahn von Karlsruhe, Kaiserslautern oder Saarbrücken nach Pirmasens. Mit dem Bus nach Lemberg

Karte
NaturNavi Pfälzerwald 7, Blatt 40-544, 1:25 000

Einkehr
Lemberg

Weitere Informationen
Tourist-Information, Bahnhofstraße 19, 66953 Pirmasens
www.urlaubsregion-pirmasens.land

ANFAHRT MIT DEM FELSENLANDEXPRESS

23

Zu den Alt-Dahner Burgen

Zwei Dinge kennzeichnen Wanderungen rund um Dahn: die beeindruckenden Felsformationen und die Ruinen mittelalterlicher Wehranlagen. Neben dem 70 Meter hohen Felsen Jungfernsprung nehmen wir auf dieser Wanderung so auch die drei Alt-Dahner Burgen in Augenschein.

Vom A Parkplatz am Haus des Gastes gehen wir stadteinwärts an der Kirche St. Laurentius vorbei bis zum Kriegerdenkmal. Hier folgen wir der Bundesstraße 427 stadtauswärts bis zur Straße Am Gerstel. Bahnfahrer haben es etwas kürzer – vom Bahnhof Dahn laufen sie nach rechts auf der Pirmasenser Straße bis zum Penny-Markt und überqueren dort die Straße nach links.

Über die Sandsteinfelsen

Dann folgen wir den Schildern Jungfernstieg; der Weg führt gleich steil den Berg hinauf. An der ersten Abzweigung biegen wir nach rechts ab. Über Sandsteintreppen steigen wir zum Felsen 1 Jungfernsprung hinauf und genießen die imposante Aussicht auf Dahn und das Wieslautertal. Wir gehen ein Stück zurück, unser Weg führt uns jetzt in östliche Richtung – wir lassen uns dabei von der grün-weißen Wegmarkierung des Pfälzer Waldpfads leiten. Es geht hoch über Dahn entlang, aufgrund des Baumbestands und der Buntsandsteinfelsen ist dies ein besonders schöner Abschnitt der Tour. Der Weg führt dann bergab, am Rande der Bebauung geht es weiter in nordöstlicher Richtung. Bald darauf betreten wir wieder den Wald. Wir achten auf die Abzweigung, die nach rechts führt. Dort verlassen wir den Pfälzer Waldpfad und wandern weiter bis zur Kreisstraße 39. Dieser folgen wir Richtung Erfweiler. Kurz bevor wir den Ort erreichen, überqueren

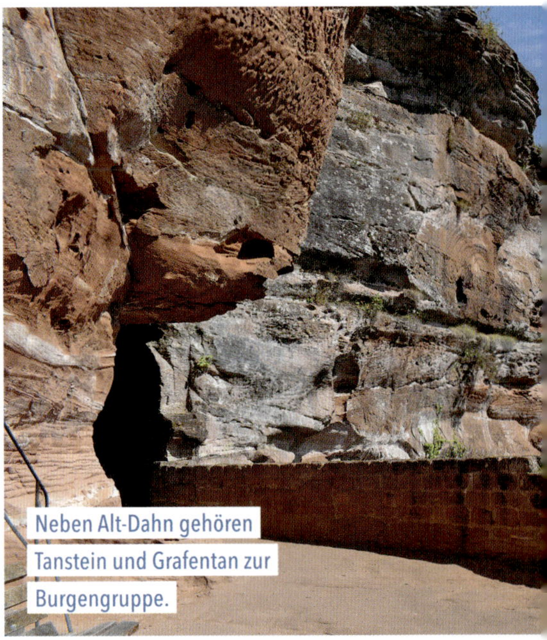

Neben Alt-Dahn gehören Tanstein und Grafentan zur Burgengruppe.

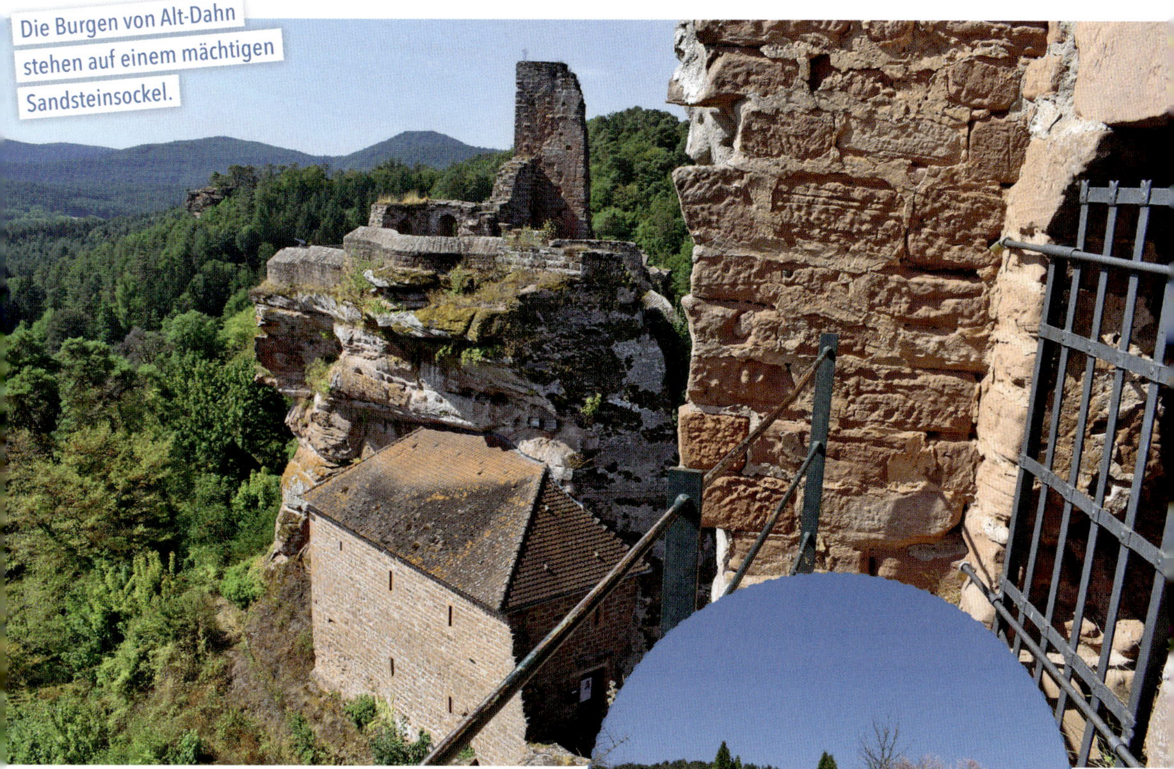

Die Burgen von Alt-Dahn stehen auf einem mächtigen Sandsteinsockel.

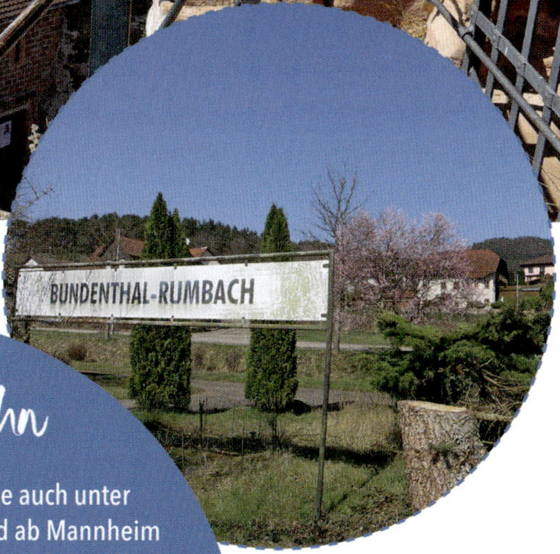

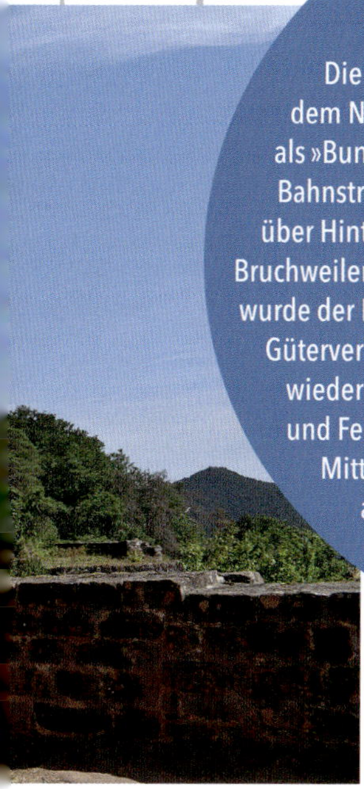

Wieslauterbahn

Die Wieslauterbahn ist ab Karlsruhe auch unter dem Namen »Felsenland-Express« und ab Mannheim als »Bundenthaler« bekannt. Die im Jahr 1911 eröffnete Bahnstrecke beginnt in Hinterweidenthal-Ost und führt über Hinterweidenthal, Dahn, Busenberg-Schindhard und Bruchweiler-Bärenbach nach Bundenthal. Bereits im Jahr 1966 wurde der Personenverkehr auf dieser Strecke eingestellt, der Güterverkehr folgte 1995. Erst ab dem Jahr 2010 wurden wieder regelmäßige Verbindungen an Wochenenden und Feiertagen angeboten, im Jahr 2012 begann der Mittwochsverkehr. Der Felsenland-Express setzt ab Karlsruhe den restaurierten Esslinger Triebwagen ein – dieser verfügt noch über Holzsitze.

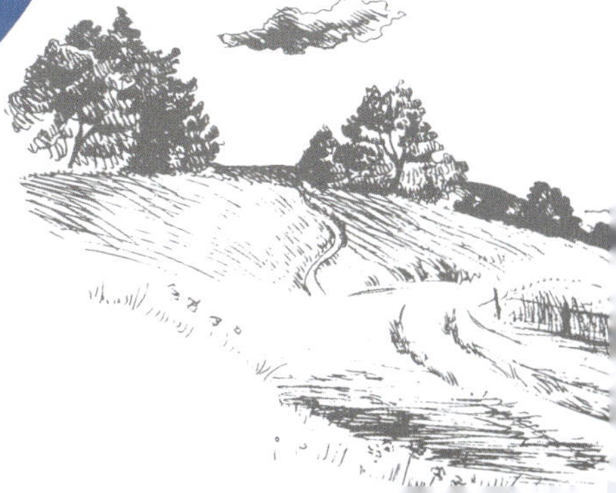

leicht

7,5 km

363 Hm

2.15 Std.

Auf einen Blick

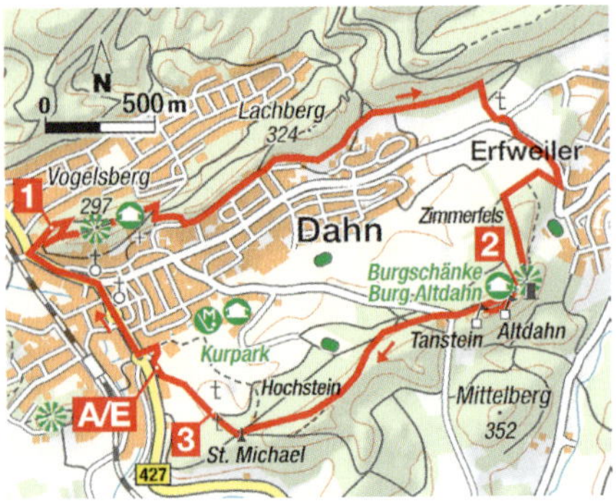

Tourencharakter
Abwechslungsreiche Rundtour mit viel Geschichte, beeindruckenden Felsformationen und wunderbaren Wanderwegen

Ausgangs-/Endpunkt
Dahn, Parkplatz am Haus des Gastes (212 m)
GPS-Daten: 49.148056, 7.781667

Anfahrt
Auto: Auf der Bundesstraße 10 bis Hinterweidenthal, weiter auf der B 427 nach Dahn. Parkplätze am Haus des Gastes
Bus & Bahn: Mit der Regionalbahn von Landau nach Hinterweidenthal. Weiter mit dem Bus (oder der Bahn zu deren Betriebszeiten) nach Dahn.

Karte
NaturNavi Dahner Felsenland, Blatt 43-544, 1:25 000

Einkehr
Dahn

Weitere Informationen
Tourist-Information, Schulstraße 29, 66994 Dahn
■ *www.dahner-felsenland.net*

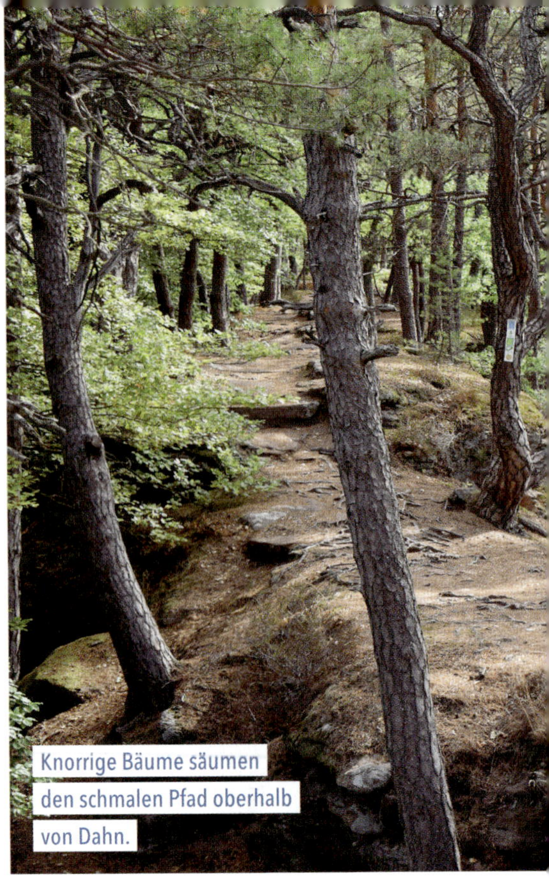
Knorrige Bäume säumen den schmalen Pfad oberhalb von Dahn.

wir die Straße nach rechts. Zuerst laufen wir ein Stück am Waldrand entlang, dann erfolgt der Anstieg auf den Schlossberg und zur **2** Ruinengruppe Alt-Dahn. Das Burgenmassiv ist mittwochs geschlossen.

Die Alt-Dahner Burgen

Zu den Burgen der Dahner Burgengruppe zählen neben der Burg Alt-Dahn die Burgen Tanstein und Grafendahn. Die drei Burgen wurden nebeneinander, aber zeitlich versetzt errichtet. Als Entstehungszeit von Alt-Dahn wird der Anfang des 13. Jahrhunderts vermutet. Erstmals zerstört wurde die Burg im Jahr 1363 im Verlauf einer Fehde mit der Adelsfamilie der Fleckensteiner. Weitere Zerstörungen im Rahmen kriegerischer Auseinandersetzungen folgten; im 15. Jahrhundert brannte die Burg zweimal ohne

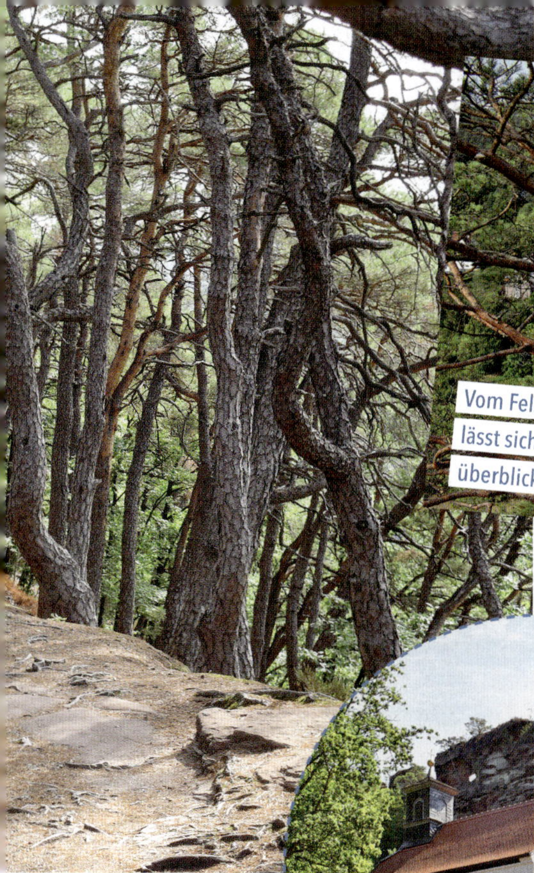

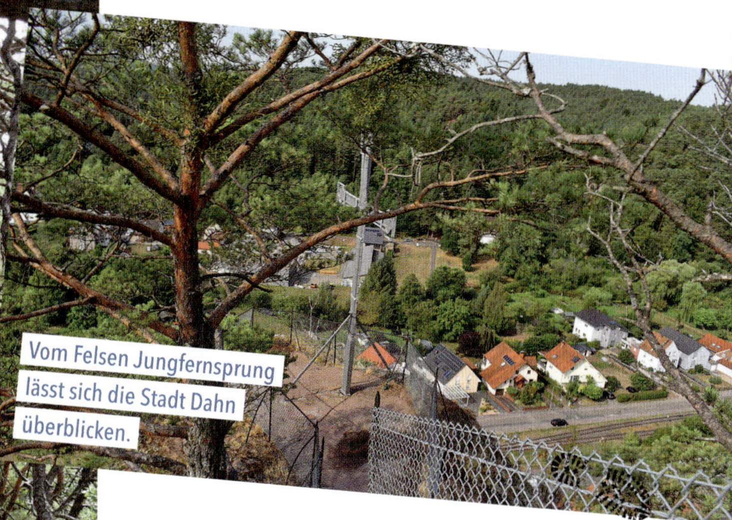

Vom Felsen Jungfernsprung lässt sich die Stadt Dahn überblicken.

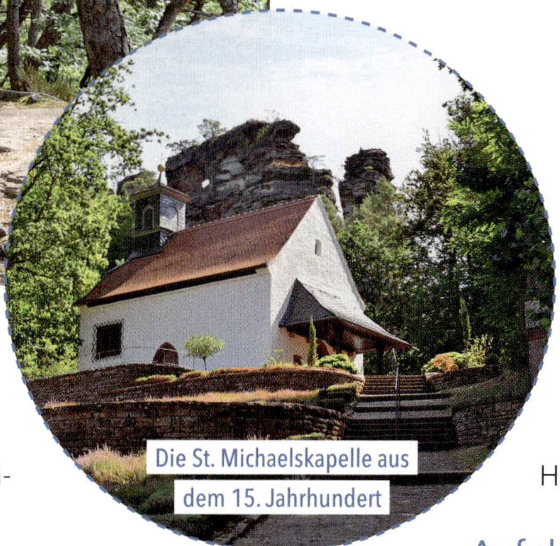

Die St. Michaelskapelle aus dem 15. Jahrhundert

riegseinwirkung ab. uch im Dreißigjährigen Krieg erlitt sie Schäden. Das Ende von Alt-Dahn kam, wie für viele ndere Pfälzer Burgen, im Rahmen les Pfälzischen Erbfolgekriegs. Die Anlage vurde zerstört und nicht wieder aufgebaut.

Zur Versorgung der Burg mit Trinkwasser varen Tank- und Filterzisternen angelegt vorden. Von den Dächern der Häuser vurde Regenwasser in abgedichtete Zisteren geleitet. Mit Hilfe einer Seilwindenonstruktion wurde das Wasser in andere urgbereiche befördert. Außerhalb von Beagerungszeiten wurde das Wasser aus Bähen der Umgebung geschöpft und mit ragtieren zur Burg gebracht. Bevor das Vasser in eine Tankzisterne lief, wurde es durch eine Filterzisterne geleitet. Diese war mit Sand und Grobkies gefüllt. Das gefilterte Wasser floss in einen unterhalb liegenden Raum und wurde von dort in die Hauptzisterne geleitet.

Auf dem Kreuzweg nach Dahn

Von der Burg gehen wir hinunter zum Parkplatz. Dort folgen wir den Schildern »Ehrenfriedhof«. Der Weg führt durch den Wald und steigt noch einmal an. Auf diesem 3 Friedhof wurden mehr als 2000 Tote beigesetzt. Sie waren bei den Kampfhandlungen ums Leben gekommen, die in der Südpfalz Ende 1944 bis Anfang 1945 stattgefunden hatten. Von der dortigen St. Michaelskapelle gehen wir über den sich anschließenden Kreuzweg hinunter nach Dahn. Die Stadt erreichen wir direkt am E Parkplatz am Haus des Gastes.

ZUR WOLFSFÜTTERUNG UM 11 UHR

24 Vom Cramerhaus zum Wildpark Silz

Der Wildpark Silz ist wegen der Streicheltiere und der beeindruckenden Wölfe vor allem bei Kindern beliebt. Die interessante Waldwanderung verläuft zunächst hauptsächlich bergab von der Burgruine Lindelbrunn nach Silz. Der Rückweg ist etwas anstrengender – der Höhenunterschied zum Ausgangspunkt muss wieder überwunden werden.

Etwas oberhalb des Cramerhaus befindet sich ein (A) Waldparkplatz. Das Cramerhauses selbst ist eine öffentliche Gaststätte mit Übernachtungsmöglichkeit – seine Öffnungszeiten sind Mittwoch sowie Freitag bis Sonntag und an Feiertagen von 12 bis 19 Uhr. Weitere Infos unter www.cramerhaus.de.

Zum Wildpark Silz

Ein steiler Aufstieg bringt uns zunächst hinauf zur Ruine Lindelbrunn. Die einstige Wehranlage befindet sich in 440 Metern Höhe auf einem Bergkegel. Sie wurde im 12. Jahrhundert als Reichsburg errichtet. Es wird vermutet, dass dies zum Schutze der Burg Trifels geschah. Im Jahr 1440 wurde die Burg von Truppen des pfälzischen Kurfürsten erfolglos belagert, zehn Jahre später wurde sie allerdings dann doch eingenommen. Im Bauernkrieg 1525 wurde Lindelbrunn zerstört und danach nicht wieder au gebaut. Von der Burg ist deshalb nicht mel viel zu sehen. Ein inneres Tor befindet sich im Nordosten der Anlage, die Reste eines Burgeingangs sind hier noch zu erkennen.

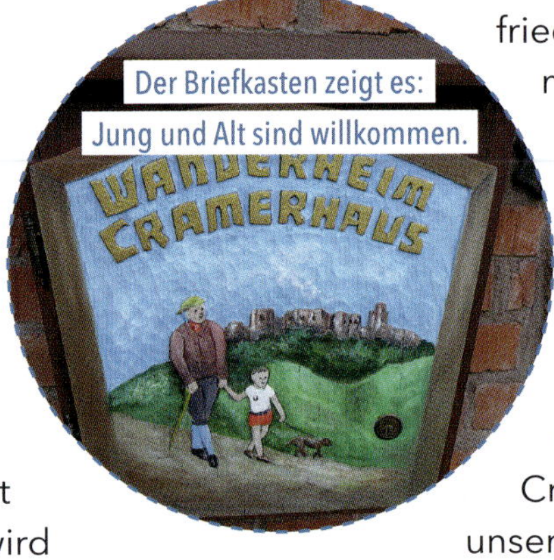

Der Briefkasten zeigt es: Jung und Alt sind willkommen.

Unklar ist, ob die Burg einen Bergfried besessen hat. Die Fundamente der ehemaligen Nikolaus-Kapelle wurden restauriert. Auch wenn vor den Mauern der Burg nich mehr viel erhalten ist – de Besuch lohnt sich allein schon wegen des Fernblic über den Pfälzerwald. Am Cramerhaus beginnen wir mit unserer eigentlichen Wanderung.

Wir gehen die Kreisstraße 10 zurück. Diese beschreibt bei Eintritt in den Wald einen leichten Bogen nach rechts. An dies Stelle befindet sich ein weiterer Wanderparkplatz, er trägt das Rettungskennzeiche

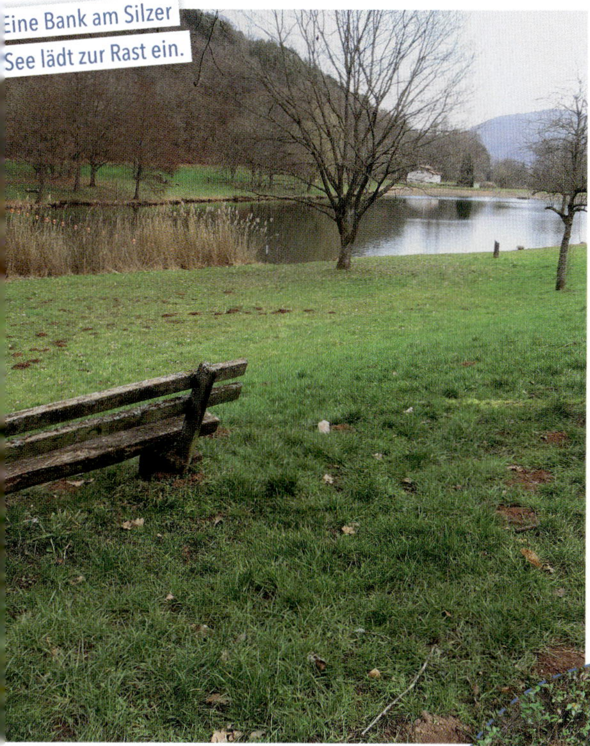

Eine Bank am Silzer See lädt zur Rast ein.

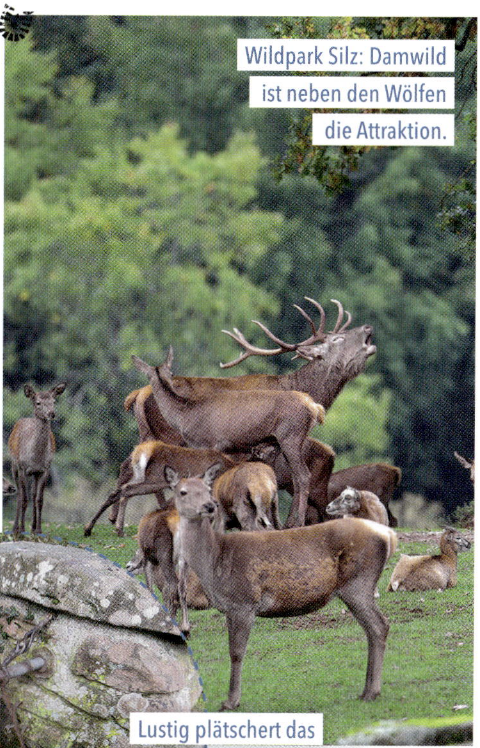

Wildpark Silz: Damwild ist neben den Wölfen die Attraktion.

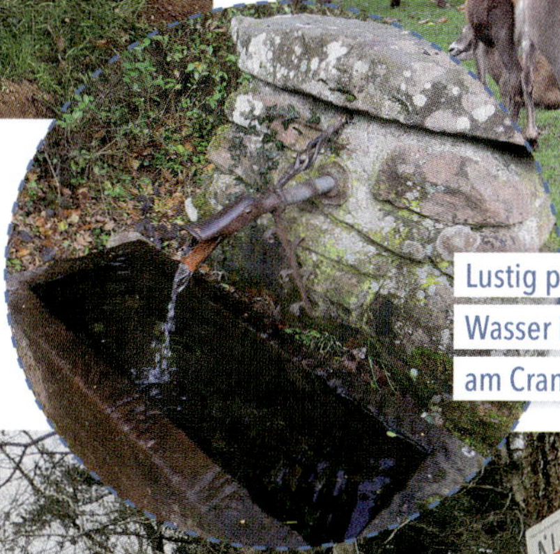

Lustig plätschert das Wasser in einen Brunnen am Cramerhaus.

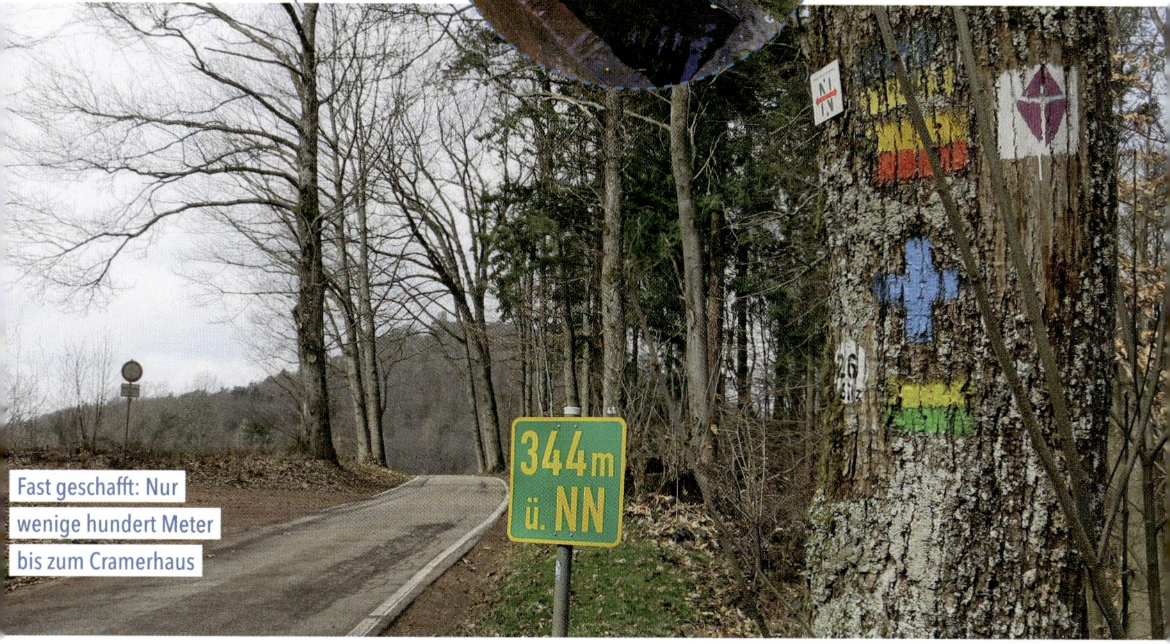

Fast geschafft: Nur wenige hundert Meter bis zum Cramerhaus

mittel | 9,8 km | 405 Hm | 2.45 Std.

Auf einen Blick

Tourencharakter
Abwechslungsreiche Waldwanderung mit einem langen Schlussanstieg

Ausgangs-/Endpunkt
Cramerhaus, Wanderparkplatz Lindelbrunn (340 m)
GPS-Daten: 49.142222, 7.899722

Anfahrt
Auto: Auf der Autobahn 65 bis Kandel-Nord, weiter nach Bad Bergzabern. Auf der B 427 nach Birkenhördt, weiter nach Vorderweidenthal und Lindelbrunn. Parkplätze am Cramerhaus
Bus & Bahn: Keine Verbindung nach Lindelbrunn

Karte
NaturNavi Pfälzerwald 8, Blatt 42-544, 1:25 000

Einkehr
Lindelbrunn

Weitere Informationen
Tourist-Information, Messplatz 1, 76855 Annweiler am Trifels
■ *www.annweiler.de/de*

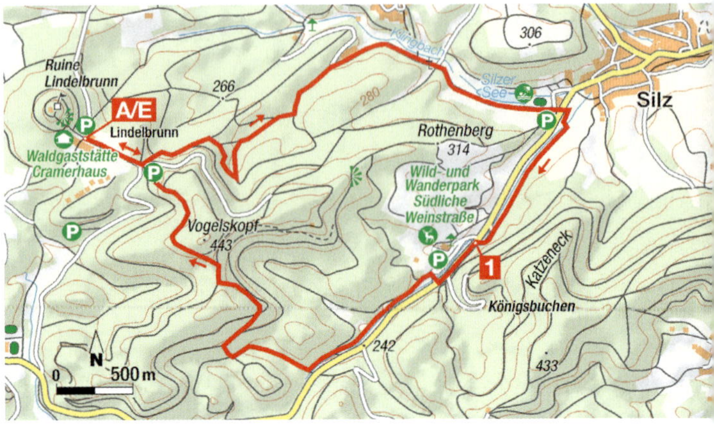

6813-545. Wir folgen hier dem gelb-roten Wanderzeichen in östliche Richtung. Der Weg fällt jetzt durchgehend bis ins Tal des Klingbachs ab. Etwas oberhalb des Silzer Sees erreichen wir den Rettungspunkt 6813-489. Wir gehen am See entlang bis zum örtlichen Sportplatz. Hier biegen wir nach rechts ab – entlang der Landesstraße 493 gehen wir bis zum ❶ Wildpark Silz. Er verfügt über gastronomische Einrichtungen und einen Abenteuerspielplatz und ist von März bis Oktober täglich von 9 bis 17 Uhr geöffnet. Neben Rotwild sind im Park auch Wisente, Damwild, Bergziegen und Wildschweine zu sehen. Die Fütterung der Wölfe findet täglich um 11 Uhr statt.

Anstieg zum Vogelskopf

Am Eingang des Wildparks überqueren wir die Parkplätze und gehen zur Straße. Diese führt in südwestliche Richtung. Dann gelangen wir in den Wald, die Straße bleibt aber immer im Blickfeld. Wir achten auf den Pfad, der mit der Wandermarkierung blaues Kreuz nach rechts abzweigt. Ab hier erfolgt der Schlussanstieg. Am Rettungspunkt 6813-543 führt unser Weg unterhalb des Vogelskopfs vorbei, ein letzter Anstieg schließt sich an. Daraufhin erreichen wir wieder die Straße, die zum Cramerhaus führt. Auf ihr gehen wir schließlich die letzten Meter zurück zum Ⓔ Wanderparkplatz.

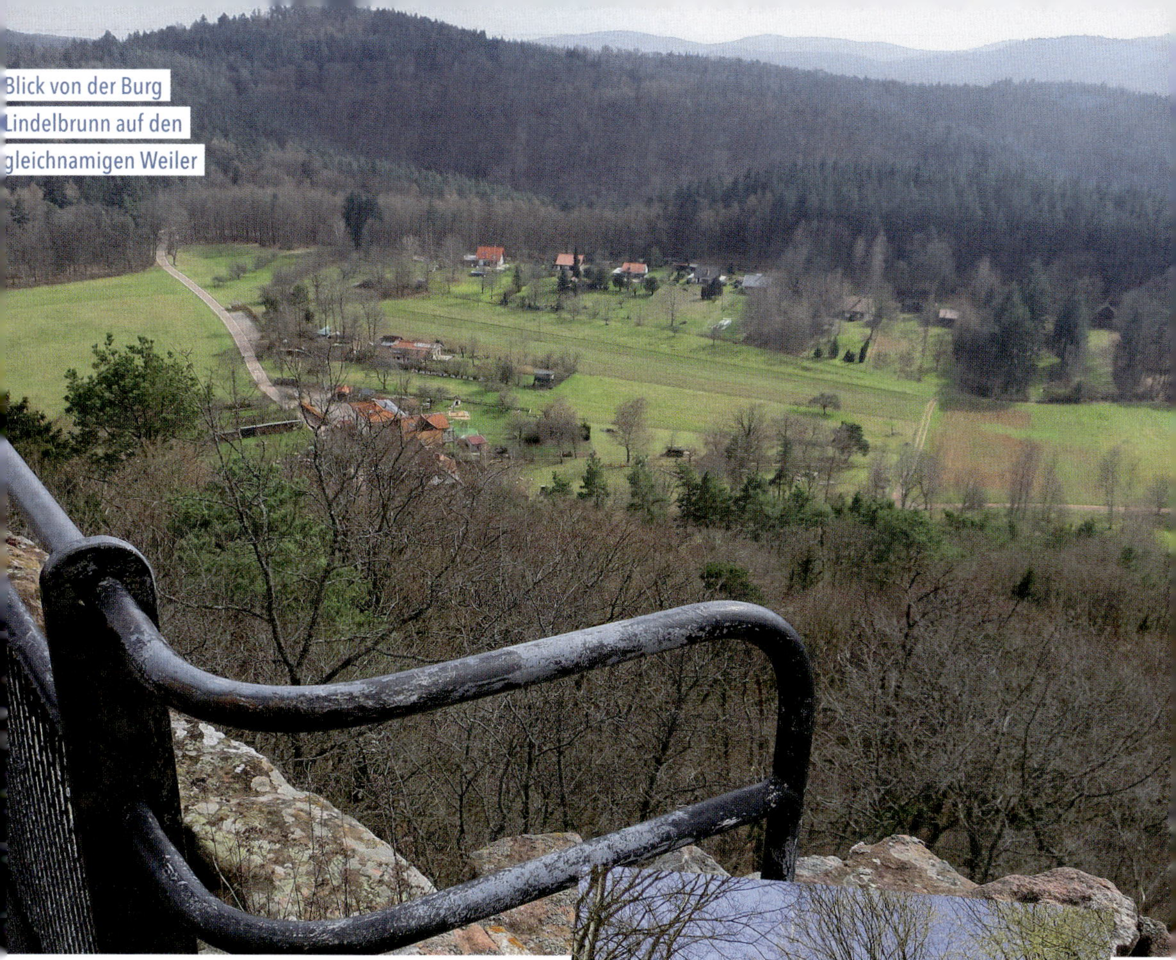

Blick von der Burg Lindelbrunn auf den gleichnamigen Weiler

Besuchermagnet Berwartstein

Burg Berwartstein unweit von Lindelbrunn ist bis heute bewohnt und von März bis Oktober täglich zu besichtigen. (Infos: www.burgberwartstein.de). Einst war die Anlage nur durch einen Aufstiegskamin zu erreichen. Durch einziehbare Treppen und Strickleitern war der Aufgang und damit die Burg leicht zu verteidigen. Zur Wasserversorgung im Belagerungsfall gruben die Bewohner einen Brunnen von zwei Metern Durchmesser und 104 Metern Tiefe in den Felsen. Den Rittersaal des Baus überspannen vier Kreuzgewölbe, seine Südwand besteht aus gewachsenem Felsen. Berüchtigt war Burgherr Hans von Trotha alias Hans Trapp. Mit Weißenburg im Elsass hatte er eine Fehde, Reichsacht und Kirchenbann wurden gegen ihn verhängt. 1503 verstorben, wurde er im nahen Niederschlettenbach beigesetzt.

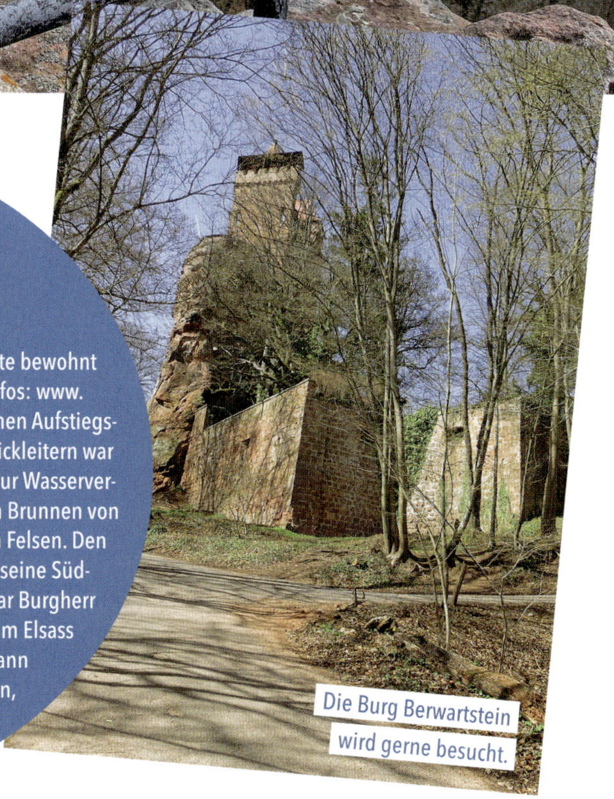

Die Burg Berwartstein wird gerne besucht.

ZUM NAPOLEONSBRUNNEN AM WEINTOR

25 Im Grenzgebiet zum Elsass

Vom Flugplatz in Schweighofen erreichen wir schnell das Elsass und damit Frankreich. Beim Paulinerschloss kehren wir auf die deutsche Seite zurück. Das Deutsche Weintor ist der touristische Höhepunkt auf dieser Wanderung. Von dort geht es durch die Weinberge zurück nach Schweighofen.

Vom **A** Bahnhaltepunkt Schweighofen orientieren wir uns nach Westen. Entlang der Bahnlinie wandern wir Richtung Vogesen und Pfälzerwald. Auf der rechten Seite des Weges befindet sich der Sonderlandeplatz Schweighofen. Seine Grasbahn hat eine Länge von 620 Metern.

Über Altenstadt nach Weißenburg

Wir laufen ein kurzes Stück durch den Wald und anschließend noch ein Stück an landwirtschaftlich genutzem Gelände entlang. Kurz vor Beginn der Bebauung überschreiten wir die Grenze nach Frankreich. Auf der Rue du Sable gehen wir bis zur Hauptstraße, der Rue Principale. Dort biegen wir nach links ab und gehen bis zur **1** Kirche Sankt Ulrich. Sie ist eine der ältesten Kirchen im Elsass – das romanische Bauwerk stammt aus dem 11. Jahrhundert. Das fünfjochige Langhaus gehört zu den ältesten Teilen der Kirche. Auf gedrungenen Pfeilern ruhen die Arkaden, die das Mittel- und die Seitenschiffe voneinander trennen. Die Mauern des Baus bestehen aus zusammengefügten Quadersteinen. Die Obergadenfenster, also die Reihe von Fensteröffnungen im oberen Wandbereich, wurden in der ursprünglichen Form wiederhergestellt. Neu eingezogen wurde die Holzdecke mit sichtbaren Deckenbalken entsprechend der Bautechnik des 11. Jahrhunderts. Im Rahmen von Ausgrabungen fand man unter dem Altar eine Stele, die einer römischen Gottheit gewidmet war.

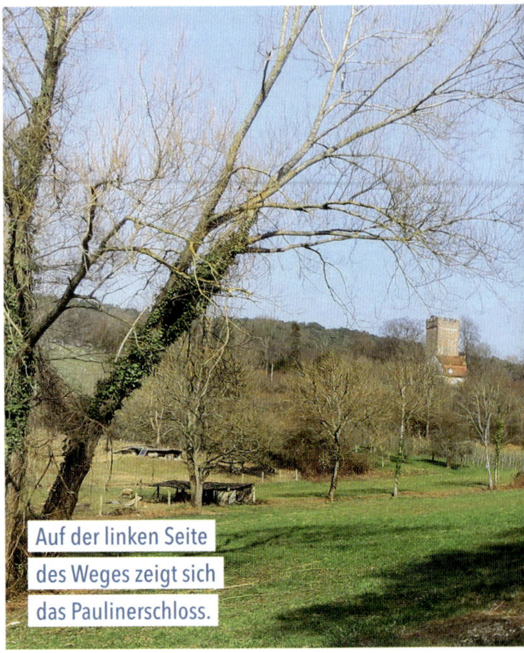

Auf der linken Seite des Weges zeigt sich das Paulinerschloss.

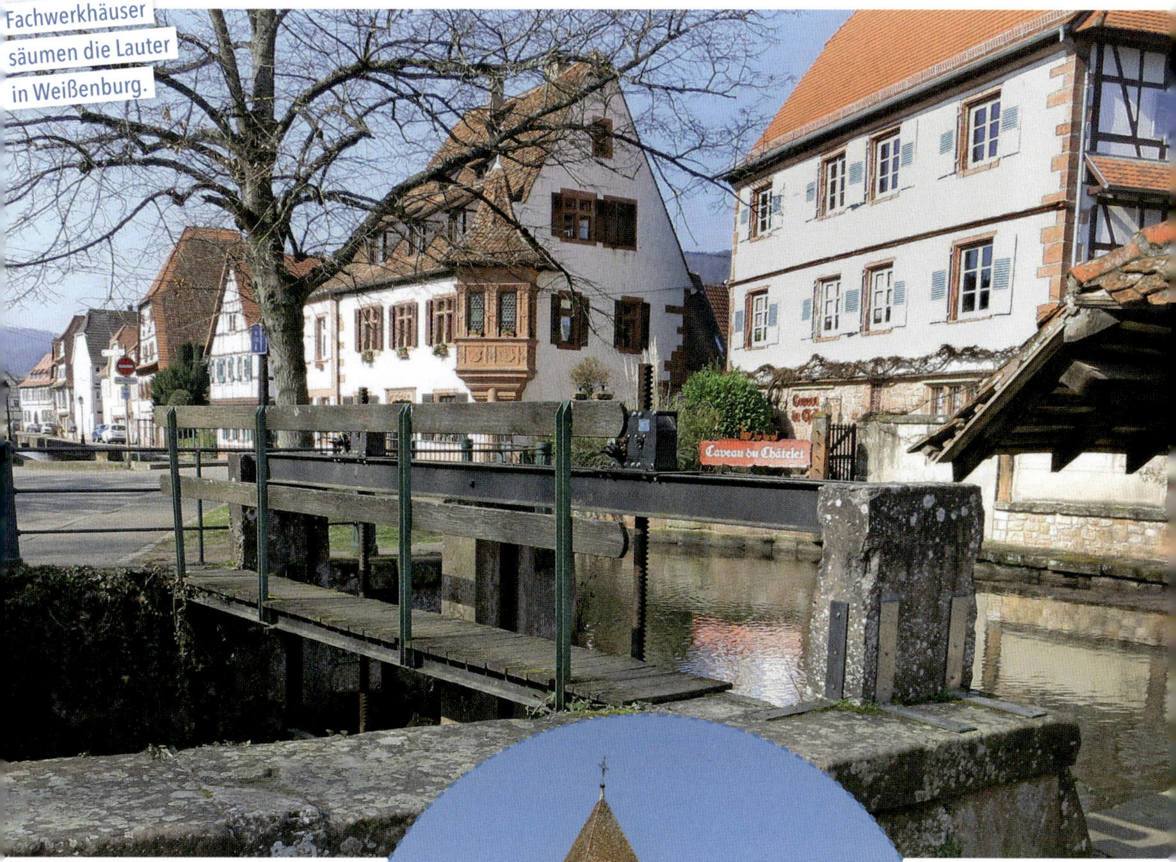

Fachwerkhäuser säumen die Lauter in Weißenburg.

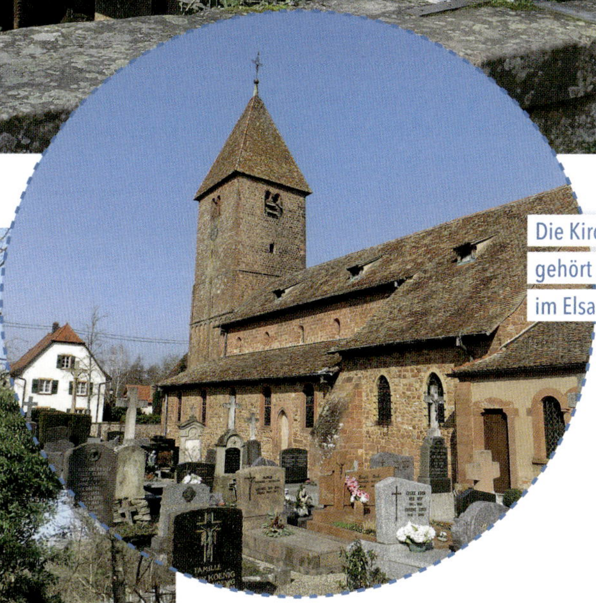

Die Kirche St. Ulrich gehört zu den ältesten im Elsass.

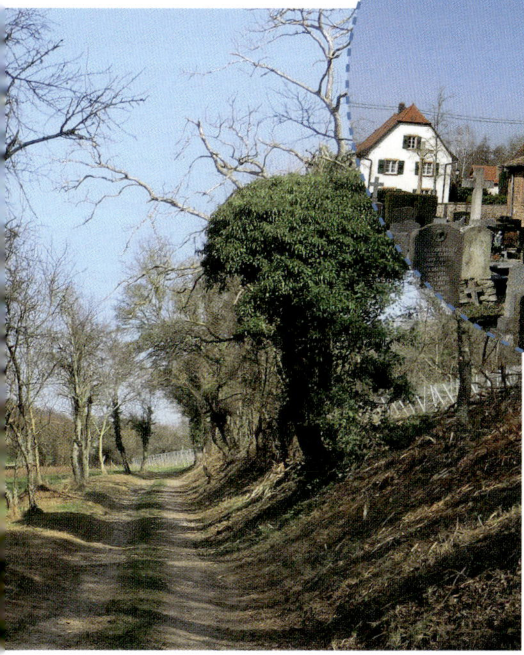

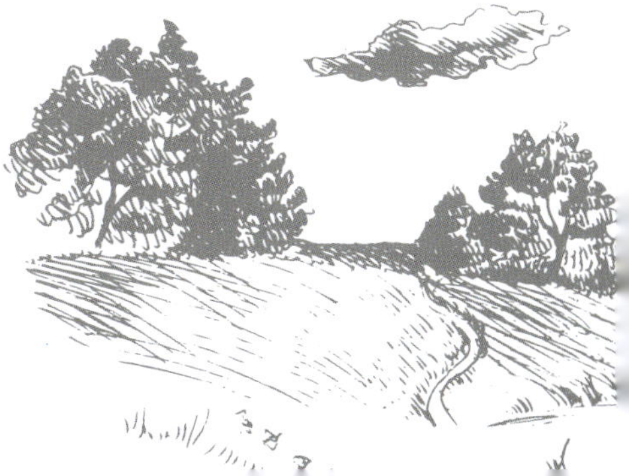

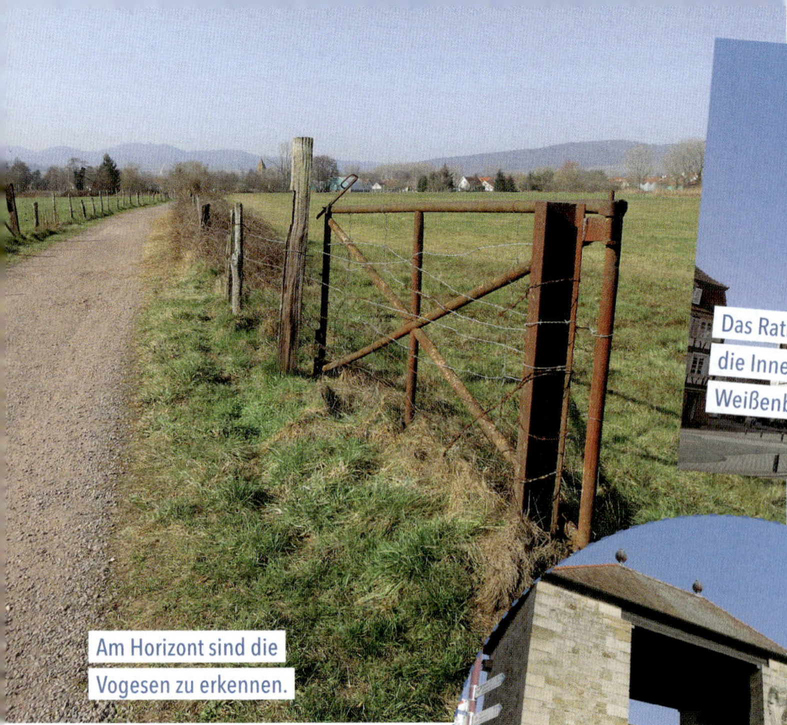

Am Horizont sind die Vogesen zu erkennen.

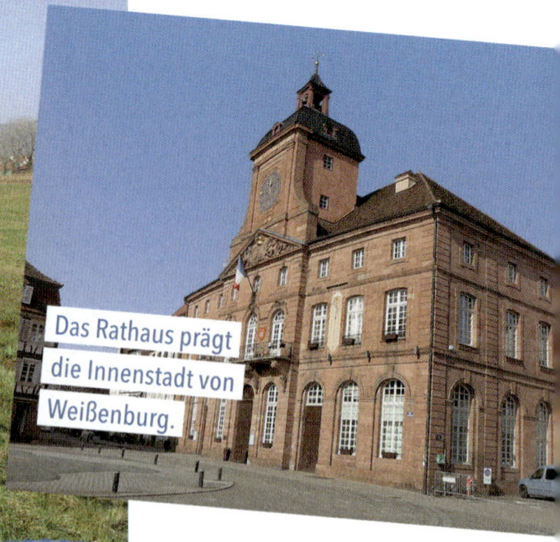

Das Rathaus prägt die Innenstadt von Weißenburg.

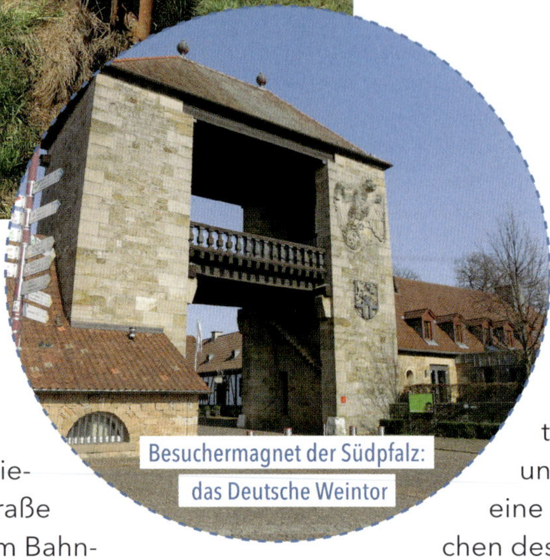

Besuchermagnet der Südpfalz: das Deutsche Weintor

An der Kirche überqueren wir die Straße zur Rue des Étoiles. Hier stoßen wir auf das Wanderzeichen roter Balken. Dieses führt uns zur Durchgangsstraße D3, an einer Sektkellerei und am Bahnhof der Stadt vorbei gelangen wir zu einem großen Kreisverkehr. Wir wenden uns nach rechts, überqueren die Lauter und befinden uns in der Innenstadt von Weißenburg. Hier lohnt es sich, die zahlreichen Fachwerkhäuser, das Rathaus und die idyllischen Plätze entlang der Lauter zu erkunden. Unser Weg führt uns zum ❷ Rathaus, das zwischen 1741 und 1752 erbaut worden war. Dann gelangen wir zum nahe gelegenen Salzhaus, das 1448 als städtisches Spital errichtet worden war. Ab 1550 wurde dieses mächtige viergeschossige Haus als Salzlager genutzt. Ab Anfang des 18. Jahrhunderts erfolgte die Umwidmung des Gebäudes zum Militärhospital. Nicht weit davon entfernt befindet sich die Abteikirche St. Pete und Paul. Sie ist eine der größten Kirchen des Unterelsass und wurde im 13. Jahrhundert errichtet. Das Gebäude verfügt noch über den romanischen Glockenturm des Vorgängerbaus aus dem 11. Jahrhundert. Im Innenbereich sind die restaurierten Fresken bzw. die Glasfenster sehenswert, die teilweise aus dem 14. Jahrhundert stammen. Ebenfalls beeindruckend ist die elf Meter hohe Christophorusstatue.

Zum Weintor in Schweigen

Wir gehen durch die Innenstadt Richtung Walkmühle. Am örtlichen Schwimmbad biegen wir nach rechts ab und laufen bis zum Kreisverkehr. Dort geht es nach links zum Centre hospitalier, also zum Krankenhaus.

mittel

13,3 km

206 Hm

3.15 Std.

Auf einen Blick

Tourencharakter
Durch die Stadt Weißenburg und die Weinberge auf deutscher und französischer Seite führende Rundwanderung. Unterwegs gibt es keinen Schatten.

Ausgangs-/Endpunkt
Schweighofen, Landeplatz (149 m)
GPS-Daten: 49.032500, 7.998333

Anfahrt
Auto: Auf der Autobahn 65 bis Kandel-Mitte. Durch Kandel hindurch, dann über Minfeld und Steinfeld nach Schweighofen. Dort den Wegweisern zum Bahnhaltepunkt folgen
Bus & Bahn: Mit der Regionalbahn von Winden nach Schweighofen

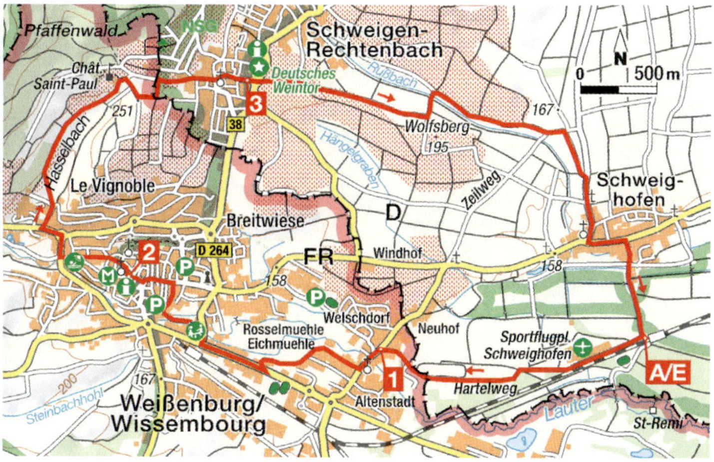

Karte
NaturNavi Pfälzerwald 8, Blatt 42-544, 1:25 000

Einkehr
Weißenburg, Schweigen-Rechtenbach

Weitere Informationen
Office de Tourisme, 2 place de saumon, 67160 Wissembourg
www.reisetipps-elsass.com

ort angekommen, biegt nach rechts die ue du Château Saint-Paul ab. Wir folgen ieser Straße, die bald in einen Feldweg bergeht, bergauf. Auf der linken Seite des 'eges erkennen wir die Burg St. Paul – das hateau Saint-Paul oder auch Pauliner-chloss genannt. Das Gebäude befindet ch in Privatbesitz. Wir wenden uns nach chts und überschreiten die Grenze zurück ach Deutschland. Auf der Paulinerstraße d durch die Hauptstraße erreichen wir hnell den Kreisverkehr beim 3 Deut-chen Weintor. Auf dem Weg dorthin wer-n wir noch einen Blick auf den Napole-nsbrunnen aus dem Jahr 1811. Die Pfalz ehörte damals zu Frankreich.

Zurück nach Schweighofen

Am ersten Weintorkreisverkehr von Weißenburg kommend nehmen wir unseren Wanderweg wieder auf. Es geht direkt nach Osten, die Wegmarkierung ist der schwarze Punkt in weißem Feld. Schnell lassen wir den Trubel des Weintors hinter uns, durch Weinberge und an Feldern vorbei geht es jetzt vornehmlich bergab. Wir überqueren den Roßbach und erreichen schließlich Schweighofen. Der Weg führt an der Kirche St. Laurentius vorbei zur Hauptstraße. Wir achten auf die Einmündung zur Speckstraße, dieser folgen wir bis zum Endpunkt unserer Wanderung, dem E Bahnhaltepunkt Schweighofen.

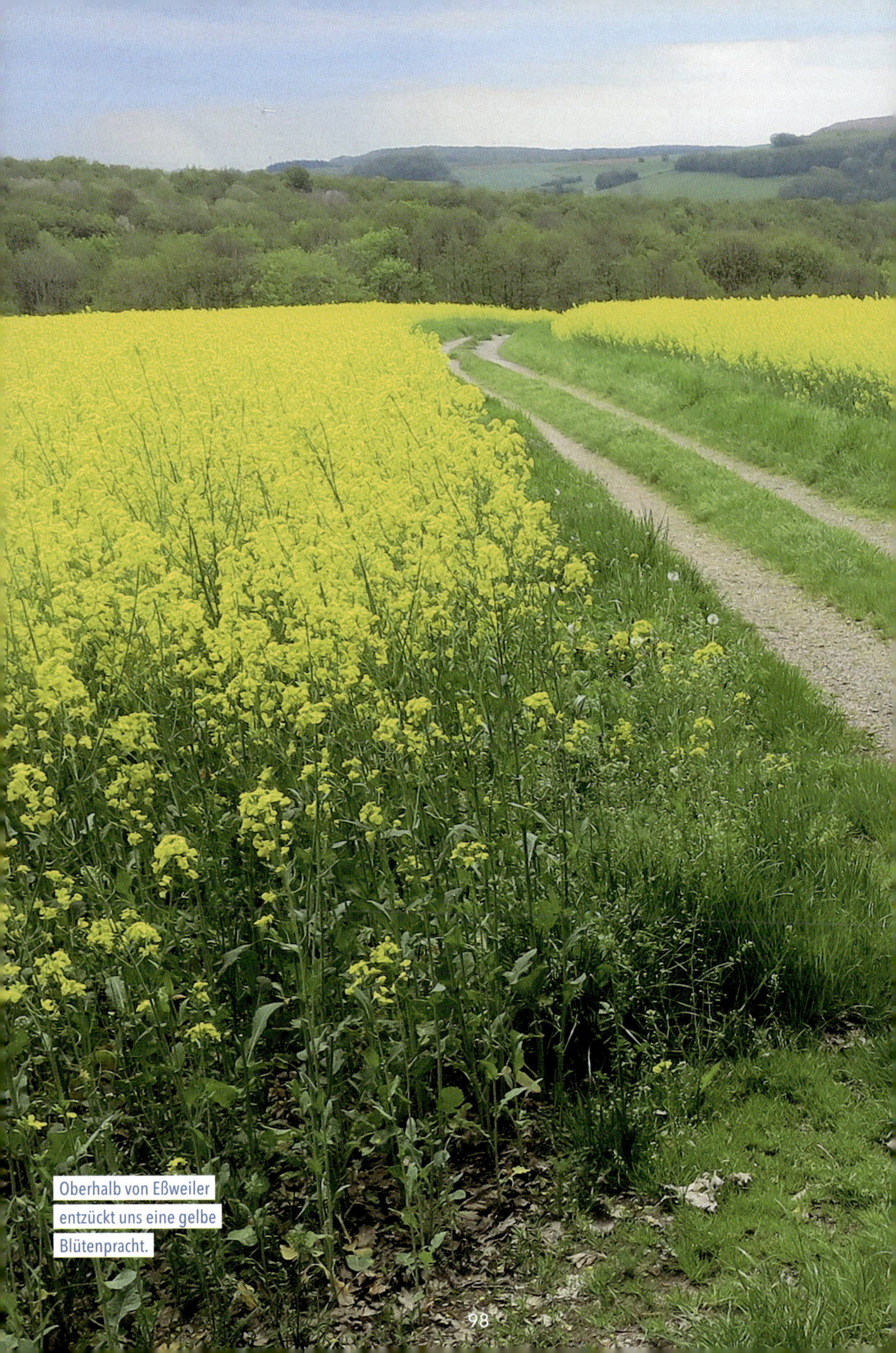

Oberhalb von Eßweiler entzückt uns eine gelbe Blütenpracht.

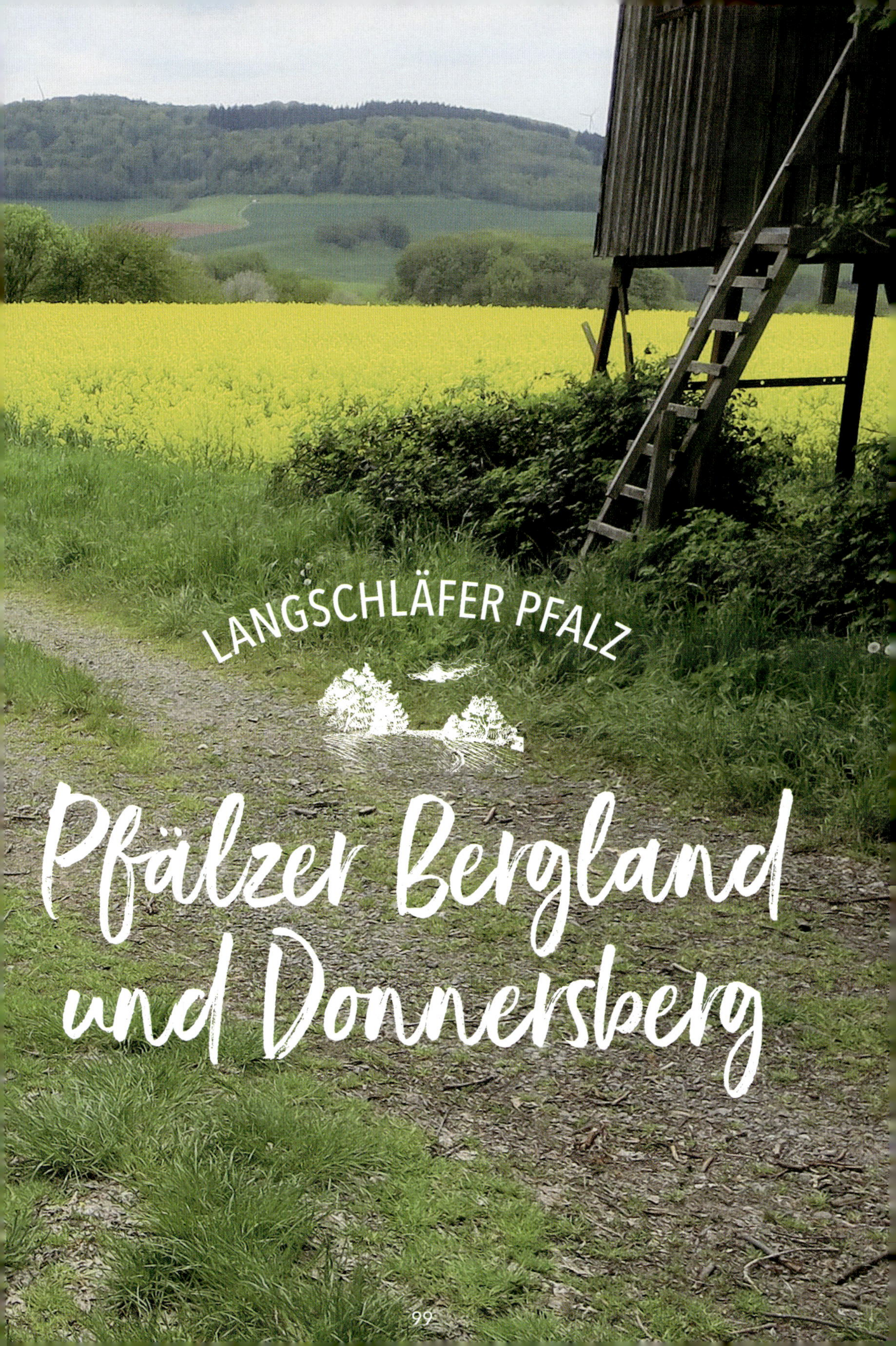

LANGSCHLÄFER PFALZ

Pfälzer Bergland und Donnersberg

AN DER GRENZE ZU PREUSSEN

26

Fernblick über die Nahe

Nach dem Wiener Kongress 1815 gehörte die Pfalz erst ein Jahr zu Österreich, dann bis zum Jahr 1945 zu Bayern. Bis heute lassen sich in der Pfalz Bezüge zu Bayern finden. Einem davon begegnen wir auf dieser Wanderung am historischen Zweiländerblick. Von hier aus sehen wir über die Nahe – Bayern befand sich damals auf der linken, Preußen auf der rechten Seite.

Ausgangspunkt ist der **A** Parkplatz am Waldgasthaus Lemberghütte. Dieses hat folgende Öffnungszeiten: Mittwoch bis Sonntag, 11.30 bis 20 Uhr. Auf der Aussichtsplattform an der Hütte gönnen wir uns erst einmal den einmaligen Blick über die Nahe. Der Fernblick reicht über Oberhausen an der Nahe bis nach Bad Sobernheim bzw. bis zum Soonwald und zum Hunsrück.

Zum Schmittenstollen

Wenige Meter weiter beginnt unsere Tour und wir nehmen das weiße Kreuz als Wanderzeichen auf. Der Weg führt fast höhengleich durch den Wald oberhalb der Nahe entlang, erst im letzten Teil fällt er zu einer Verzweigung ab. An der **1** Wegspinne sind zwei alte Loren aufgestellt, von dort laufen wir hinunter zum Besucherbergwerk Schmittenstollen. Wir folgen dem Weg links der Fahrstraße bergab. Tipp: Wer das Bergwerk besichtigen möchte, bleibt auf der Straße und folgt den Hinweisschildern.

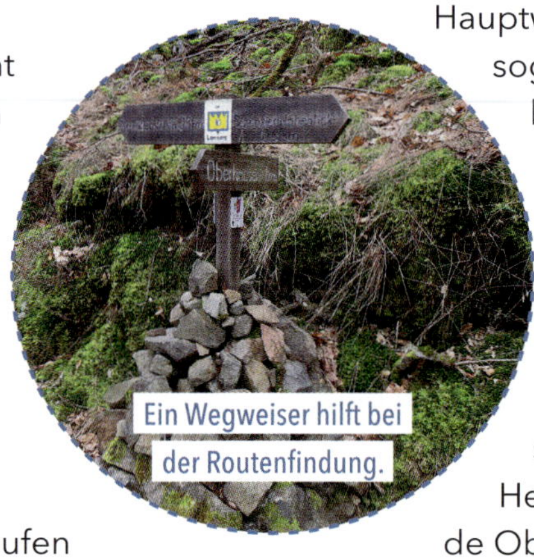

Ein Wegweiser hilft bei der Routenfindung.

Einstige Grenze zu Preußen

Der Weg dreht nun in westliche Richtung. Die räumliche Entfernung zur Nahe ist jetzt geringer, deshalb ergibt sich bald eine gute Aussicht auf die Gemeinde Niederhausen. Kurz darauf erreichen wir eine **2** Abzweigung; hier geht nach rechts der Weg nach Oberhausen ab. Wir bleiben auf dem Hauptweg und erreichen bald den sogenannten »Schönsten Naheblick«. Wir blicken auf die Flussbiegung der Nahe zwischen Oberhausen und Niederhausen, auf die Luitpoldbrücke als der ehemaligen Grenzbrücke zwischen Bayern und Preußen sowie auf die Niederhäuser Hermannshöhle. Die Gemeinde Oberhausen gehörte bis zum Jahr 1945 zu Bayern. Im Jahr 1889 wurde die Luitpoldbrücke gebaut, dadurch wurde an dieser Stelle eine feste Landverbindung

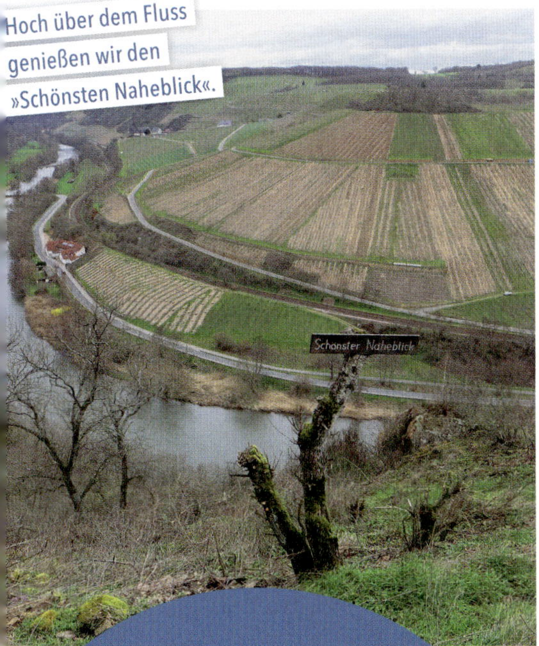

Hoch über dem Fluss genießen wir den »Schönsten Naheblick«.

Besucherbergwerk Schmittenstollen

Die Anlage ist das größte Quecksilber-Besucherbergwerk in Deutschland. Ein halbes Jahrtausend lang wurde dort Quecksilberbergbau betrieben. Eine Merkurkultstätte lässt allerdings vermuten, dass schon zu Zeiten der Römer dort Mineralien abgebaut wurden – nachweisbar ist der Abbau erst ab dem 15. Jahrhundert. Zuletzt wurden von 1936 bis 1942 Zinnobererze abgebaut. Die Temperatur im Stollen liegt bei 8 °C.

zwischen Bayern und Preußen geschaffen. Der Fährbetrieb konnte daraufhin eingestellt werden. Dieser Wegabschnitt ist etwas ausgesetzt, deshalb ist er mit gebotener Vorsicht zu passieren. Wir wandern daraufhin weiter in westliche Richtung, bis der Schlussanstieg hinauf zum Waldgasthaus beginnt. In Zickzacklinien geht es den Berg hinauf. Eine kurze Gerade bringt uns schließlich zurück zu unserem Ausgangspunkt, der **E** Lemberghütte.

mittel | 3,4 km | 220 Hm | 1.15 Std.

Auf einen Blick

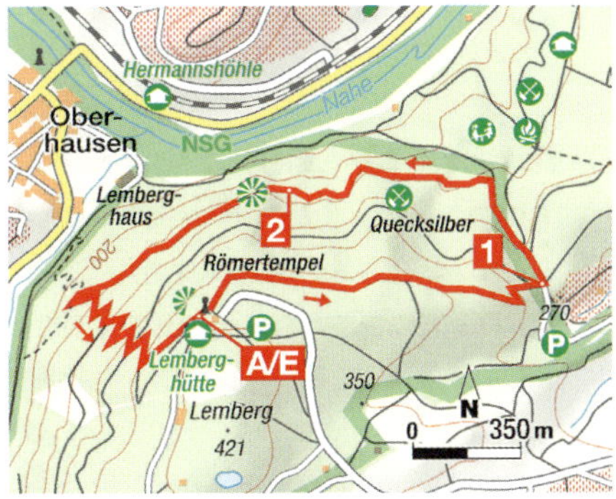

Tourencharakter
Kurze, aber interessante Rundwanderung. An einer Stelle ist der Wanderweg ausgesetzt.

Ausgangs-/Endpunkt
Lemberghütte (396 m)
GPS-Daten: 49.785000, 7.767222

Anfahrt
Auto: Von Kaiserslautern auf der B48 bis Alsenz, über Obermoschel und Hallgarten nach Feilbingert. Von Bad Kreuznach nach Bad Münster, weiter auf der L 379 bis Feilbingert, dort den Schildern zur Lemberghütte folgen
Bus & Bahn: Busverbindung von Bad Kreuznach nur bis Feilbingert

Karte
NaturNavi Soonwald-Nahe 2 Bad Kreuznach, Blatt 41-552, 1:25 000

Einkehr
Lemberghütte

Weitere Informationen
Tourist-Information, Kurhausstraße 22-24, 55543 Bad Kreuznach
www.bad-kreuznach-tourist.de

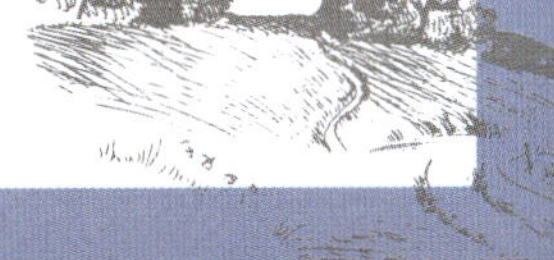

SCHLUSSSPURT AM VELDENZTURM

27

Rundtour an Glan und Lauter

Das nördliche Pfälzer Bergland ist als Wandergebiet kaum bekannt. Charakteristisch sind dort die langen Geraden, die sich auf den Höhenrücken entlangziehen. Mit Lauterecken als Ausgangspunkt und Offenbach-Hundheim zur Mitte unserer Tour entdecken wir zwei Kleinstädte mit interessanten Sehenswürdigkeiten.

Wir beginnen unsere Wanderung am Ⓐ Bahnhof in Lauterecken. Der Weg führt zur Hauptstraße, hier biegen wir nach rechts ab. Die Bahngleise überschreitend, erreichen wir die Hauptdurchgangsstraße, die Saarbrücker Straße – sie ist zugleich die Bundesstraße 420. Dieser folgen wir ortsauswärts in südwestlicher Richtung.

Zur Ernst-Reichel-Hütte

Wir unterqueren die Bundesstraße 270, kurz danach gelangen wir zu einer Fußgängerbrücke, die uns gefahrlos über die B 420 führt. Wir biegen nun nach links in die Anwohnerstraße Auf Röth ein und folgen ihr, bis nach links die Straße Röther Ring abzweigt. Die erste Straße, die wiederum nach rechts abbiegt, ist der Hausweiler Weg. Wir folgen ihm, bis wir das Ende der Bebauung erreicht haben. Weiter ansteigend – und der Wandermarkierung schwarzer Punkt in weißem Kreis folgend – haben wir den Waldrand zuerst zur linken, dann zur rechten Seite. Die charakteristischen waldlosen Höhenrücken des Pfälzer Berglands werden intensiv landwirtschaftlich genutzt. Auf der anderen Talseite sehen wir einen Verarbeitungsbetrieb für Natursteine. Der Weg steigt weiter langsam an, zwischendurch kommen wir auch einmal durch ein kurzes Waldstück. Kurz bevor wir die höchste Stelle dieses Tourabschnitts erreicht haben, geht der Naturweg in einen befestigten

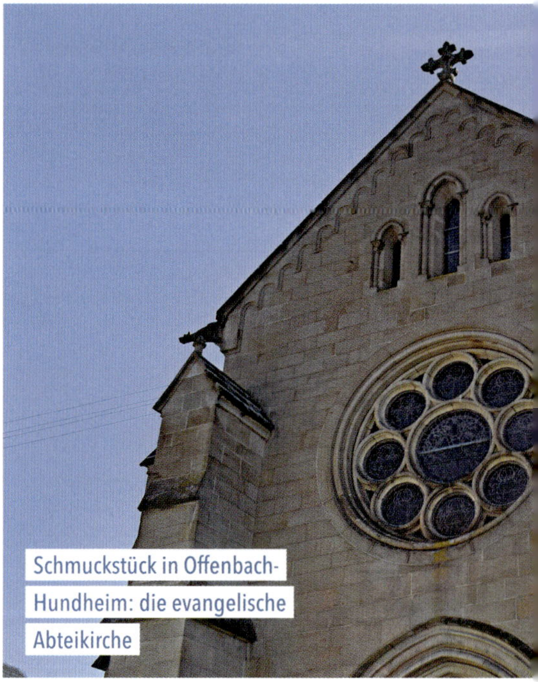

Schmuckstück in Offenbach-Hundheim: die evangelische Abteikirche

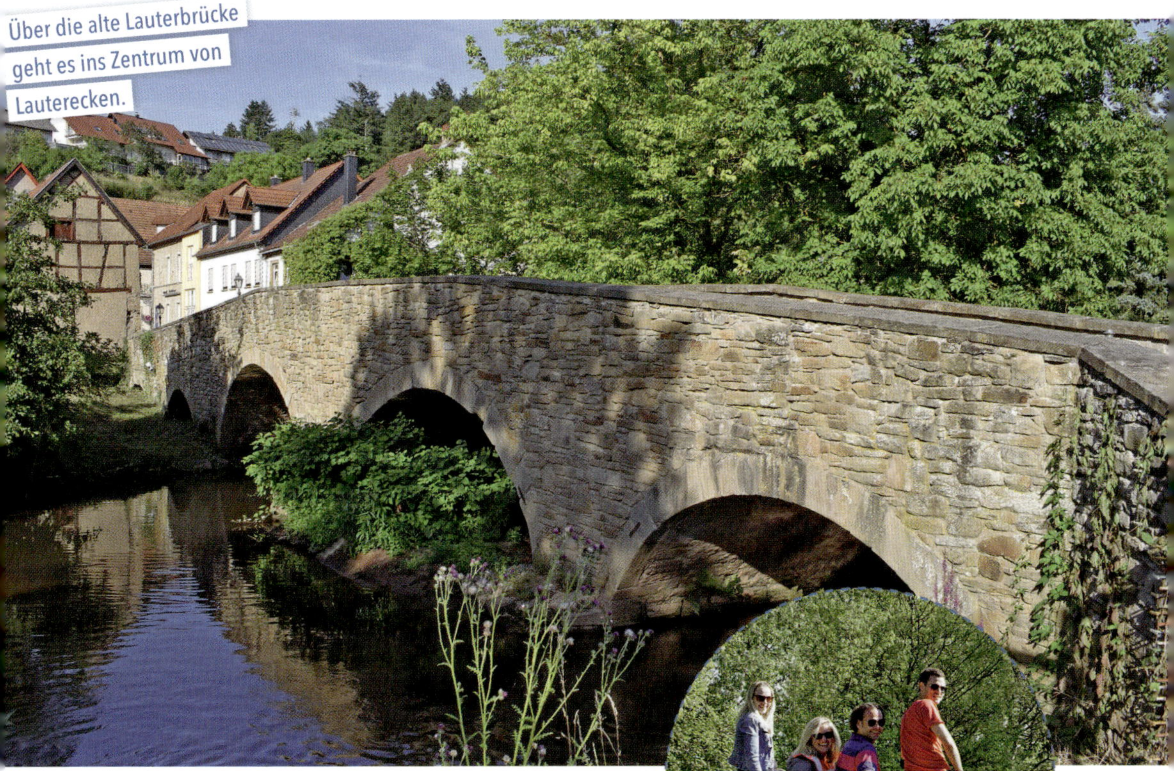

Über die alte Lauterbrücke geht es ins Zentrum von Lauterecken.

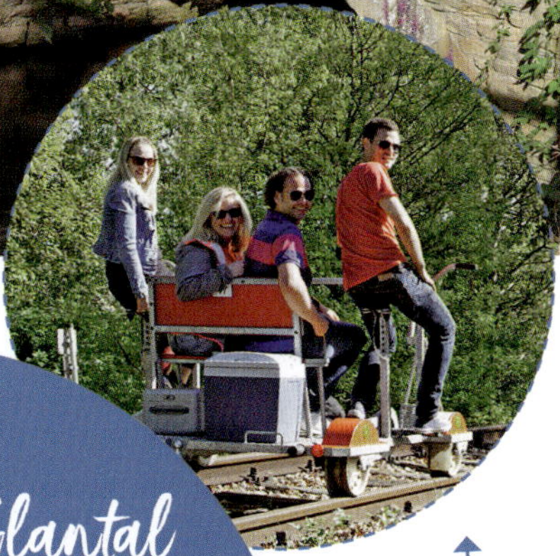

Draisinen im Glantal

Ein besonderer Anziehungspunkt des Glantals ist die dortige Draisinenstrecke. Auf den Gleisen einer ehemaligen Bahntrasse lassen sich Strecken von 20 und 40 Kilometern zurücklegen. Ausgangspunkte sind die Orte Altenglan, Staudernheim und Lauterecken. Fahrbetrieb ist von März bis Oktober. Angeboten werden Fahrrad-, Handhebel- oder Elektrodraisinen. Weitere Infos finden sich unter www.draisinentour.de.

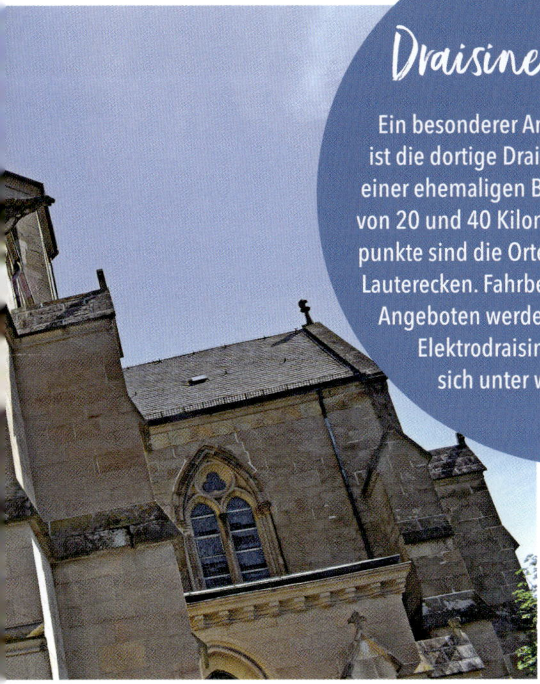

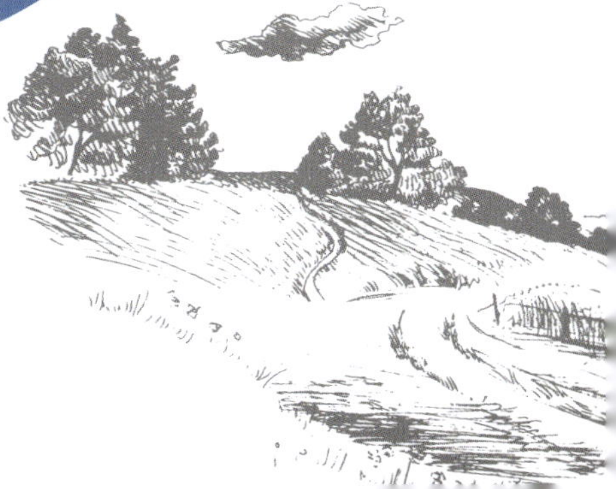

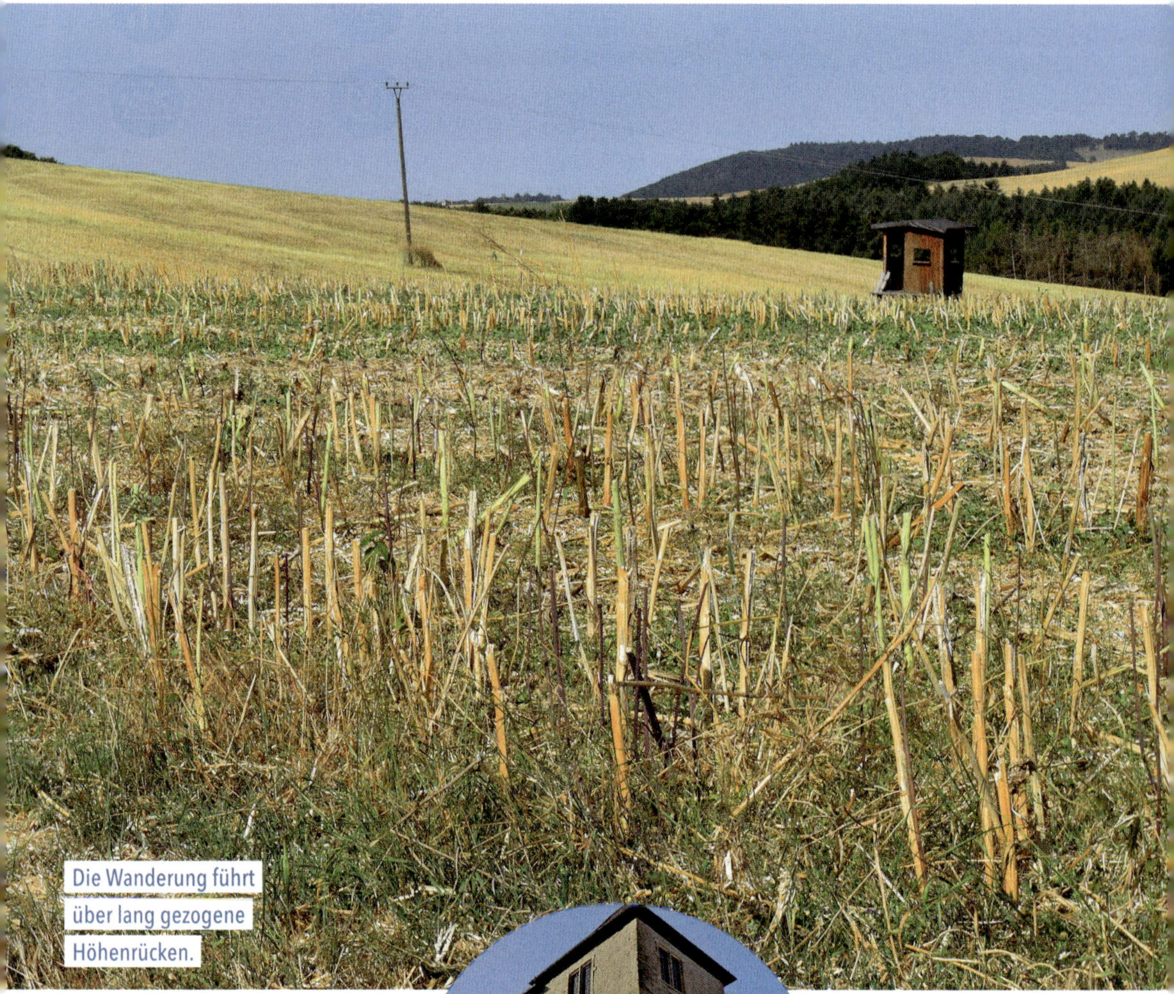

Die Wanderung führt über lang gezogene Höhenrücken.

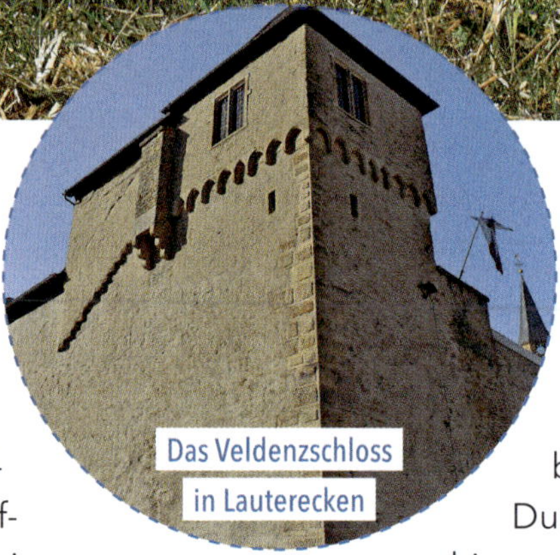

Das Veldenzschloss in Lauterecken

Weg über. Dann sind wir schon an der 1 Ernst-Reichel-Hütte angelangt. Diese Pfälzerwaldhütte wird von der Ortsgruppe Offenbach bewirtschaftet. Geöffnet ist sie jeden ersten und dritten Sonntag im Monat von 11 bis 17 Uhr. Auch wenn sie geschlossen ist, bietet sie sich für eine kurze Rast an. Denn nachdem wir bisher die meiste Zeit ohne den Schatten eines Waldes unterwegs waren, sind die Bänke unter den Bäumen an der Hütte jetzt ein idealer Platz zum Ausruhen.

Nach Offenbach und zum Rödlingsberg

Wir laufen an der Hütte vorbei und folgen unserem bisherigen Wegzeichen. Durch den Wald geht es jetzt hinunter nach Offenbach-Hundheim. Am örtlichen Friedhof erreichen wir die Klosterstraße – diese führt uns in den Ort hinein. Im Ort stoßen wir auf die evangelische Abteikirche. Mitte des 13. Jahrhunderts im romanischen Stil erbaut, wurde die Kirche in der Folge um- und weitergebaut. Im 19. Jahrhundert wurden baufällige Teile

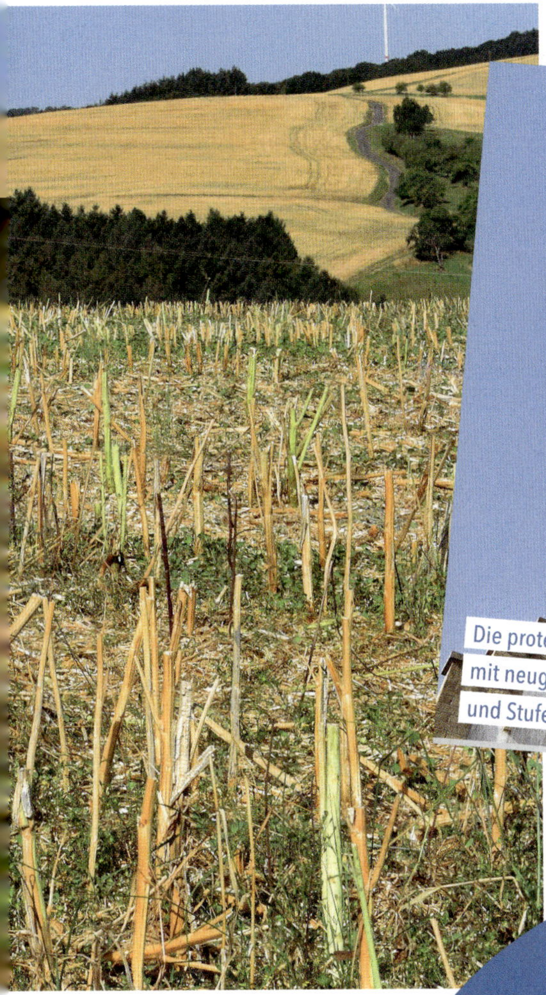

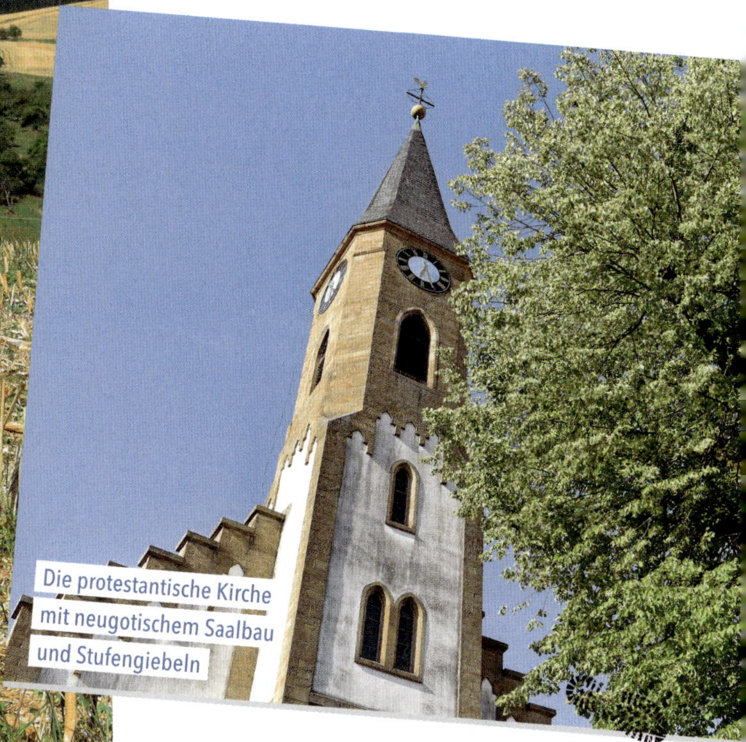

Die protestantische Kirche mit neugotischem Saalbau und Stufengiebeln

ersetzt und die heutige Kirchenform entstand. Bemerkenswert ist die Verschmelzung von romanischen und gotischen Elementen, die zum architektonischen und künstlerischen Reichtum des Gotteshauses beitragen. Am Gemeindehaus vorbeigehend, erreichen wir die Brücke über den 2 Glan. Einen Abstecher wert ist im Stadtteil Hundheim die Hirsauer Kapelle (siehe

Hirsauer Kapelle

Im Offenbacher Stadtteil Hundheim steht die Hirsauer Kapelle. Die Pfarrkirche war im Mittelalter Zentrum eines weit verzweigten Kirchspiels. Dazu gehörten etwa die Dörfer Hinzweiler, Hundheim und Elzweiler. Die ältesten Teile des Baus entstammen dem 12. Jahrhundert, Materialien aus ehemaligen römischen Wohnhäusern wurden einst verwendet. Im 13. Jahrhundert entstand der gotische Chorturm. Die Wandmalereien wurden in der Reformation übermalt und erst im 20. Jahrhundert wieder freigelegt. Sie zeigen Szenen aus Lebens- und Leidensgeschichte Jesu. Die Kapelle diente nicht nur Gottesdiensten, sie war auch ein Ort, an dem Handel getrieben und Recht gesprochen wurde. Besucher betreten die Kapelle durch ein halbkreisförmiges Steinportal. Zunächst müssen sie sich aber auf der Tafel neben der Tür informieren, bei welchen Personen in Hundheim der Schlüssel zur Kapelle erhältlich ist.

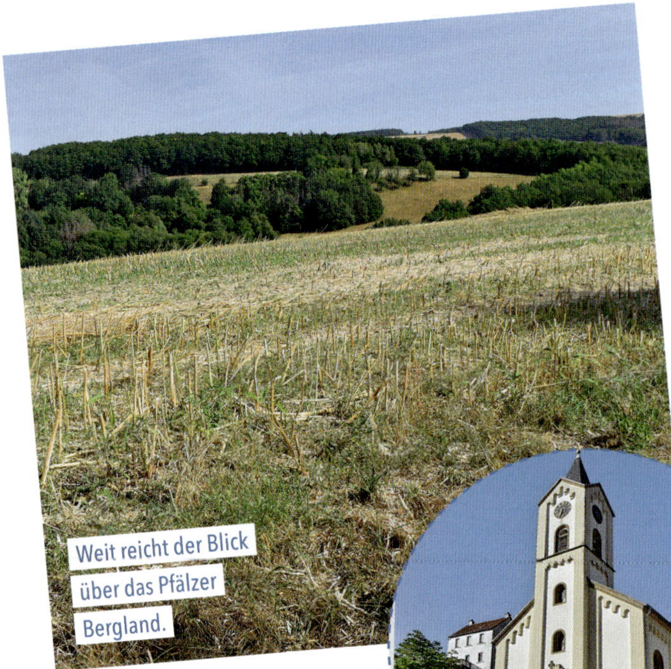

Weit reicht der Blick über das Pfälzer Bergland.

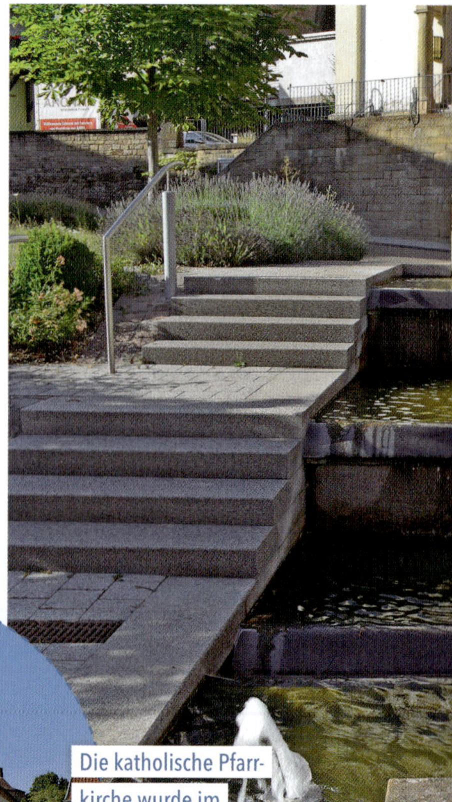

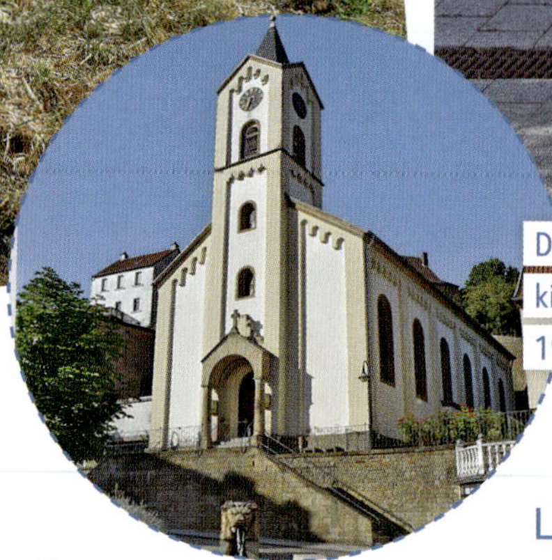

Die katholische Pfarrkirche wurde im 19. Jahrhundert erbaut.

Extra-Info). Wir wandern auf dem Kesselbergweg weiter, der Weg steigt jetzt wieder an. Es geht zuerst durch den Wald, dann kommen wir in offenes Gelände. Wir passieren einen Großbauernhof und lassen uns weiterhin von der Markierung schwarzer Punkt in südöstliche Richtung leiten. Der Weg fällt dann zu einer Verzweigung ab, dort treffen wir auf den Valdenzweg. Dessen Markierung, ein V mit Krone auf blauem Grund, wird uns auf dem nächsten Abschnitt der Tour begleiten. Es geht jetzt nach Osten – der Weg fällt in das Tal des Aschbachs ab. Am Rödlingsberg steigt die Strecke wieder an und wir erreichen den Rettungspunkt mit der Nummer 6311-521. Wir machen eine kurze Rast und nehmen dann das letzte Drittel der Tour in Angriff.

Zurück nach Lauterecken

Nur noch wenige Meter sind es jetzt zum nächsten Wegkreuz. Hier treffen wir auf den Pfälzer Höhenweg mit seiner weiß-blauen Kennzeichnung sowie auf einen Nord-Süd-Weg mit der Markierung blau-gelb, der wir folgen. Auf einer lang gezogenen Geraden geht es über einen Höhenrücken nach Norden. Gute Fernsichten bieten sich auch auf diesem Teilstück der Wanderung. Wir kommen schnell voran, da der Weg nicht stark, aber kontinuierlich bergab führt. Erst im letzten Teil vor Lauterecken geht es dann steiler bergab. Über die historische Lauterbrücke erreichen wir die Hauptstraße. Auf dieser gelangen wir zum Schloss Veldenz. Dort sammeln wir unsere Kraft für die letzten Meter

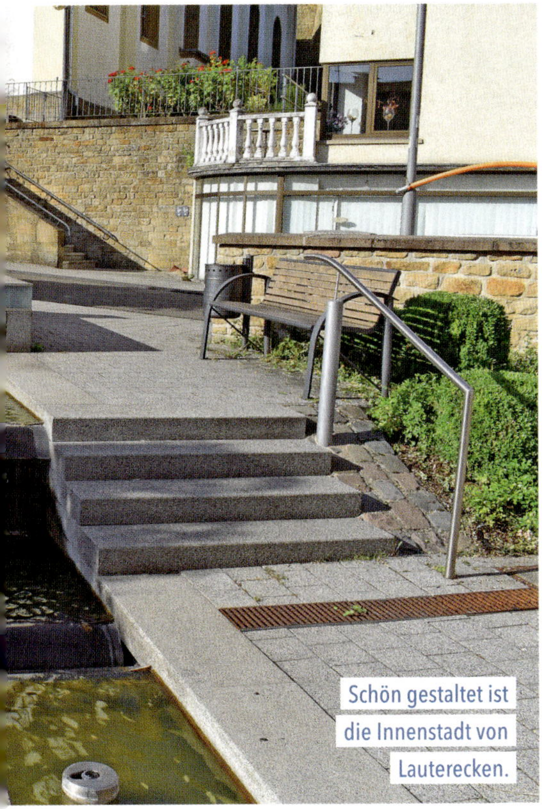

Schön gestaltet ist die Innenstadt von Lauterecken.

:urück zu unserem Ausgangspunkt, dem E Bahnhof von Lauterecken.

Wer nach dieser langen Tour noch Inter-esse an Sehenswürdigkeiten hat, dem sei ein Besuch des Veldenzschlosses empfoh-en. Die Stadtverwaltung bietet Stadt- und Schlossführungen zu einem günstigen Preis an, eine Voranmeldung ist aber notwendig. Weitere Informationen gibt es unter www.lauterecken.de. Von der ursprüngli-chen Burg bzw. dem Schloss sind nur noch der Veldenzturm, die mittelalterlichen Um-fassungsmauern, eine Fassade und das Kreuzrippengewölbe im Keller erhalten. Umfangreiche Sanierungsarbeiten wurden in den Jahren 2004 bis 2017 durchgeführt, 2018 erfolgte die Neueinweihung des Ge-bäudeensembles. Es wird heute hauptsäch-lich für städtische Zwecke genutzt.

schwer | 17,7 km

825 Hm | 5 Std.

Auf einen Blick

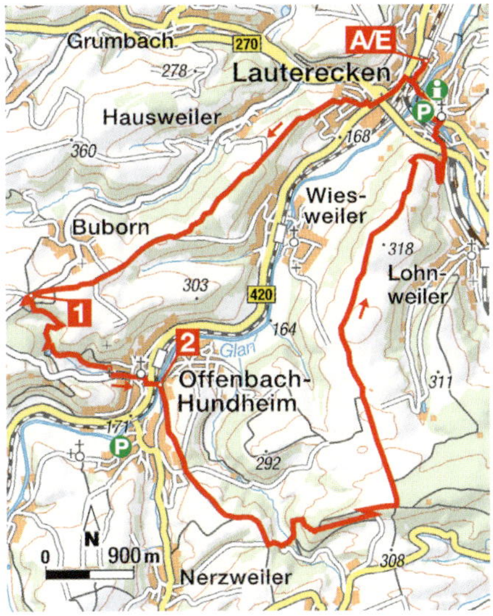

Tourencharakter
Herausfordernde Tour für geübte Wanderer. Wenig Schatten

Ausgangs-/Endpunkt
Lauterecken, Bahnhof (164 m)
GPS-Daten: 49.653333, 7.590833

Anfahrt
Auto: Von Kaiserslautern auf der Bundesstraße 270 nach Lauterecken. Parkplätze am Bahnhof
Bus & Bahn: Mit der Regionalbahn von Kaiserslautern nach Lauterecken.

Karte
Westpfalz Mitte, Wanderkarte des Pfälzerwald-Vereins, 1:25 000 (nicht mehr aufgelegt)

Einkehr
Lauterecken, Ernst-Reichel-Hütte

Weitere Informationen
Tourist-Information Lauterecken-Wolfstein, Schulstraße 6a, 67742 Lauterecken
■ *www.vg-lw.de*

AUF DEM LUDWIGSTURM AM KÖNIGSSTUHL

28

Unterwegs zum keltischen Ringwall

Der Donnersberg kennzeichnet den Übergang vom Pfälzerwald zum Pfälzer Bergland. Durch seine runde Form mit steilen Hängen wurde er schon von den Kelten zur Verteidigungsanlage ausgebaut. Auf einer halbkreisförmigen Route gelangen wir zum Königsstuhl, dem höchsten Punkt der Pfalz.

Am Kreisverkehr von **A** Bastenhaus, den die stilisierte keltische Achsnadel eines Künstlers ziert, befindet sich ein großer Wanderparkplatz. Wir nehmen hier das weiße Kreuz als Wanderzeichen auf – alternativ können wir die grün-weiße Markierung des Pfälzer Waldpfads wählen.

Die Kelten am Donnersberg

Das Ringwallsystem der keltischen Treverer am Donnersberg ist eines der größten seiner Art. Infos dazu und zum nahen Keltendorf: www.keltendorf-steinbach.de.

Zum Königsstuhl

Der Weg führt mit wenigen Höhenunterschieden am Nordrand des Donnersbergs entlang. Oberhalb von Marienthal biegt der Weg dann nach Süden ab. Wir achten auf die Wegverzweigung, die auch als Rettungspunkt 6313-859 gekennzeichnet ist. Hier beginnt der Anstieg zum Königsstuhl, unser Zeichen ist jetzt der rote Balken. Im Verlauf des Anstiegs biegt der Weg nach Osten ab, unvermittelt geht der breite Waldweg in einen schmalen Waldpfad über. Wir befinden uns dann bereits im Schlussanstieg. An den Rehbockfelsen vorbeikommend, erreichen wir schließlich den Rettungspunkt 6313-864. Von hier ist es nicht mehr weit zum **1** Königsstuhl. Er ist mit 686 Metern Höhe der höchste Punkt auf dem Donnersberg und in der Pfalz.

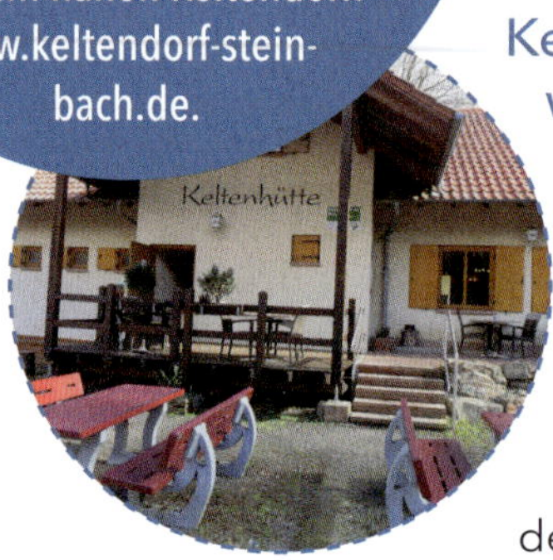

Keltenhütte und Ludwigsturm

Von der Felsengruppe des Königsstuhls haben wir einen schönen Panoramablick über das Pfälzer Bergland. Weiter geht es mit dem roten Balken, auf der rechten Seite des Weges ist schon der 200 Meter hohe Fernmeldeturm zu erkennen. Der Weg fällt dann zur **2** Keltenhütte ab – einer bewirtschafteten Hütte

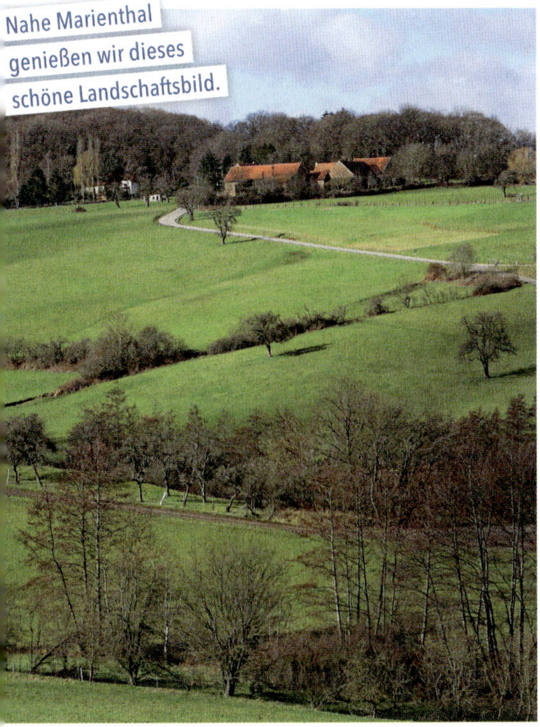

Nahe Marienthal genießen wir dieses schöne Landschaftsbild.

des Pfälzerwald-Vereins. Ihre Öffnungszeiten sind Samstag, Sonntag und an Feiertagen von 10.30 bis 18.30 Uhr. Nicht weit von der Hütte entfernt befindet sich der Ludwigsturm. Dieser wurde Mitte des 19. Jahrhunderts errichtet und misst knapp 30 Meter Höhe. Der Fernblick von der Aussichtsplattform reicht bei gutem Wetter bis zum Schwarzwald. Rund um den Turm laden Holzbänke zur Rast ein, ein Kiosk neben dem Turm verkauft kleine Mahlzeiten und Getränke.

Zurück nach Bastenhaus

Am großen Donnersberg-Parkplatz nehmen wir die Markierung roter Balken wieder auf. Jetzt geht es nur noch bergab. Wir genießen noch einmal den wunderbaren Waldbestand und erreichen darauhin bald unseren Ausgangspunkt, den E Wanderparkplatz Bastenhaus.

mittel | 9,1 km

573 Hm | 2.45 Std.

Auf einen Blick

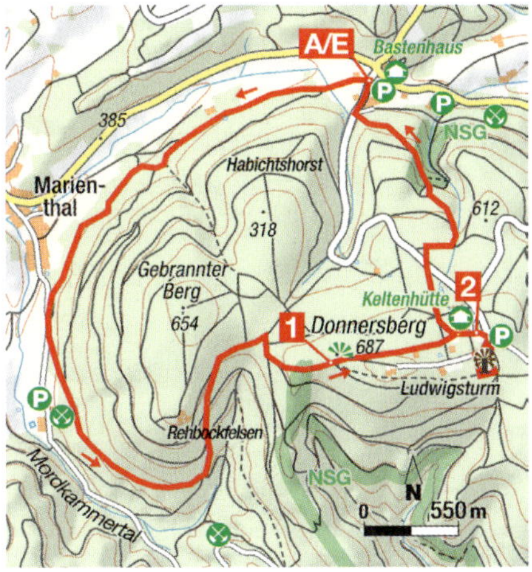

Tourencharakter
Lang gezogener Anstieg zum Königsstuhl, steiler Abstieg zum Ausgangspunkt

Ausgangs-/Endpunkt
Bastenhaus, Wanderparkplatz (460 m)
GPS-Daten: 49.640000, 7.9175000

Anfahrt
Auto: Auf der Autobahn 63 bis Kirchheimbolanden, über die Bundesstraßen 386 nach Bastenhaus. Großer Wanderparkplatz am Kreisel
Bus & Bahn: Mit der Regionalbahn von Mainz nach Kirchheimbolanden. Mit dem Bus weiter nach Bastenhaus

Karte
NaturNavi Pfälzerwald 2, Blatt 42-550, 1:25 000

Einkehr
Bastenhaus, Keltenhaus

Weitere Informationen
Donnersberg Touristik, Uhlandstraße 2,
67292 Kirchheimbolanden
www.donnersberg-touristik.de

AUFSTIEG ZUM PFALZTHRON

29

Alsenztal und Donnersberg

In Imsweiler beschreibt die Alsenz einen markanten Knick – hier beginnen wir diese Wanderung. Nach dem ersten Anstieg rückt das Massiv des Donnersbergs ins Blickfeld. Die Igelborner Hütte lädt auf dem letzten Teilstück zur Rast ein.

Als Streckenwanderung konzipiert, bietet es sich für Anreisende mit dem Auto an, in Winnweiler zu parken und den ersten Streckenabschnitt nach Imsweiler mit der Bahn zurückzulegen. So muss man nach Beendigung der Wanderung nicht auf den Zug warten. In beiden Orten befinden sich Parkplätze direkt an den Bahnhaltepunkten.

Zum Pfalzthron

Imsbach ist eine Ortsgemeinde der Verbandsgemeinde Winnweiler und zählt knapp 900 Einwohner. Vom Ⓐ Bahnhof in Imsbach überqueren wir die Gleise und gehen auf der Alsenzstraße Richtung Ortsmitte. Nachdem wir Mühlbach und Alsenz überquert haben, biegen wir nach links in den Hallerweg ein. Dieser folgt der Alsenz und der Bahnlinie und steigt dabei leicht an. In Zickzacklinien wandern wir den Berg hinauf. Nach Durchqueren eines kleinen Waldstücks führt unser Weg in südlicher Richtung über einen Höhenrücken. Wir kommen an einigen Wochenendhäusern vorbei und erreichen den ❶ Pfalzthron, einen kleinen Unterstand mit gutem Blick auf den Donnersberg.

Unterwegs nach Winnweiler

Der befestigte Weg fällt jetzt nach Südosten kurz ab, danach laufen wir mit wenig Höhenunterschieden weiter. Wir gelangen zu einer Wegverzweigung, nach links geht es zum Kahlheckerhof. Wir bleiben auf unserem Weg und treffen bald auf die Kreisstraße 4. Der dortige Wanderparkplatz ist als Rettungspunkt 6412-913 ausgewiesen. Wir überqueren die Straße und nehmen die

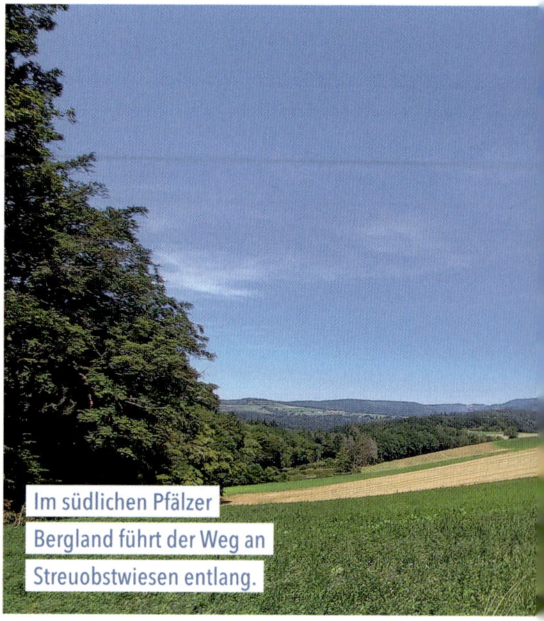

Im südlichen Pfälzer Bergland führt der Weg an Streuobstwiesen entlang.

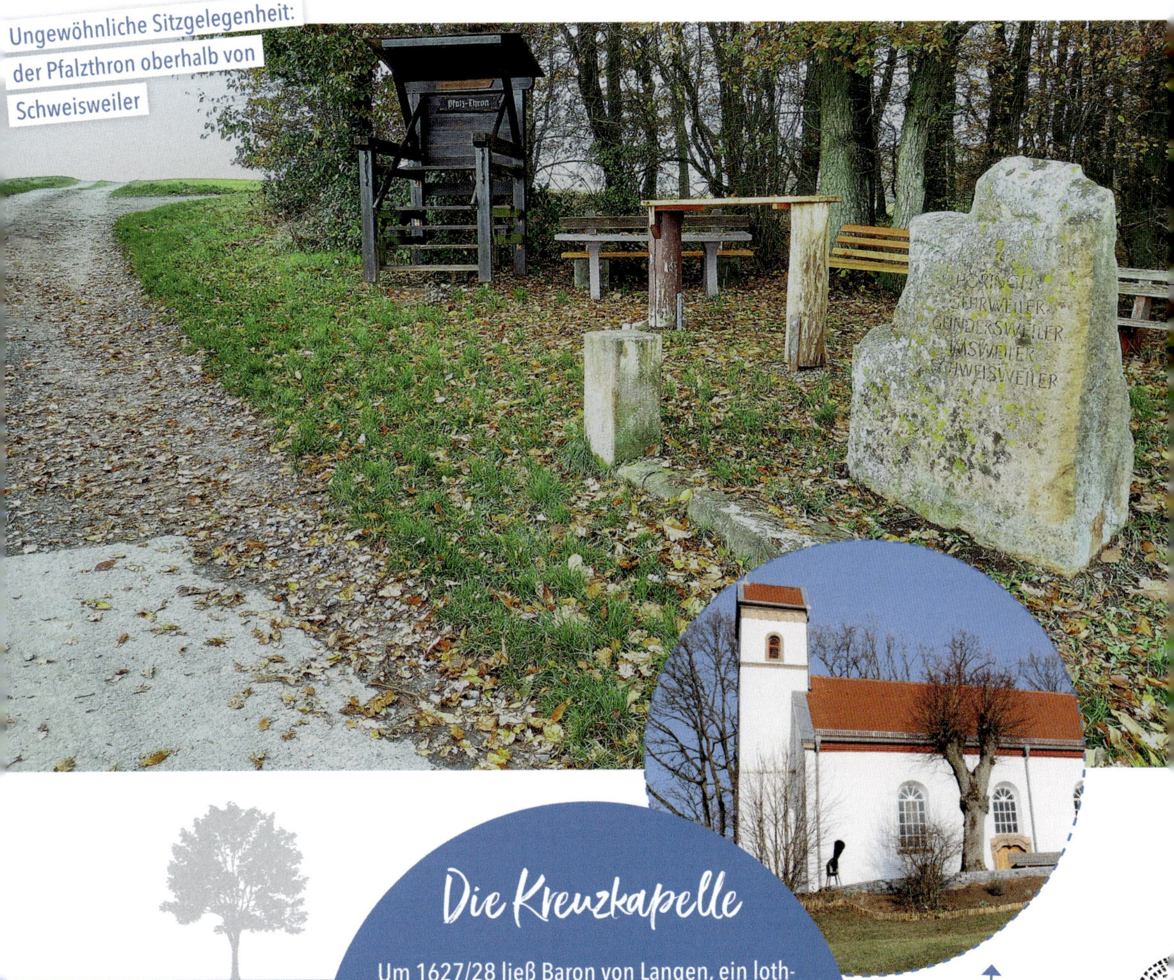

Ungewöhnliche Sitzgelegenheit: der Pfalzthron oberhalb von Schweisweiler

Die Kreuzkapelle

Um 1627/28 ließ Baron von Langen, ein lothringischer Oberamtsmann, das Kirchlein als fromme Stiftung errichten. Es handelte sich um einen Bau von »30 Schuhlängen und 60 Schuhbreiten«. Bald siedelten sich Einsiedler an. Man besorgte ein Partikel vom Heiligen Kreuz, erwirkte Ablässe und führte Wallfahrten ein. 1764 wurde die Kapelle auf die heutige Größe erweitert. Ihre Innenausstattung stammt weitgehend aus der Erbauungszeit.

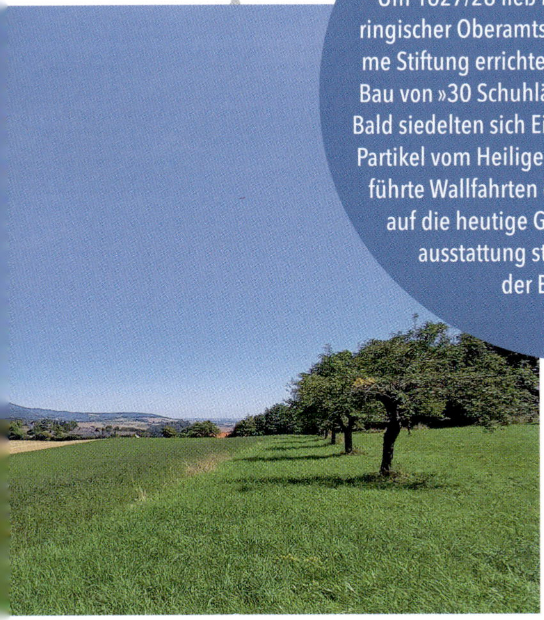

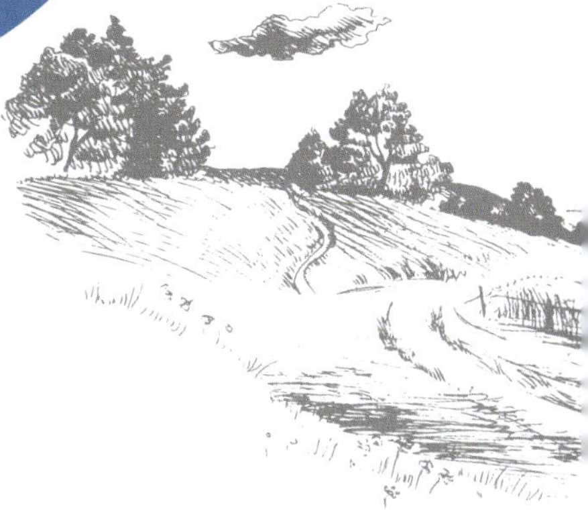

leicht

9,2 km

452 Hm

2.30 Std.

Auf einen Blick

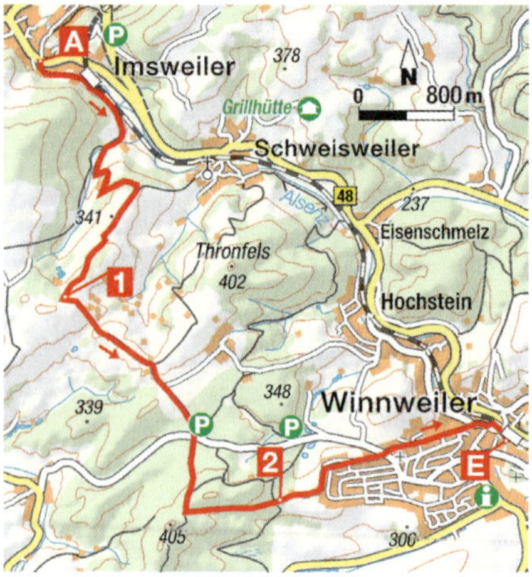

Tourencharakter
Einfache Streckenwanderung am Westrand des Donnersbergs

Ausgangs-/Endpunkt
Imsweiler, Bahnhaltepunkt (218 m)/Winnweiler, Bahnhof (239 m)
GPS-Daten: 49.597778, 7.807222

Anfahrt
Auto: Auf der Autobahn 63 bis Winnweiler, dann auf der Bundesstraße 48 nach Imsweiler. Parkplätze am Bahnhof
Bus & Bahn: Mit der Regionalbahn von Bad Kreuznach bzw. Kaiserslautern nach Imsweiler

Karte
NaturNavi Pfälzerwald 2, Blatt 42-550, 1:25 000

Einkehr
Igelborner Hütte, Winnweiler

Weitere Informationen
Tourismusbüro, Jakobstraße 29, 67722 Winnweiler
www.winnweiler-vg.de

Markierung blau-weißer Balken auf. Die Strecke steigt noch einmal, macht aber bald einen Schwenk nach Osten. Zur 2 Igelborner Hütte ist es jetzt nicht mehr weit. Sie ist mittwochs bis sonntags sowie feiertags von 11 bis 21 Uhr geöffnet. Weitere Infos unter www.igelbornerhuette.de. Von der Hütte genießen wir noch einmal den Blick zum Donnersberg. Hinunter zum E Bahnhof von Winnweiler geht es zuerst über die Straße »Am Rauhen Weg«, sodann über die Schulstraße abwärts. Winnweiler ist eine Ortsgemeinde der gleichnamigen Verbandsgemeinde und zählt 5000 Einwohner. In der Innenstadt bieten sich die protestantische Pfarrkirche und die katholische Herz-Jesu-Kirche zur Besichtigung an – beide stehen unter Denkmalschutz. Wer darüber hinaus noch Zeit und Interesse hat, kann die auf der gegenüberliegenden Talseite liegende Kreuzkapelle besichtigen (siehe S. 111).

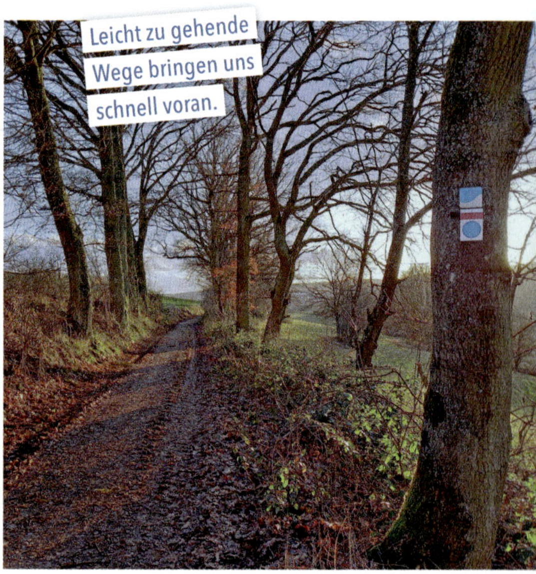
Leicht zu gehende Wege bringen uns schnell voran.

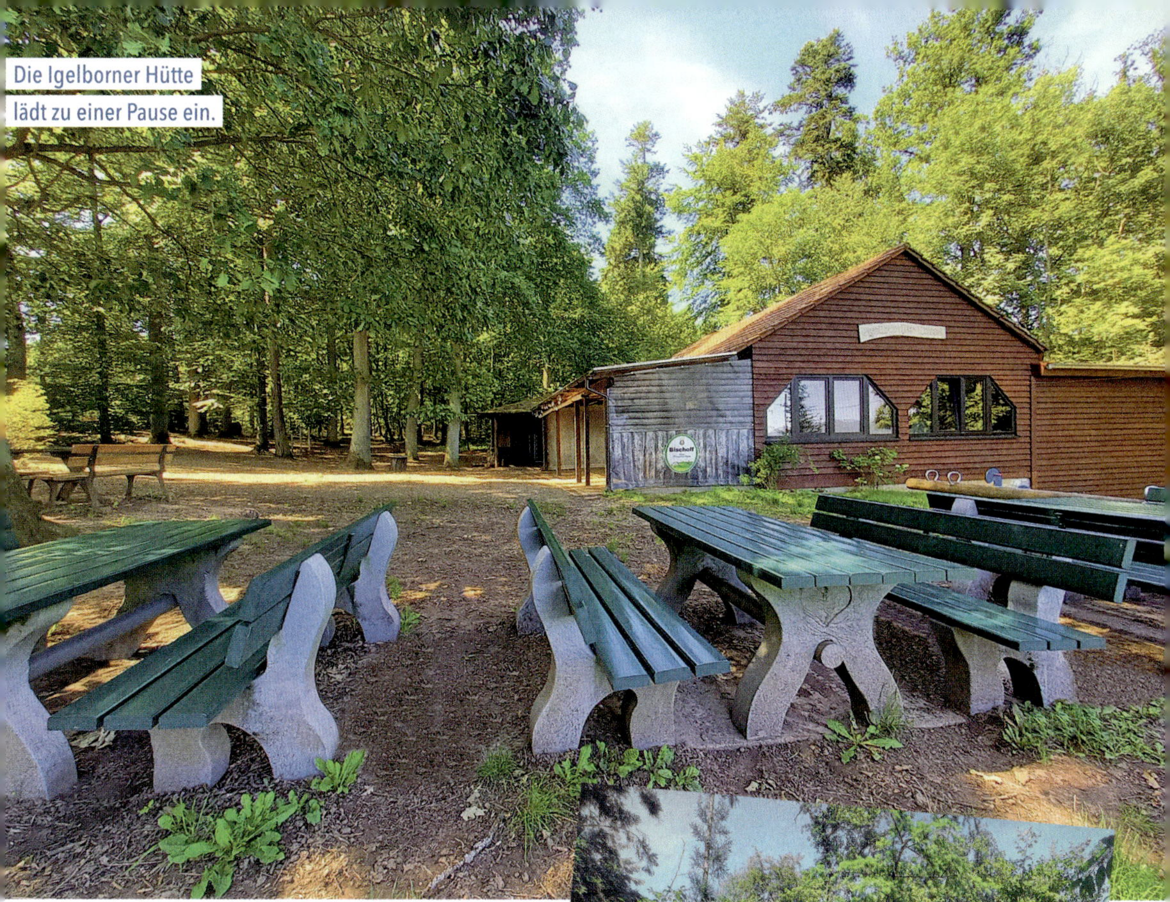

Die Igelborner Hütte lädt zu einer Pause ein.

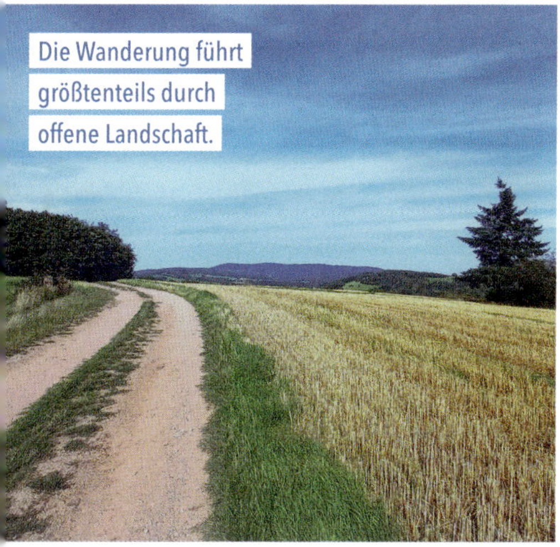

Die Wanderung führt größtenteils durch offene Landschaft.

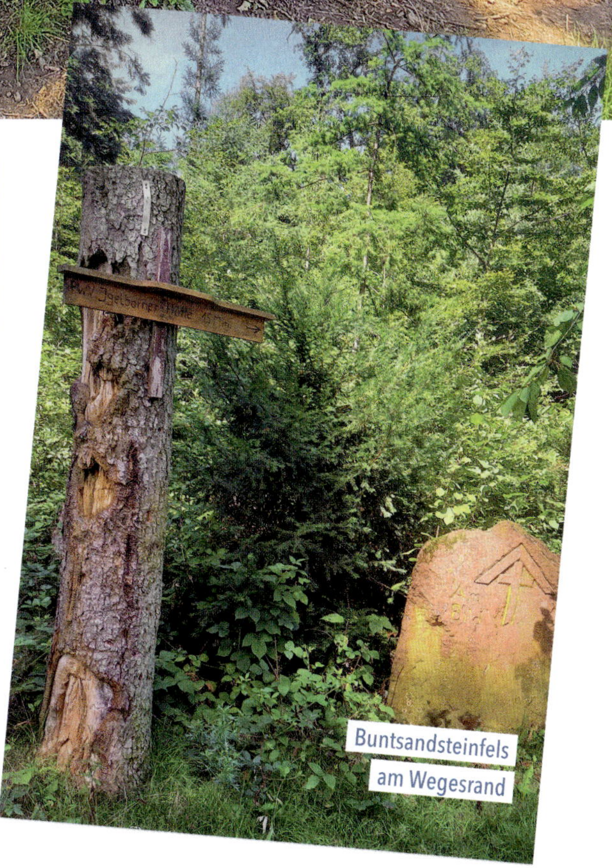

Buntsandsteinfels am Wegesrand

Stets zur Linken begleitet uns auf dieser Tour der Donnersberg. Knapp 687 Meter ist er hoch.

VON MUSIKANTEN UND SEGELFLIEGERN

30

Zum Selbergturm bei Eßweiler

Nahe dem Ort Eßweiler befindet sich eine Graspiste für Segelflugzeuge und Motorsegler. Mit ihnen lässt sich das Pfälzer Bergland von oben erkunden. Wir machen uns zu Fuß zur dominierenden Erhebung, dem Selberg, auf. Eine Pfälzerwaldhütte und ein Aussichtsturm sorgen für Verpflegung mit Weitsicht.

Eßweiler ist eine Ortsgemeinde der Verbandsgemeinde Lauterecken-Wolfstein und zählt 370 Einwohner. Eßweiler war von 1830 bis zu Beginn des Ersten Weltkriegs eines der Zentren des Westpfälzer Wandermusikantentums - bezüglich der Anzahl der Musikanten lag der Ort auf Platz drei der Musikantendörfer. Wer sich für das damalige Musikantenwesen interessiert, findet weitere Informationen im Westpfälzer Musikantenmuseum in Mackenbach bei Kaiserslautern sowie unter www.musikantenmuseum.de. Das Museum ist an jedem Sonntag von 14 bis 16 Uhr geöffnet.

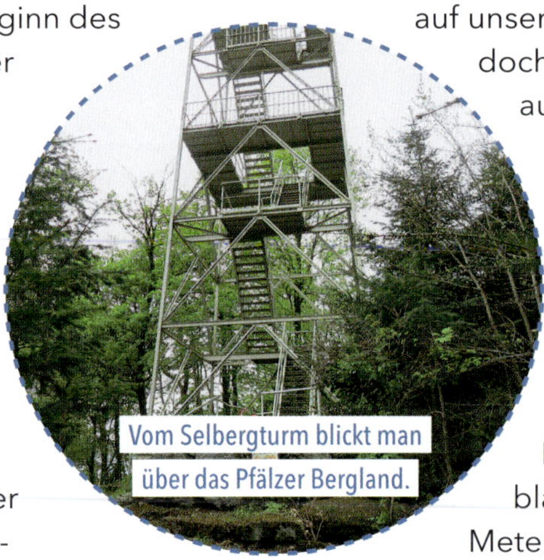

Vom Selbergturm blickt man über das Pfälzer Bergland.

Zur Selberghütte

Direkt am A örtlichen Friedhof am Hostweg finden wir zahlreiche Stellplätze. Wir nehmen das Wanderzeichen gelb-roter Balken auf und folgen dem ansteigenden Weg in östliche Richtung. Bald erreichen wir die Landeschwelle des Segelfluggeländes Eßweiler. Die Landebahn wird aber durch eine hohe Böschung verdeckt. Ein Stück weiter auf unserem Weg können wir jedoch von der Seite einen Blick auf die Graspiste erhaschen. Es geht anschließend ein Stück durch landwirtschaftliches Gelände, dann folgt der Schlussanstieg auf den Selberg. Im Laufe des Anstiegs treffen wir auf den Pfälzer Höhenweg mit der weiß-blauen Markierung. In 545 Metern Höhe befinden sich der 1 Selbergturm und die Selberghütte. Die Selberghütte ist am ersten und dritten Sonntag im Monat von 11 bis 18 Uhr geöffnet. Weitere Infos gibt es unter www.selberg-rothselberg.de. Der Selbergturm ist 17 Meter hoch und bietet imposante Fernblicke über das Pfälzer Bergland. Der heutige Turm wurde im Jahr 1969 errichtet. Seine Stahlkonstruktion hatte bereits im Jahr 1914 einen Vorgänger, der noch komplett aus Holz gebaut war.

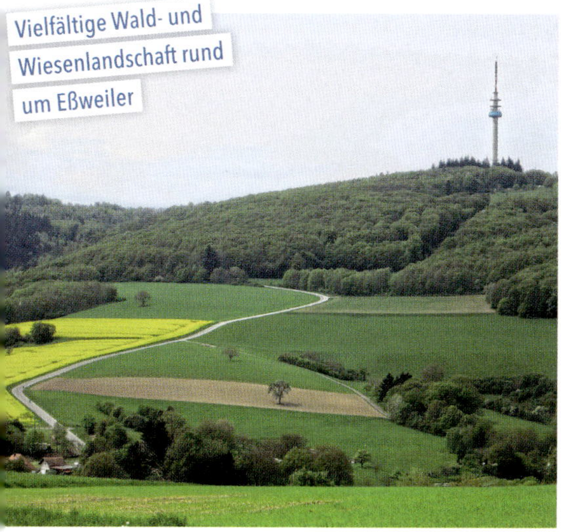

Vielfältige Wald- und Wiesenlandschaft rund um Eßweiler

Zurück zum Segelfluggelände

An der Selberghütte vorbeiwandernd, nehmen wir die Markierung des Pfälzer Höhenwegs wieder auf. Er führt in nördliche Richtung bergab, an einer Wegkreuzung verlassen wir den Höhenweg und gehen in südwestlicher Richtung weiter. Wir gelangen zur **2** Flugzeughalle und zum Vereinsheim des Luftsportvereins Eßweiler. Mitflüge sind spontan möglich. Die Preise finden sich auf der Homepage des Vereins unter www.lsv-essweiler.de. Der Luftsportverein verfügt über eine 1000 Meter lange, um vier Grad ansteigende Start- und Landebahn. Am Zugang zum Flugplatz befindet sich das Rettungszeichen 6411-775. Wir gehen nun am Waldrand entlang in nordwestliche Richtung. Schon bald erreichen wir das nächste Rettungzeichen, 6411-776. Hier biegen wir auf einem Wirtschaftsweg nach Süden ab, er führt hinunter zum Königsbergerhof. Diesen passieren wir auf der linken Seite, gehen an der nächsten Wegkreuzung nach links und bei der nächsten Möglichkeit gleich wieder nach rechts. Auf einem Pfad kommen wir etwas oberhalb von Eßweiler direkt zurück zum **E** Friedhof.

leicht

6,7 km

490 Hm

2 Std.

Auf einen Blick

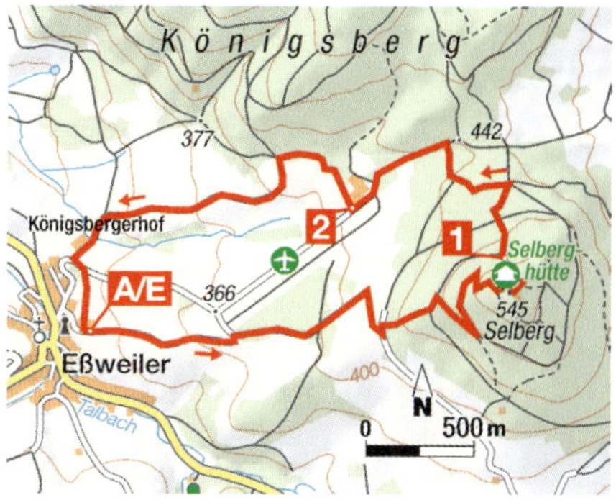

Tourencharakter
Nicht allzu schwere Wanderung mit einem Anstieg

Ausgangs-/Endpunkt
Eßweiler, Parkplätze am Friedhof (304 m)
GPS-Daten: 49.559167, 7.567222

Anfahrt
Auto: Auf der Autobahn 6 bis Kaiserslautern-West, über die Bundesstraße 270 und die Landesstraße 370 nach Rothselberg und weiter nach Eßweiler. Parkplätze am Friedhof
Bus & Bahn: Mit öffentlichen Verkehrsmitteln nur sehr schwer zu erreichen

Karte
Westpfalz Mitte, Wanderkarte des Pfälzerwald-Vereins, 1:25 000 (nicht mehr aufgelegt)

Einkehr
Selberghütte

Weitere Informationen
Tourist-Information Lauterecken-Wolfstein, Schulstraße 6a, 67742 Lauterecken

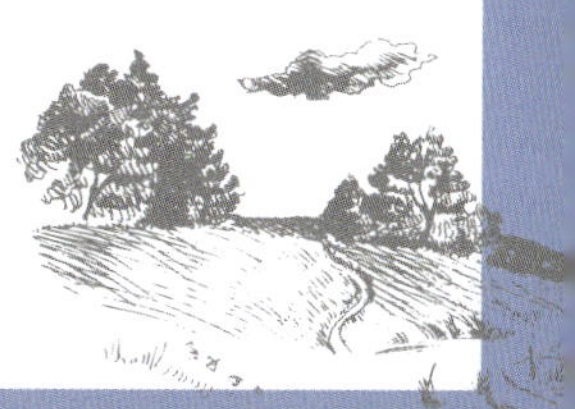

VON DEN TRULLI ZUM WEINPAVILLON

31

Kleine Zellertalwanderung

Das Zellertal grenzt das Weinbaugebiet der Pfalz nach Norden ab. Beiderseits der Pfrimm wird auf 550 Hektar Fläche Wein angebaut. Unser Weg führt direkt durch die Weinberge. Schutzbauten mit italienischem Namen und eine Weinrast sind die Besonderheiten auf dieser angenehmen Wanderroute.

Wir beginnen die Wanderung am A Bahnhof von Monsheim und laufen die Bahnhofstraße hinunter bis zur Bundesstraße 271. Am Schloss Monsheim vorbei folgen wir der Straße bergauf nach rechts.

Nach Niefernheim

Vor Erreichen des örtlichen Feuerwehrhauses überqueren wir die Straße und folgen der Silberbergstraße nach Westen. Schon befinden wir uns in den Weinbergen und überqueren kurz danach die Bahnlinie Alzey-Monsheim. Weiter geht es nach Westen, die ersten Trullis kommen nun ins Blickfeld. Der Begriff Trullo, in der Mehrzahl Trulli, bezeichnet ein Rundhaus, das, wie der italienische Name vermuten lässt, hauptsächlich in Süditalien vorkommt. In den Weinbergen des Wonnegaus sind noch einige dieser Rundhäuser zu sehen, die ausschließlich als Schutzbauten verwendet werden. Der Weg fällt durch die Weinberge ab nach Wachenheim. An der Kreisstraße 2 gehen wir nach rechts und biegen nach 150 Metern wieder nach links ein. Außerhalb der Bebauung verläuft die Strecke jetzt weiter nach Westen. Wir erreichen Niefernheim und nehmen den Weg, der zum örtlichen Friedhof ansteigt.

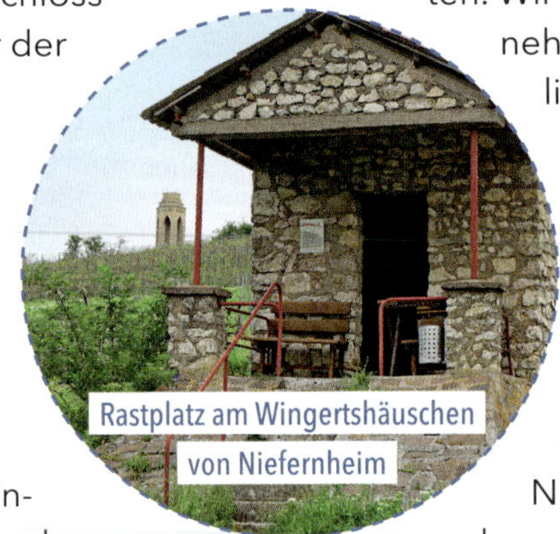

Rastplatz am Wingertshäuschen von Niefernheim

Zur Weinrast

Von dort biegt nach rechts ein Weg ab, der diagonal nach Nordosten ansteigt. Wir befinden uns jetzt auf dem Weg nach Mölsheim. Nach weiteren 150 Metern gelangen wir zum 1 Wingertshäuschen von Niefernheim. Dabei handelt es sich um ein im Rahmen der Flurbereinigung in den Jahren 1953 bis 1956 aus Feldsteinen gebautes Schutzhäuschen. Hinter dem Häuschen ist das Zellertaler Ehrenmal (siehe Kasten) zu erkennen. Auf der Hauptstraße erreichen wir Mölsheim – eine Ortsgemeinde der Verbandsgemeinde Monsheim, die knapp 600 Einwohner zählt. Bekannt wurde Mölsheim durch den Fund der gleichnamigen Goldfibel aus dem 7. Jahrhundert. Sie wird heute im Hessischen

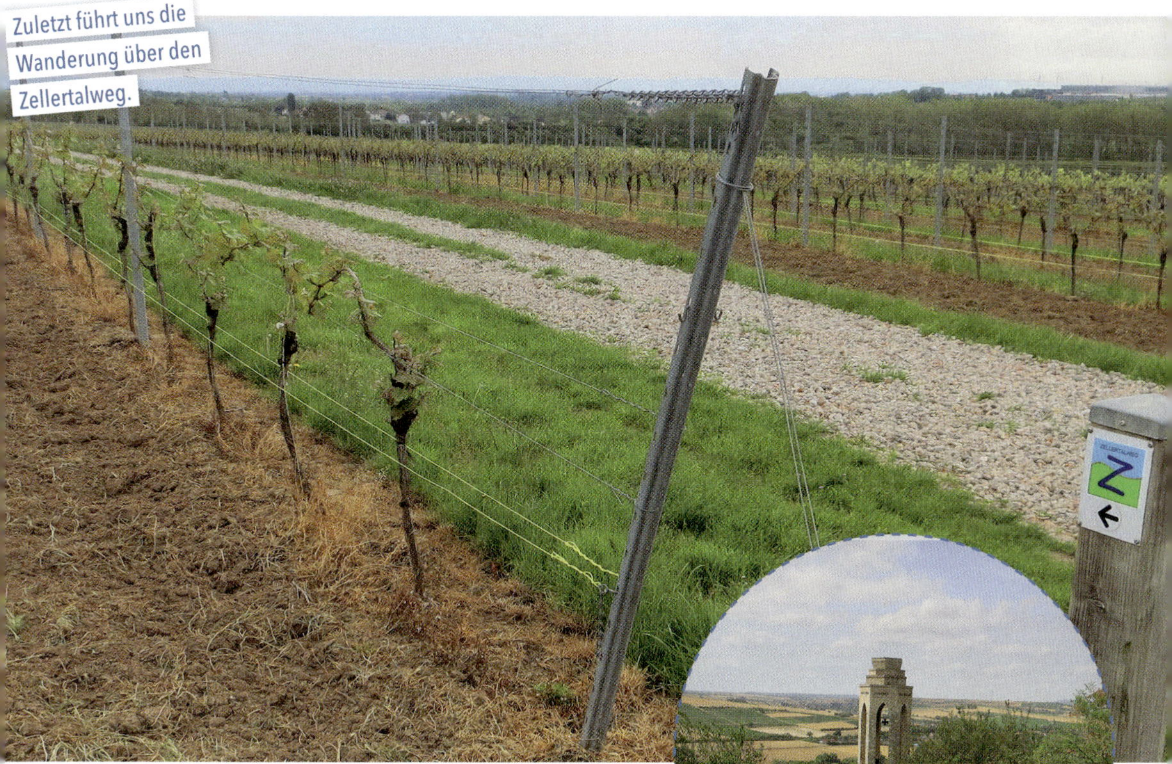

Zuletzt führt uns die Wanderung über den Zellertalweg.

Zellertaler Ehrenmal

Im Jahr 1927 fassten die Verantwortlichen in Mölsheim und den umliegenden Gemeinden des Zellertals den Entschluss, den Opfern des Ersten Weltkriegs ein Ehrenmal zu widmen. Auf der Gemarkung »Zeller Schwarzer Herrgott« wurde ein Felsvorsprung als Standort ausgewählt und eine Säulenhalle errichtet. Die sechs Pfeiler des 1928 eingeweihten Denkmals stehen dabei für die Gemeinden Einselthum, Herzheim, Mölsheim, Niefernheim, Wachenheim und Zell.

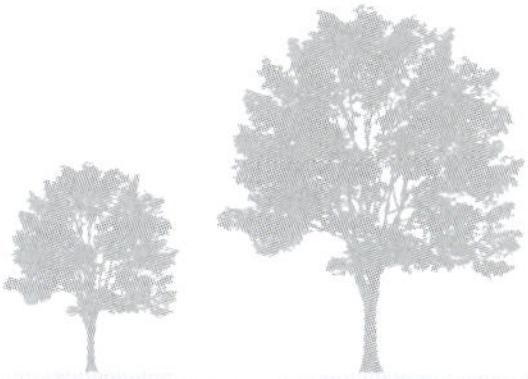

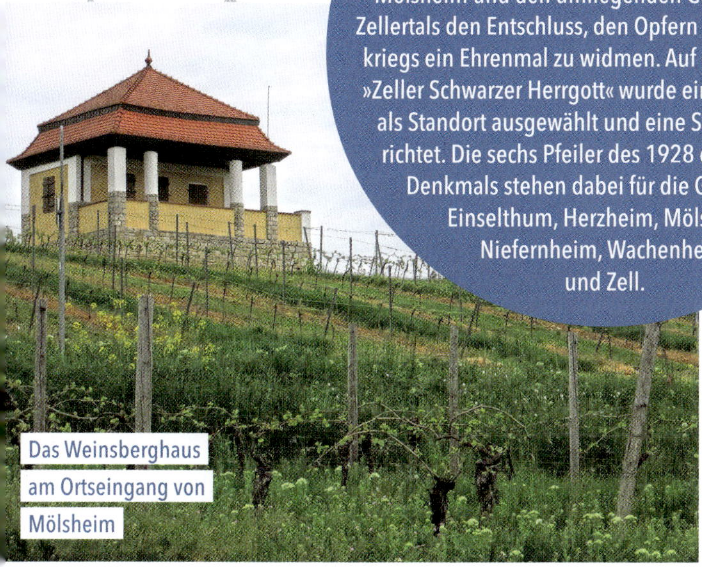

Das Weinsberghaus am Ortseingang von Mölsheim

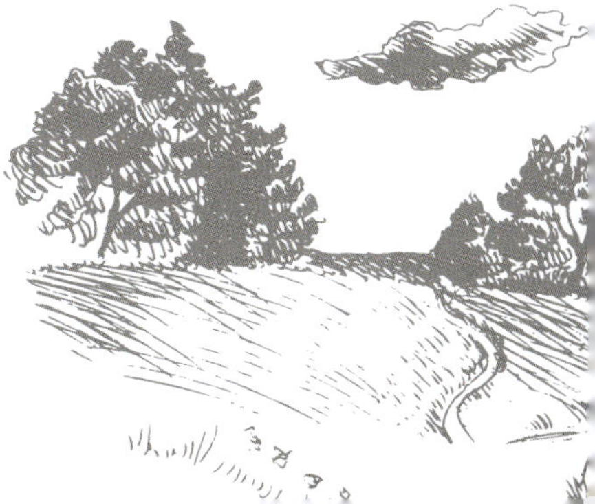

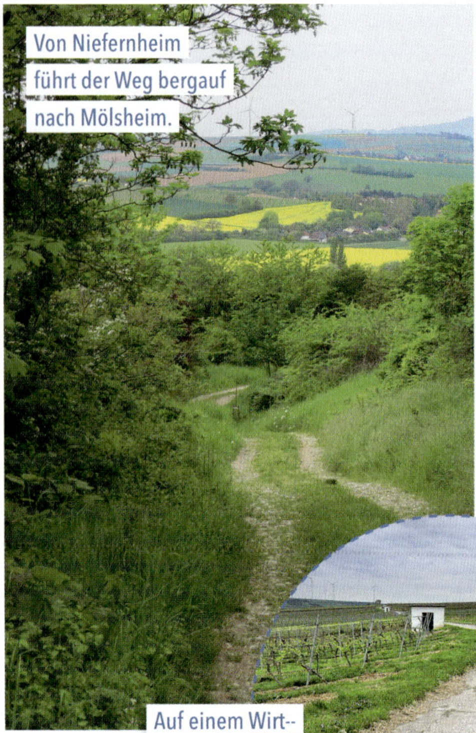

Von Niefernheim führt der Weg bergauf nach Mölsheim.

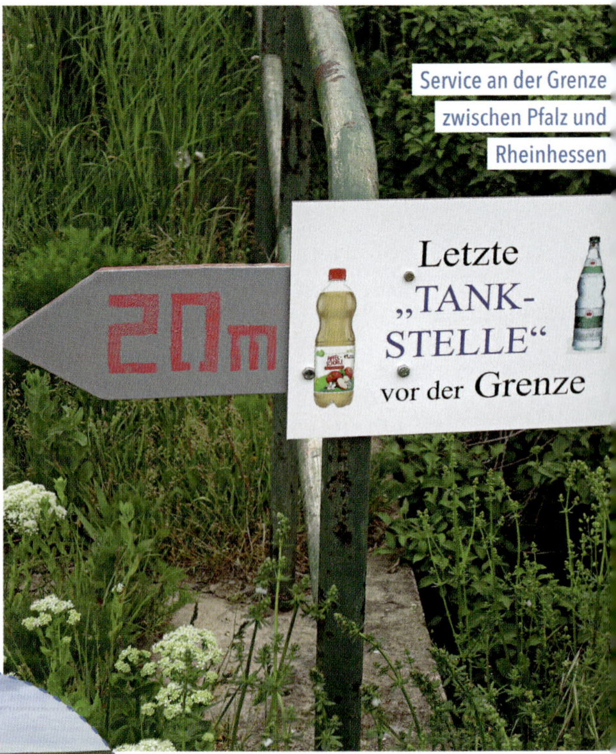

Service an der Grenze zwischen Pfalz und Rheinhessen

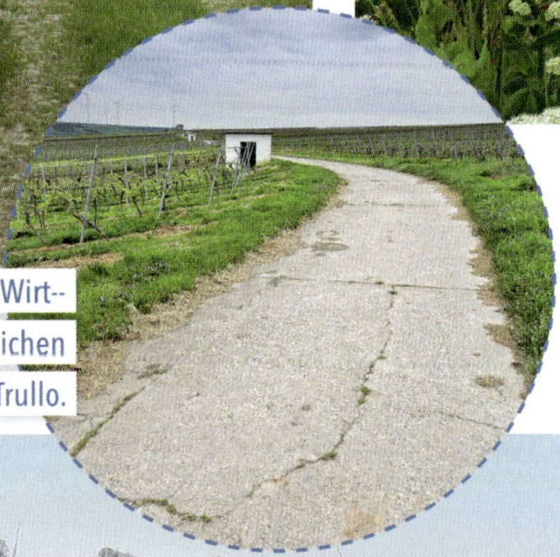

Auf einem Wirt-- schaftsweg erreichen wir einen Trullo.

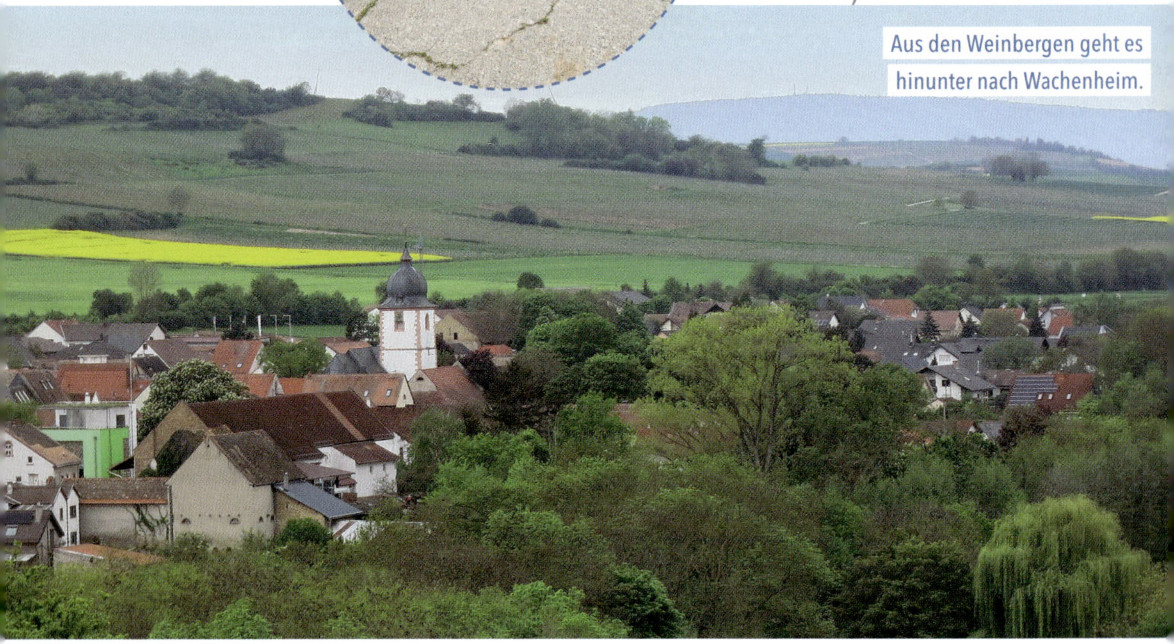

Aus den Weinbergen geht es hinunter nach Wachenheim.

leicht | 10,9 km | 280 Hm | 2.45 Std.

Auf einen Blick

Tourencharakter
Wanderung fast ausschließlich durch Weinberge, fast kein Schatten

Ausgangs-/Endpunkt
Monsheim, Bahnhof (154 m)
GPS-Daten: 49.633611, 8.208056

Anfahrt
Auto: Auf der Autobahn 61 bis zum Kreuz Worms, dann auf der Bundesstraße 47 bis Monsheim. Parkplätze am Bahnhof
Bus & Bahn: Mit der Regionalbahn von Alzey oder Worms nach Monsheim

Karte
Topografische Karten 1:25 000 Kirchheimbolanden (Blatt 6314) sowie Worms-Pfeddersheim (Blatt 6315). Faltblätter auch in der Touristeninformation Monsheim

Einkehr
Monsheim, Wachenheim, Niefernheim, Mölsheim

Weitere Informationen
Tourist-Information, Alzeyer Straße 15, 67590 Monsheim
■ *www.monsheim.de*

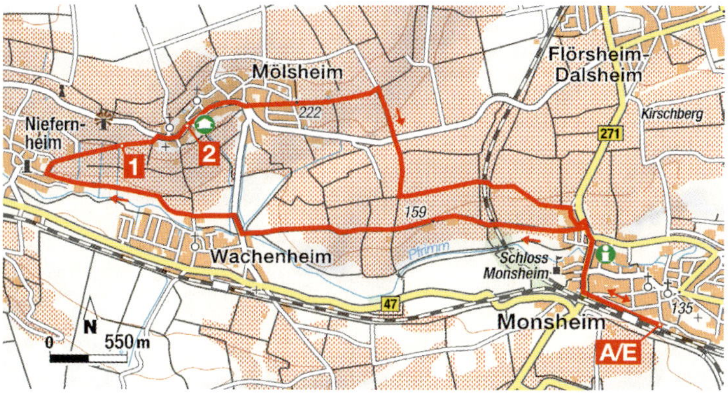

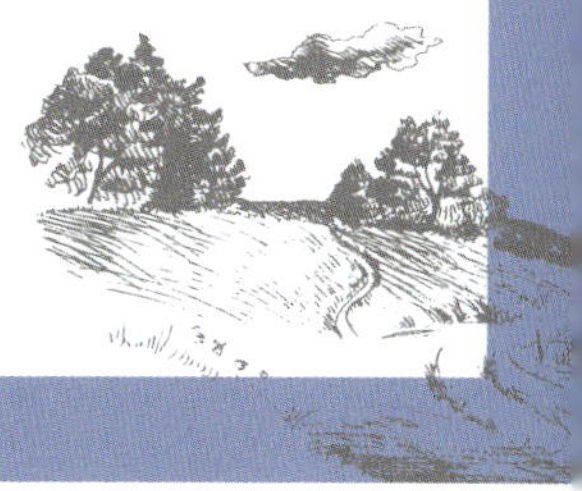

Landesmuseum in Darmstadt ausgestellt. Nach wenigen Metern auf der Hauptstraße kommen wir zur ❷ Weinrast mit Weitblick. Seit dem Jahr 2015 können Wanderer und Weinliebhaber hier an einem der schönsten Aussichtspunkte des Zellertals an einem Weinpavillon einkehren. Die Sicht reicht an dieser Stelle über das Rheintal bis zum Odenwald, nach Westen fällt der Blick auf den Donnersberg. Die Weinrast ist an Sonn- und Feiertagen von 11 bis 19 Uhr geöffnet. Wechselnde Weingüter bieten dann ihre Spezialitäten an.

Zurück nach Monsheim

Wir gehen auf der Hauptstraße weiter durch den Ort. Dort, wo die Straße eine Kurve nach rechts beschreibt, biegen wir in die Straße Am Heckel ein. Diese führt uns wieder aus dem Ort hinaus. In östliche Richtung wandernd, befinden wir uns jetzt wieder in den Weinbergen. Nach einem halben Kilometer Strecke geht nach rechts ein etwas breiterer Weg ab, der uns hinunter zur Kreisstraße 34 bringt. Wir überqueren diese, dann laufen wir noch einmal 400 Meter geradeaus weiter. Wir folgen jetzt dem Zellertalweg mit der Markierung Z. Dieser führt uns nach Osten und wir überqueren noch einmal die schon bekannte Bahnlinie. Anschließend kommen wir abermals an einem Trullo vorbei, bis wir wenig später wieder die Bebauung von Monsheim erreichen. Auf dem schon bekannten Weg gelangen wir zurück zu unserem Ausgangspunkt, dem Ⓔ Bahnhof von Monsheim.

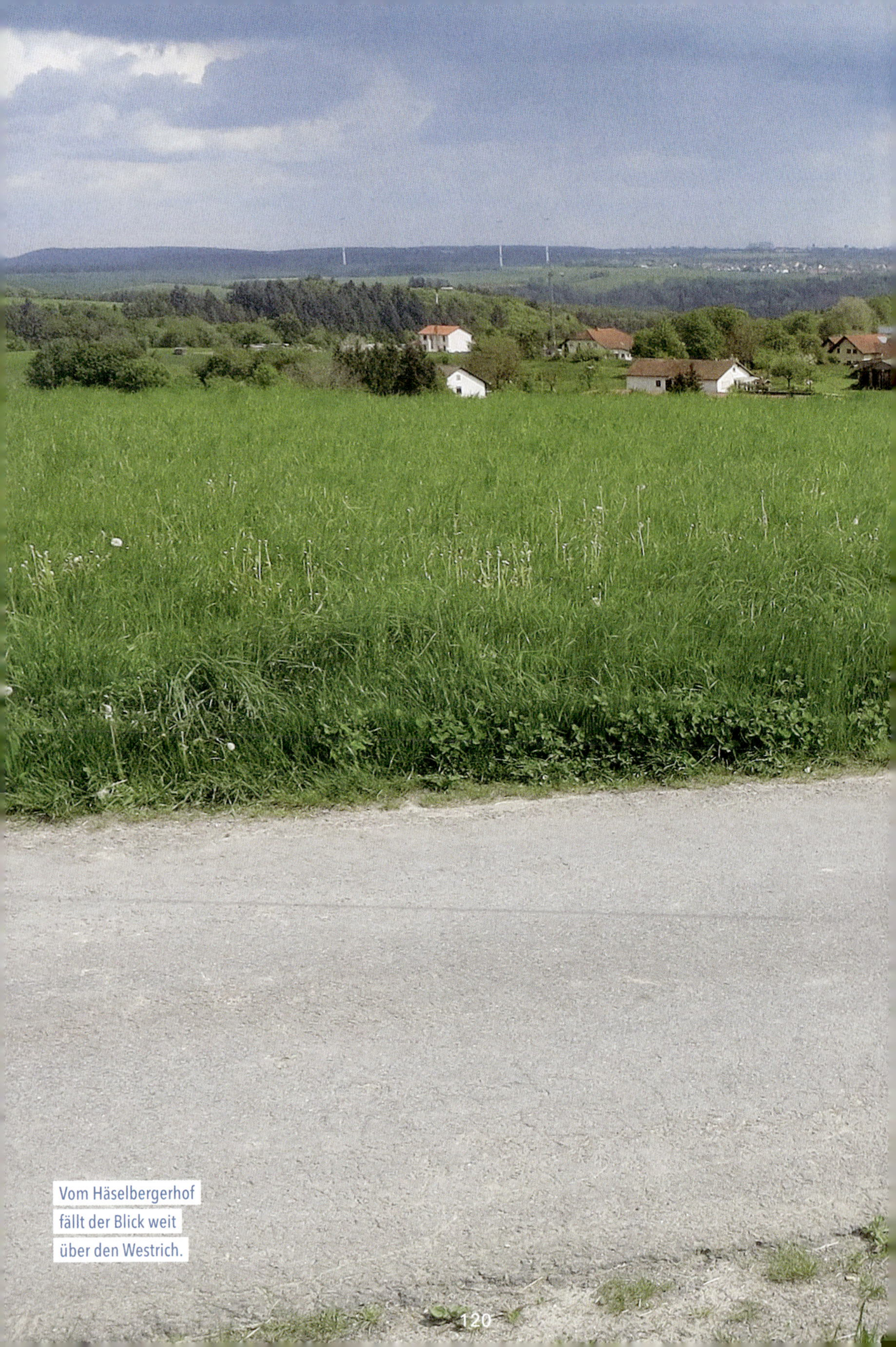

Vom Häselbergerhof fällt der Blick weit über den Westrich.

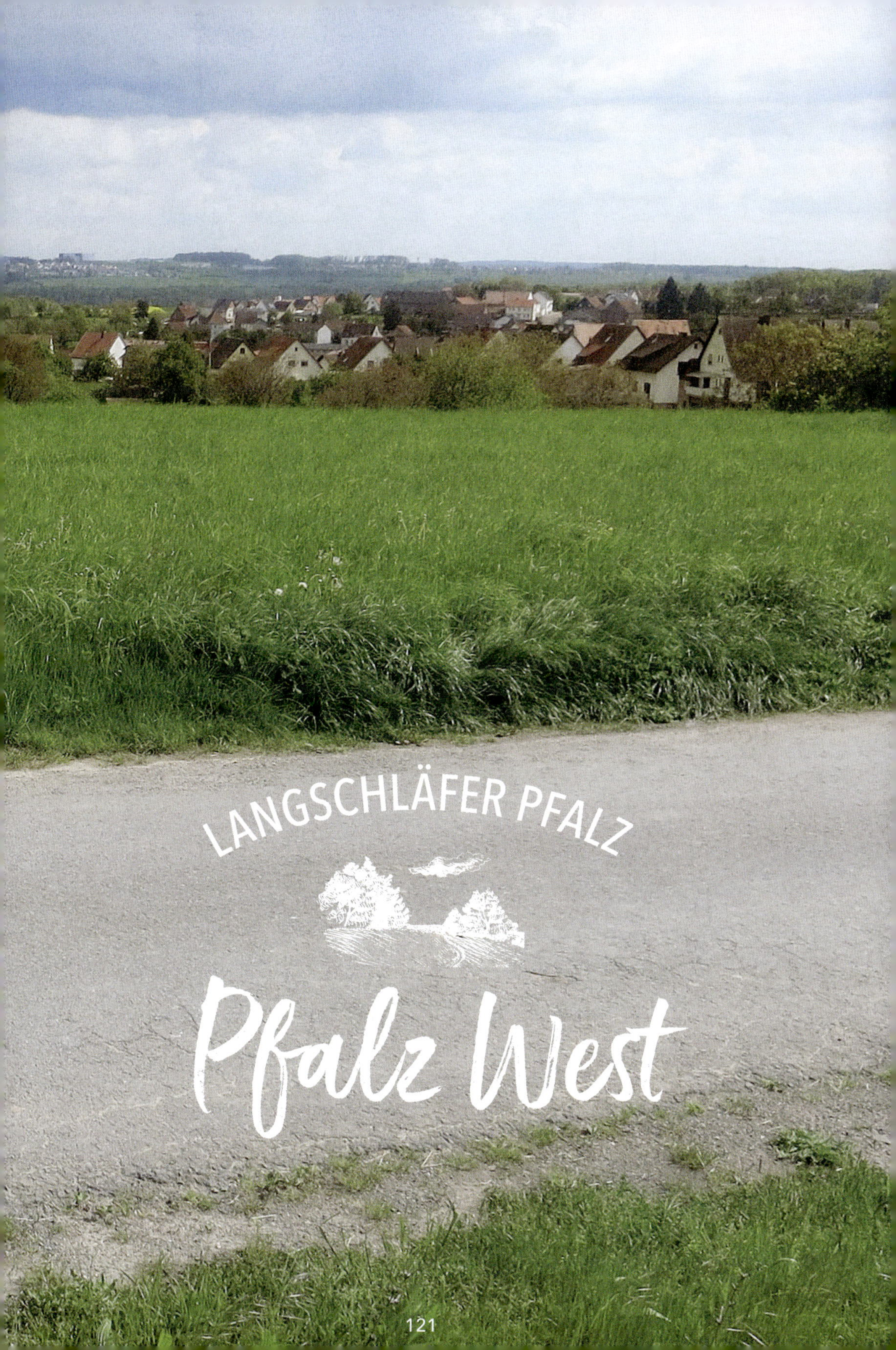

LANGSCHLÄFER PFALZ

Pfalz West

HÖHENRÜCKEN MIT FERNBLICK

32 Von der Kneispermühle zum Häselbergerhof

Die Landschaft des Westrich ist durch tief eingeschnittene Täler und lange Höhenrücken gekennzeichnet. Die Anstiege führen meist durch den Wald, auf den Höhenrücken dominieren die langen Geraden. Hier oben werden die Flächen landwirtschaftlich genutzt, weshalb wir wunderschöne Fernsichten genießen.

Ausgangspunkt unserer Tour ist die **A** Kneispermühle. Sie wurde bereits Mitte des 15. Jahrhunderts erwähnt, heute befindet sich dort ein Restaurant mit Übernachtungsmöglichkeiten. Dessen Öffnungszeiten sind von Donnerstag bis Dienstag zwischen 10 und 22 Uhr. Nähere Informationen unter www.kneispermühle.de.

Hinauf zum Häselbergerhof

Die Kneispermühle verfügt über einen großen Parkplatz. An dessen Ende nehmen wir den ansteigenden Weg in westliche Richtung in Angriff. Er steigt durch ein enges Tal steil an, dann beschreibt er eine Linkskurve. Anschließend treten wir aus dem Wald heraus und haben den landwirtschaftlich genutzten Höhenrücken erreicht. Wir folgen dem Weg, der uns zum **1** Häselbergerhof führt. Dort haben wir einen guten Blick auf den Ort Maßweiler und weit über den Westrich hinaus.

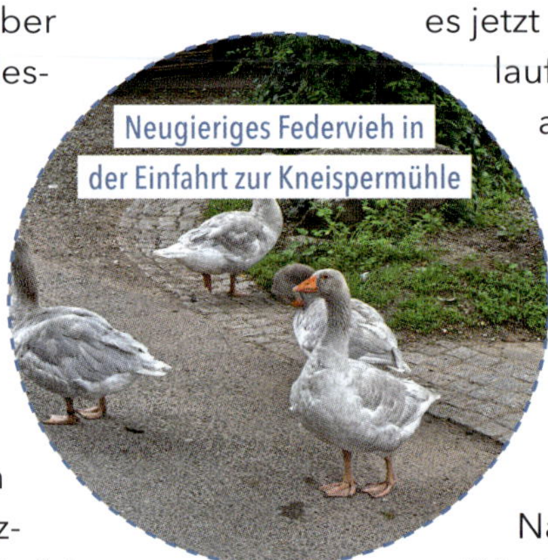
Neugieriges Federvieh in der Einfahrt zur Kneispermühle

Auf dem Keltenpfad

Auf der rechten Seite des Häselbergerhofs vorbei wandern wir etwa 700 Meter in östliche Richtung. Der Weg knickt dann nach rechts ab und leitet uns weiter abfallend in südöstliche und dann in südliche Richtung. An einer Verzweigung angekommen, geht es jetzt in nordöstliche Richtung. Wi laufen etwa 400 Meter geradeaus, bis wir direkt zum Waldrand kommen. Dort biegt der Weg in nordwestliche Richtung ab und führt etw 300 Meter am Waldrand entlang. Das letzte Teilstüc der Wanderung legen wir auf dem Keltenpfad zurück. Nachdem die Strecke zuerst ab fällt, folgen weitere kurze An- und Abstiege. Noch ein kurzer Schlussanstieg – danach laufen wir hinunter ins Tal. Etwas

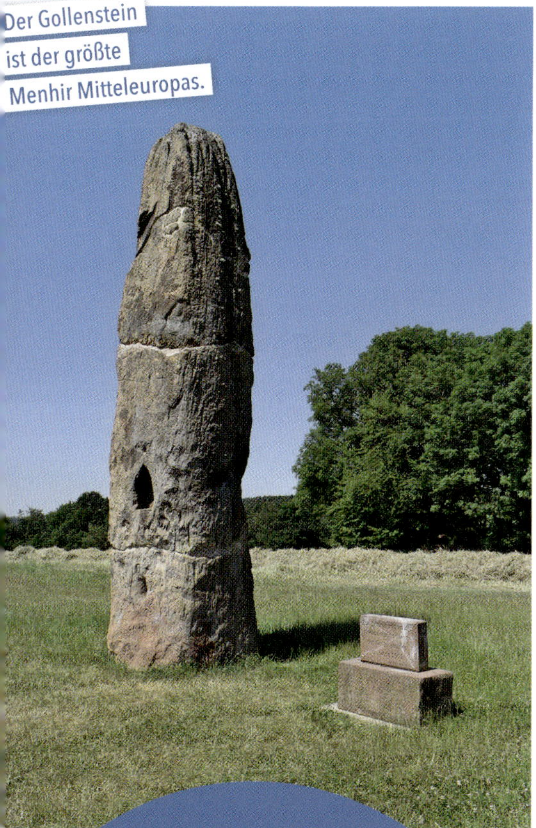

Der Gollenstein ist der größte Menhir Mitteleuropas.

Der Gollenstein

In Blieskastel nahe Zweibrücken befindet sich der Gollenstein. Der Sandsteinkoloss steht dort seit ca. 5000 Jahren. Mit 6,60 Metern Höhe gilt er als der größte Menhir Mitteleuropas. Für Menhir werden auch die Begriffe Hinkelstein oder Hühnerstein verwendet. Das Wort Menhir ist keltischen Ursprungs: Es bezeichnet ein aufgerichtetes Steinmal. Diese wurden meist an weit sichtbaren Punkten, z. B. auf Anhöhen, aufgestellt. Adresse: Gollensteinstraße, Blieskastel; ca. 35 Min. Anfahrt von der Kneispermühle

berhalb der Kneispermühle erreichen wir en Weg, den wir für den Anstieg genutzt aben. Zu den E Parkplätzen und zur 1ühle ist es nicht mehr weit.

leicht

5,4 km

350 Hm

1.45 Std.

Auf einen Blick

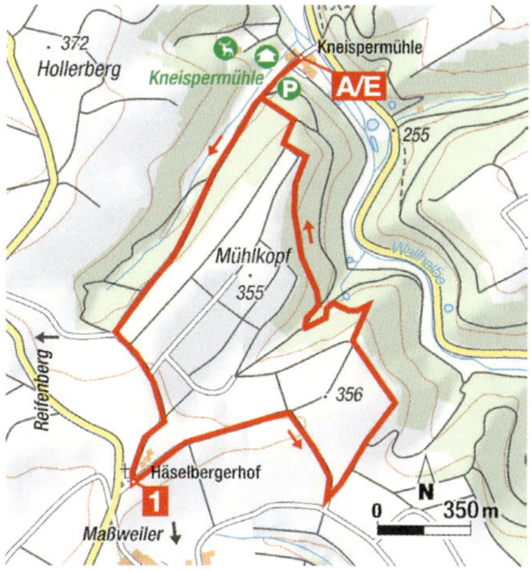

Tourencharakter
Einfache Rundwanderung durch Wald und Flur. Keine Wegmarkierung auf dem ersten Teil der Tour

Ausgangs-/Endpunkt
Kneispermühle (255 m)
GPS-Daten: 49.291667, 7.535000

Anfahrt
Auto: Auf der Autobahn 62 bis Thaleischweiler-Fröschen, durch den Ort hindurchfahren, dann auf der Landesstraße 475 zur Kneispermühle
Bus & Bahn: Anrufsammeltaxi ab Höhmühlbach nach Voranmeldung. Info: www.bahn.de

Karte
NaturNavi Pfälzerwald 1, Blatt 39-546, 1:25 000

Einkehr
Kneispermühle

Weitere Informationen
Tourist-Information Pfälzer Mühlenland, Hauptstraße 26, 66917 Wallhalben
www.pfaelzer-muehlenland.de

HINAUF ZU DEN TEUFELSFELSEN

33

Von Niedersimten ins Rodalbtal

Am Ausgangspunkt befinden wir uns nur noch wenige Kilometer von der Grenze zu Frankreich entfernt. Das Westwallbauwerk im Ort ist ein Überbleibsel aus der Zeit des Zweiten Weltkriegs. Unser Weg führt aber zuerst zu einer bekannten Pfälzerwaldhütte und anschließend über Erlenbrunn zurück zum Naturfreundehaus.

Unser Ausgangspunkt ist das A Naturfreundehaus Niedersimten – es hat mittwochs sowie freitags bis sonntags ab 11 Uhr geöffnet. Weitere Infos finden sich unter www.naturfreunde-nieder simten.de.

Zum Waldhaus Drei Buchen

Wir folgen von hier der Markierung rot-weißer Balken. Diese führt uns zunächst das Gersbachtal bergauf, an einem kleinen See überqueren wir dann den Gersbach. Die Strecke steigt daraufhin an und führt uns zum Naturdenkmal Teufelsfelsen. Es handelt sich dabei um eine 50 Meter hohe Felsformation. Unser Weg führt weiter bergauf und endet an einem Wanderparkplatz an der Kreisstraße 4, die wir überqueren. Anschließend beschreibt die weitere Strecke einen Halbkreis. An der nächsten Verzweigung achten wir auf unsere neue Wandermarkierung, das weiße Kreuz. Dieses führt uns zu einem weiteren Wanderparkplatz und von dort hinab zum 1 Waldhaus Drei Buchen – es hat am Mittwoch, Samstag und Sonntag von 11 bis 19 Uhr geöffnet. Weitere Infos unter www.dreibuchen-lemberg.de.

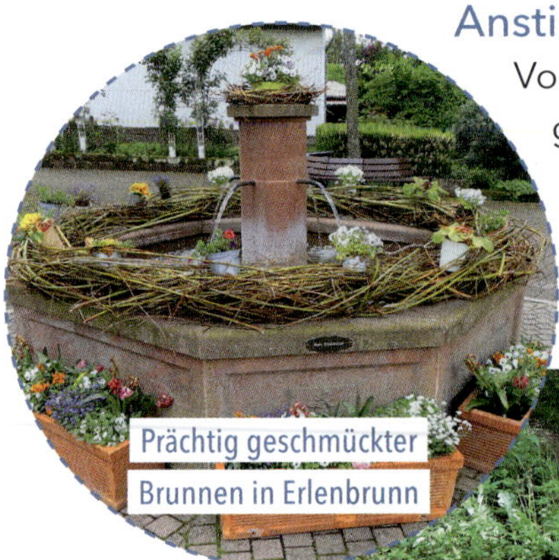

Prächtig geschmückter Brunnen in Erlenbrunn

Anstieg nach Erlenbrunn

Von der Hütte Drei Buchen folgen wir weiter der Markierung weißes Kreuz. Es geht nun hinunter ins Tal der

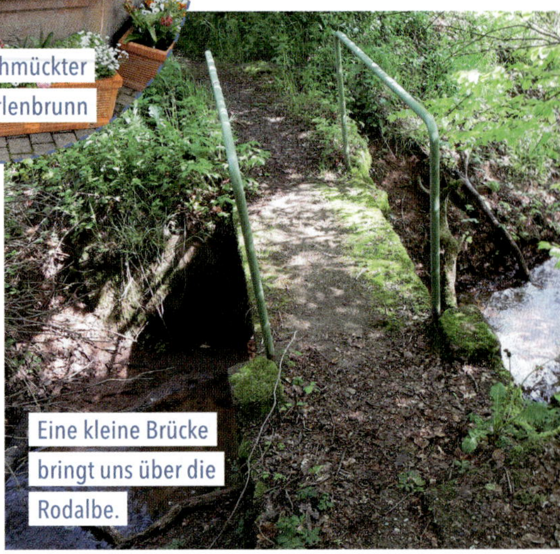

Eine kleine Brücke bringt uns über die Rodalbe.

mittel

11,4 km

570 Hm

3.15 Std.

Westwallmuseum Niedersimten

In Niedersimten begann im Rahmen des Westwallbaus ab 1938 der Bau des Festungswerkes Gerstfeldhöhe. 14 Kilometer Festungsstollen wollte man in den Berg treiben. 1940 wurden die Arbeiten eingestellt, nach der Landung der Alliierten 1944 wieder aufgenommen. Das Werk, das nie genutzt wurde, blieb im und nach dem Krieg unzerstört. Mehr Informationen bietet das Museum: Sa/So, 13 bis 17 Uhr.

odalbe, auf einem Steg überqueren wir en Bach. Dann folgt der letzte Anstieg dieer Wanderung. Kurz bevor wir die Bebaung erreicht haben, biegen wir nach links b. Wir erreichen die Forststraße von Erlenrunn. Hier befinden sich die 2 katholische nd die evangelische Kirche des Ortes. Wir olgen der Forststraße zur Kettrichhofstraße nd überqueren sie. Weiter geht es auf der rlenstraße. Wir folgen dieser, bis von echts die Straße »Am Simter Weg« dazutößt. Hier biegen wir links ab, der Weg ührt jetzt aus der Bebauung heraus. Unsere larkierung ist seit der Ortsmitte von Erlenrunn das rote Dreieck. Wir wandern noch inmal durch offenes Gelände, steil geht es ann hinunter zur Lothringer Straße in Nieersimten. Wir folgen der Straße bis zur Kirhe Herz Jesu und biegen dort nach links in ie Gersbachtalstraße ein. Diese führt uns urück zu unserem Ausgangspunkt am Naturfreundehaus von Niedersimten.

Auf einen Blick

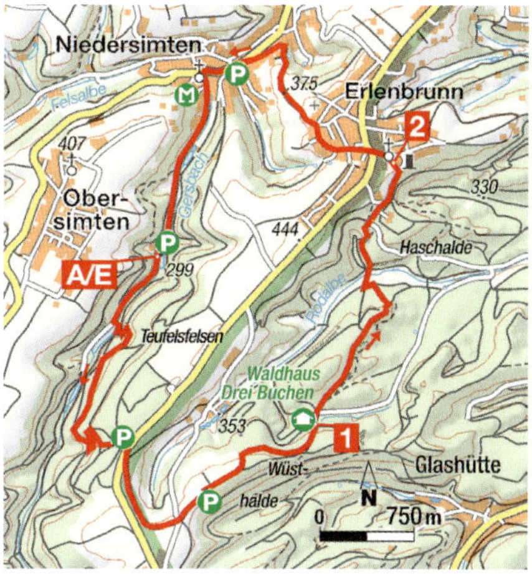

Tourencharakter
Meist im Wald; kurze, steile Anstiege

Ausgangs-/Endpunkt
Niedersimten Naturfreundehaus (305 m)
GPS-Daten: 49.163333, 7.592500

Anfahrt
Auto: Auf der Bundesstraße 10 bis Pirmasens, durch Pirmasens auf der Lothringer Straße den Hinweisschildern »Westwallmuseum« folgen; eine Straße vorher nach links in die Gersbachtalstraße einbiegen und dieser bis zum Naturfreundehaus folgen
Bus & Bahn: Mit der Regionalbahn von Saarbrücken, Kaiserslautern oder Karlsruhe nach Pirmasens. Mit dem Bus weiter nach Niedersimten

Karte
NaturNavi Pfälzerwald 7, Blatt 40-544, 1:25 000

Einkehr
Niedersimten, Waldhaus Drei Buchen

Weitere Informationen
Tourist-Information, Fröhnstraße 8, 66954 Pirmasens
www.pirmasens.de

Register

Impressum

Verantwortlich: Sabine Klingan, Julia Bobinger
Redaktion: Claudia Weingartner
Umschlaggestaltung: Ina Zimmermann, Mathias Frisch
Layoutgestaltung: Anna Lena Ibis
Layout: Eva-Maria Klaffenboeck
Repro: LUDWIG:media
Herstellung: Bettina Schippel
Printed in Poland by CGS Printing

★★★★★

Sind Sie mit diesem Titel zufrieden? Dann würden wir uns über Ihre Weiterempfehlung freuen. Erzählen Sie es im Freundeskreis, berichten Sie Ihrem Buchhändler oder bewerten Sie bei Onlinekauf. Und wenn Sie Kritik, Korrekturen, Aktualisierungen haben, freuen wir uns über Ihre Nachricht an den J. Berg Verlag, Postfach 40 02 09, D-80702 München oder per E-Mail an lektorat@verlagshaus.de.

Unser komplettes Programm finden Sie unter: www.j-berg-verlag.de

In diesem Buch wird aus Gründen der besseren Lesbarkeit das generische Maskulinum verwendet. Weibliche und anderweitige Geschlechteridentitäten sind dabei ausdrücklich mitgemeint, soweit es für die Aussage erforderlich ist.

Bildnachweis
Alle Bilder im Innenteil stammen vom Autor mit folgenden Ausnahmen:
S. 32/33 u.: shutterstock/U. J. Alexander; S. 76 u.: shutterstock/Thomas Nunold; S. 91 o. re.: Wild- und Wanderpark Silz; S. 103 Mi.re.: Draisinen im Glantal, Tourismusbüro Pfälzer Bergland; S. 110–113: PWV/OG/Winnweiler/Rohde

Illustrationen: Bahngleise: shutterstock/aarrows; Bäume: shutterstock/akr11_ss; Dampflokomotive: shutterstock/ ledokolua; Landschaft: shutterstock/valentina-sergiy; Burg: shutterstock/Cimmerian; Holzhütte: shutterstock/VoodooDot.
Alle anderen (Fußspuren, Nudelauflauf): www.freepik.com

Umschlagvorderseite: Burgruine Wachtenburg (Tour 6): shutterstock/firn
Umschlagrückseite: Fernsicht über den Pfälzerwald

Die Deutsche Nationalbibliothek verzeichnet diese Publikation in der Deutschen Nationalbibliografie; detaillierte bibliografische Daten sind im Internet über http://dnb.d-nb.de abrufbar.

Infanteriestraße 11a
80797 München

ISBN 978-3-86246-836-2